Ministè Konkou Biblik pou Timoun (MKBT)

Gid pou Antrenè-Travay

Leson Etid Biblik yo

Konkou Biblik

-Modalite pou Jwèt ak Aktivite yo

-Modalite pou Kesyon ak Repons yo

DISCIPULAT NAZARÉEN
INTERNATIONAL

''Yo pase tout tan yo ap koute sa apòt yo t'ap moutre yo, yo t'ap viv ansanm tankou frè yonn ak lòt, yo reyini pou separe pen an bay tout moun, epi yo t'ap lapriyè'' Travay 2:42.

Ministè Konkou Biblik Pou Timoun: Gid Antrenè a - Travay

Pibliye pa: Discipulat Nazaréen International (DNI), Rejyon Mezoamerik la

Monte Cyr - Koòdonatè

www.discipleship.MesoamericaRegion.org

www.DNIRessources.MesoamericaRegion.org

ISBN: 978-1-63580-321-1

Tout sitasyon sa a yo soti nan Bib, Vèsyon Jerizalèm.

Moun ki te patisipe nan elaborasyon original KBPT:
Carolina Ambrosio
Eva Velazquez
Patricia Picavea
Patricia Zamora

Adapte pa: Pamela Vargas Castillo, avèk lanmou pou timoun ki nan Legliz Nazareyen yo

Tradiktè: Dezama Jeudi

Mise en paj: Bethany Cyr

DISCIPULAT NAZARÉEN
INTERNATIONAL
RÉGION MÉSOAMÉRIQUE

Byenvini nan bèl Ministè Konkou Biblik pou Timoun yo

W'ap jwenn nan liv sa:

1. Anpil leson ak anpil kesyon

2. Gid pou travay konkou pou timoun avèk modalite pou jwèt avèk aktivite yo

3. Gid pou travay konkou pou timoun avèk modalite kesyon ak repons (p. 125)

NÒT: Li enpòtan pou nou travay yon sèl modalite kòm distri.

TAB MATYÈ

Byen Vini!

Byen vini nan Etid Biblik pou timoun yo: Travay! Nan koleksyon etid biblik sa a yo, kòm disip Jezi, timoun yo pral aprann kijan yo kapab pataje lanmou Bondye a bay tout moun. Se yon doktè ki rele Lik ki te ekri liv Travay la, li menm ki te akonpanye Pòl nan vwayaj misyonè li yo. Liv Travay la pale de rezireksyon ak monte Jezi nan syèl, don Sentespri a avèk kòmansman legliz la. Epi li menm te di ki kote ak kilè yo te premye itilize mo "kretyen". Liv Travay la di nou kòman kretyen nan tan ke n'ap viv yo kapab kontinye fè gaye bon nouvèl ki pale sou lanmou Bondye a.

Etid Biblik pou Timoun yo: Travay la se youn nan sis liv seri Etid Biblik pou Timoun yo. Leson sa yo ede timoun yo konprann kwonoloji biblik ak siyifikasyon kèk evènman biblik. An mezi ke timoun yo ap aprann sou lavi lòt pèsonaj yo nan etid sa yo, y'ap rive dekouvri lanmou Bondye pou tout moun ak pozisyon ke yo okipe nan plan Bondye a. Anpil fwa, Bondye itilize mirak pou l akonpli objektif li. Anpil fwa li travay pa mwayen kèk moun pou l reyalize sa ke li vle fè a.

Filozofi Etid Biblik pou Timoun yo se ede yo konprann sa ke Bib la di a, aprann kòman Bondye te konn ede moun, epi grandi nan relasyon yo avèk Bondye. Sa genyen ladan li etid biblik, aprann vèsè yo ak aplikasyon ansèyman biblik yo nan sitiyasyon lavi reyèl.

LIV YO

Sa a se yon deskripsyon tou brèf ke liv yo fè sou seri sa ak fòm ke yo pale ant yo menm.

Jenèz etabli fondman an. Liv sa rakonte kòman ke Bondye te kreye mond lan pa mwayen labou, li te kreye yon gason ak yon fanm, epi li te kreye yon bèl jaden kòm lakay li. Moun sa yo te tonbe nan peche epi eksperimante konsekans yo akoz de peche yo. Jenèz prezante plan Bondye a pou rekonsilye relasyon kraze ant Bondye avèk limanite a. Li prezante Adan, Èv, Noye, Abraram, Izarak ak Jakòb. Bondye te fè yon alyans avèk Abraram epi li te renouvle kontra sa avèk Izarak ak Jakòb. Jenèz pran fen avèk istwa Jozèf la, li menm ki te sove pèp la anba grangou. Grangou sa te mete pèp Bondye a nan obligasyon pou yo te travèse ale nan peyi Lejip.

Egzòd rakonte kijan ke Bondye te kontinye kenbe pwomès ke li te fè Abraram nan. Bondye te libere Izrayelit yo nan esklavaj nan peyi Lejip. Seyè a te chwazi Moyiz ki te pou gide Izrayelit yo. Bondye te etabli wayòm li an sou Izrayelit yo. Li te etabli ak gouvène yo nan menm peryòd ak sasèdòs ak tabènak la, dis kòmandman ak anpil lòt lwa ankò, pwofèt avèk jij yo. Nan fen liv Egzòd la, se sèlman yon pati nan contra Bondye a avèk Abraram ki te gentan akonpli.

Jozye, Jij avèk Rit rakonte kijan ke Bondye te akonpli pwomès ke li te fè Abraram nan, ki te kòmanse depi nan liv Jenèz la.

Izrayelit yo te pran tè ke Bondye te pwomèt Abraram nan epi yo te abite ladan li. Pwofèt yo, sakrifikatè yo, lalwa ak rityèl adorasyon yo te deklare ke Bondye se te Seyè ak Wa Izrayelit yo. 12 branch fanmi moun pèp Izrayèl yo te abite nan tè pwomès la. Etid sa pale osijè de sa yo: Debora, Jedeyon ak Samson.

Nan **1 ak 2 Samyèl**, izrayelit yo te mande yon wa paske lòt nasyon yo te genyen wa ki te pou gouvène yo. Liv sa yo pale de Samyèl, Sayil ak David. Jerizalèm te rive vin sant nasyon zini peyi Izrayèl. Etid sa montre kijan moun reyaji nan plizyè fason ki diferan lè yon moun kontrekare li nan peche li yo. Pandan ke Sayil t'ap bay lòt moun tò ak eskiz li t'ap prezante yo, David te admèt li te peche epi mande Bondye padon.

Matye se pwen santral tout seri a. Li santre li sou nesans, lavi ak ministè Jezi. Tout liv seri yo prezante Jezi kòm Pitit Bondye a ak Mesi a. Jezi te make kòmansman yon nouvo etap. Timoun yo aprann de nouvo etap sa nan plizyè rankont: ansèyman Jezi yo, lanmò li, rezireksyon li, ak enstriksyon ke li te bay disip li yo. Atravè Jezi ki se Kris la, Bondye te bay yon nouvo mwayen pou ke moun te kapab genyen yon relasyon avèk Li.

Nan kòmansman liv **Travay** la, Jezi te monte nan syèl, epi Bondye te voye Sentespri a pou ke li te ede legliz la. Bondye nouvèl sou Jezi ki se Kris la te gaye anpil kote nan mond lan. Kwayan yo te preche moun lòt nasyon yo levanjil la, epi se konsa ke travay misyonè a te kòmanse. Mesaj lanmou Bondye te transfòme ni jwif ni grèk yo. Genyen yon koneksyon dirèk ant efò evanjelistik apot yo, Pòl ak Pyè avèk lavi moun k'ap viv nan tan kounye a yo.

PARAMÈT

Paramèt pou itilize seri sa se espesyalman pou moun sa yo ki patisipe nan aspè opsyonèl Konkou Etid Biblik pou Timoun yo. W'ap jwenn plis enfòmasyon ki gen pou wè ak sesyon ki pote tit "Konkou Biblik pou Timoun" (Paj 143).

- Travay (2018-2019)
- Jenèz (2019-2020)
- Egzod (2020-2021)
- Jozye, Jij ak Rit (2021-2022)
- 1 ak 2 Samyèl (2022-2023)
- Matye (2023-2024)

ORÈ

Chak liv seri a genyen 20 leson. Chwazi youn oubyen de zèd tan pou chak leson. Lòt orè sa se yon sigjesyon pou chak etid:

- 15 minit pou Aktivite a
- 30 minit pou Leson Biblik la
- 15 minit pou aprantisaj vèsè a
- 30 minit pou Aktivite ki vin ajoute yo (opsyonèl)
- 30 minit pou fè pratik pou Konkou a (opsyonèl)

PREPARASYON ANTRENÈ A

Yon bon preparasyon pou chak etid enpòtan anpil. Timoun yo swiv avèk plis atansyon ak pi byen konprann etid la si ou byen prepare li epi prezante li byen. Etap sa yo va montre w kijan pou w prepare w.

Etap 1: Panorama Rapid. Li vèsè ki enpòtan an avèk Objektif ansèyman yo.

Etap 2: Pasaj Biblik ak Kòmantè Biblik. Li vèsè pasaj biblik ki pou leson ak enfòmasyon ki nan Kòmantè Biblik la, anplis de pawòl ki gen pou wè avèk lafwa nou yo, Pèsonaj, kote ak Objektif ki ladan yo tou a.

Etap 3: Aktivite ouvèti a. Sesyon sa genyen jwèt ladan li oubyen lòt aktivite yon fason pou w prepare timoun yo pou leson biblik la. Ou dwe byen aprann aktivite, enstriksyon ak materyèl yo. Pote tout materyèl ke w'ap gen bezwen yo nan klas la. Avan ke timoun yo rive, prepare aktivite a.

Etap 4: Leson Biblik. Repase leson an epi aprann li yon fason pou w kapab rakonte li sou fòm istwa. Timoun yo vle pou antrenè a rakonte istwa olye pou l'ap li l nan liv la.

Itilize pawòl ki gen pou wè avèk Lafwa Nou nan chak leson pou w bay enfòmasyon adisyonèl lè w'ap rakonte istwa a. Sa ap ede timoun yo konprann istwa a epi aplike li nan lavi yo.

Etap 5: Vèsè pou aprann (Vèsè enpòtan). Aprann vèsè pou aprann nan avan ke w montre timoun yo li. Nan paj 61, genyen plizyè aktivite ke yo bay pou aprann vèsè yo. Chwazi kèk nan aktivite sa yo pou w ede timoun yo aprann vèsè kle a. Ou dwe byen aprann vèsè ke w chwazi a. Li enstriksyon yo epi prepare materyèl w'ap pote nan klas la yo.

Etap 6: Aktivite ki sigjere yo. Aktivite sa yo pral ranfòse etid biblik timoun yo nan itilizasyon jwèt ak aktivite ki aktif yo (ki deja andedan liv sa). Anpil nan yo mande materyèl, resous ak tan adisyonèl. Ou dwe byen abitye ak aktivite ke w chwazi yo. Li enstriksyon yo epi prepare materyèl ke w'ap pote nan klas la yo.

Etap 7: Revize tout entèwogasyon ki gen pou wè ak etid la.

Etap 8: (opsyonèl): Pratik pou konkou biblik la ki nan modalite kesyon ak repons yo. Sa se yon kalite konkou sou etid biblik pou timoun, epi w'ap jwenn plis enfòmasyon nan seksyon ki pote tit "Gid Pou Modalite Konkou Biblik Avèk Kesyon ak Repons yo" (paj 125). Si nou deside patisipe nan kalite konkou sa a, pase tan avèk timoun yo nan preparasyon ou. Genyen plizyè kesyon pratik pou chak etid. 10 premye kesyon yo se pou nivo konkou debaz yo. 10 lòt kesyon yo se pou nivo konkou ki avanse yo. Avèk gid antrenè yo, se timoun yo k'ap chwazi nivo yo vle pou konkou a.

PWOMÈS KADO A

Leson 1

PASAJ BIBLIK: Travay 1:1-2:47

VÈSÈ KLE: "Men, lè Sentespri a va desann sou nou, n'a resevwa yon pouvwa. Lè sa a, n'a sèvi m' temwen nan Jerizalèm, nan tout peyi Jide ak nan tout peyi Samari, jouk nan dènye bout latè" (Travay 1:8).

OBJEKTIF ANSÈYMAN AN SE Ede timoun yo:

1. Konnen Sentespri a kòm gid lavi nou epi rekonèt gid li a nan pwopagasyon levanjil la.

2. Konvenki ke Lespri Sen an se kado ke Bondye ban nou.

KÒMANTÈ BIBLIK

Liv Lik la, Travay Apot yo envite lektè li yo kontinye misyon Kris la jouskaske Li retounen.

Jezi te prepare disip li yo pou yo te kapab kontinye misyon li a. "Karant yo" fè nou sonje sa yo ki te epwouve avan ke yo te kòmanse ministè yo: izrayelit yo ki te pèdi nan dezè a, Moyiz nan mòn Sinayi, Eli lè l te chape pou l ale nan Orèb.

Jezi repete pwofesi Ezayi 32:15. Se Sentespri a ki bay kretyen yo kapasite pou yo temwaye devan lemonn antye avèk anpil efikasite.

Disip Jezi yo te batize avèk Lepri Sen an nan jou Lapannkòt la. Nan kòmansman, Lapannkòt "tou pote non Fèt Semèn yo) selebre kado Bondye a ki se Dis Kòmandman Moyiz yo pou pèp Izrayèl la, 50 jou aprè deplasman yo nan peyi Lejip. Pou kretyen jodi yo, Lapannkòt se yon selebrasyon kado Bondye lè Li bay tout kretyen yo Lespri Li, 50 jou aprè Dimanch Rezireksyon yo.

Bondye te vide Lespri li sou kominote kwayan yo. Sentespri a te fè yo mete tèt yo ansanm epi Li te ba yo pasyon pou yo swiv Kris. Yo te resevwa pwisans pou bay lemonn antye mesaj Jezi a byen klè.

Pyè te envite moun ki t'ap koute li yo repanti ak batize. Anpil nouvo kwayan te antre nan kominote moun ki kwè yo, epi yo te grandi nan lafwa lè yo te obeyi tout kòmandman apot yo, priye chak jou epi pataje byen yo avèk moun ki te nan nesesite yo.

Nan de premye chapit yo, nou wè kòmansman misyon Jezi a pou bay delivrans anba peche epi gaye mesaj sa a tout kote sou latè.

Legliz Primitiv te genyen anpil espwa. Yo te wè ke Bondye te kontinye ap transfòme yo anba pouvwa Sentespri a. Bondye t'ap fè manifeste wayòm li sou tè a. Yo te kontan anpil pou yo te pataje mesaj sa avèk tout moun. Kòm kwayan, n ap kontinye avèk misyon ki te kòmanse avèk legliz fidèl la depi plis pase de mil ane.

Se menm jan tou, nou kapab eksperimante pouvwa Sentespri a, epi n ap vin sèvi kòm temwen wayòm Bondye a lè Bondye transfòme nou.

PAWÒL KI GEN RAPÒ AVÈK LAFWA NOU YO

Sentespri — Lespri Bondye a. Sentespri a ban nou fòs pou nou viv pou Bondye lè nou mete konfyans nou nan Jezi kòm Sovè.

Jezikris — Jezi se Pitit Bondye, Sovè mond lan. Jezi konplètman Bondye ak konplètman moun. Kris la se yon mo grèk ki vle di "wen an".

Mesi — Mesi se yon mo ebre ki vle di "wen an" epi an jeneral ki tradwi kòm "Kris la". Li refere ak Jezikris.

Pyè — Youn nan 12 disip Jezi yo. Li te preche mesaj la nan Lapannkòt epi li te yon lidè nan legliz Primitiv la.

Jerizalèm - Sant relijyon jwif la. Jerizalèm se pwen santral jewografik anpil istwa nan Bib la.

Lapannkòt — Fèt relijye jwif yo ki te selebre 50 jou aprè Pak. Kretyen selebre li kòm jou lè Sentespri a te vini ak jou ke legliz Primitiv la te pran nesans lan.

Apot yo - Premye lidè yo nan legliz kretyèn ke Jezi te chwazi espesyalman. Yo te anbasadè pou Bondye an mezi ke legliz la t'ap grandi epi gaye.

Batèm — Seremoni piblik ki senbolize nouvèl nesans yon moun nan Jezi ki se Kris la. Batèm se yon seremoni kote ke yo koule kwayan anba dlo, oubyen wouze, oswa vide sou tèt la. Kwayan an chwazi pou li batize pou montre ke l ap kòmanse yon nouvo lavi nan Kris la.

Jwif — Moun ki pratike relijyon jwif la. Bondye te etabli yon alyans avèk Abraram nan Jenèz 15 ak 17. Jwif yo te rekonèt kòm pitit pitit Abraram, pitit gason l 'ak pitit pitit li (Izarak ak Jakòb). Bib la rele yo Izrayelit tou.

Pwofesi — Yon mesaj ke Bondye voye bay pèp la. Gen kèk pwofesi ki anonse sa ki pral rive nan lavni.

AKTIVITE OUVÈTI A

Moman fèt! Ou kapab dekore sal klas ou yo oubyen kote nou reyini an tankou yon kote ki pral gen yon fèt anivèsè, e menm pote yon gato. Si li pa posib pou genyen yon fèt, kòmanse yon sesyon pandan w ap mande timoun yo pou yo dekouvri tout detay ki genyen nan yon "bon fèt".

Kite gwoup la pataje opinyon yo pou yon moman epi lè w pare pou w kòmanse etid biblik la, remèt yo de kesyon sa yo nan yon papye oubyen tousenpleman li yo byen fò epi mande pou gwoup la reponn yo.

Premye kesyon an gen rapò avèk definisyon mo legliz. Klèman nou itilize li pou anpil bagay, janm anpil opsyon repons yo deja endike li. Repons ki kòrèk la pa enprime: "Tout sa ki anlè a yo". Tout repons yo bon, tou depann de siyifikasyon ke w vle a. Pran yon moman pou w ede klas ou a konsantre li sou dènye repons lan, "tout kretyen yo ki nan mond lan". Sa a se definisyon "legliz" ke nou pral itilize jodi a.

Dezyèm kesyon an pi difisil toujou. Repons ki bon an se: "Se jou ke Sentespri a te ranpli apot yo (Lapannkòt)". Itilize sa kòm yon tranzisyon pou antre nan leson an.

Ki difinisyon mo legliz?
Chwazi youn nan repons sa yo:

a. Yon kay kote moun al adore
b. Moun ki adore nan kay sila a
c. Moman ke moun sa yo itilize pou adore a
d. Tout moun ki nan yon denominasyon
e. Tout kretyen yo ki nan mond lan.

Si w ta dwe chwazi yon jou pou w selebre anivèsè Legliz la, kilès nan jou sa yo ke w ta chwazi?

1. Jou ke Jezi te fèt la (Nowèl)
2. Jou ke Jezi te kloure sou kwa a (Vandredi Sen)
3. Jou ke Jezi te leve vinan pami mò yo (Pak)
4. Jou ke Jezi te monte nan syèl la
5. Jou ke Sentespri a te desann sou apot yo (Lapannkòt).

LESON BIBLIK

1. Adye ...pou kounye a (1:1-11)

Travay se dezyèm volim yon jwèt a de ki te kòmanse avèk liv Lik la. Nan premye volim nan, Lik te ekri "tout sa ke Jezi te kòmanse fè ak anseye" (Travay 1:1). Kounye a li pral pale de bagay sa yo ke Jezi te kontinye fè atravè Legliz li a.

Lik kòmanse istwa li a avèk yon rezime brèf sou dènye chapit premye volim nan (wè Lik 24), ki dekri plizyè aparisyon Jezi aprè li te fin kloure a avèk rezireksyon li. Aprè sa, li dekri monte li nan syèl la.

* Mande timoun yo pou yo plase twa zòn pwopagasyon levanjil yo nan kat jewografik la (1:8).

2. Epi moun ki genyen an se... (1:12-26)

Apre Jezi te fin monte nan syèl, Pyè ki te yon lidè gwoup kretyen yo san dout, li te santi nesesite pou ranplase Jida pou l te konsève menm kantite apot yo ki te 12. Kondisyon yo pou chwazi douzyèm apot la ke Pyè te mansyone nan vèsè 21-22, yo te dwe fè pati ministè Jezi a sou latè depi nan kòmansman epi te temwen rezireksyon an. Te genyen de nonm ki te ranpli kondisyon sa yo: Jozèf ki te pote non Basabas ak Matyas. Aprè yo fin priye, apot yo te fè tiraj epi yo te chwazi Matyas.

Kilès moun apot sa yo te ye? Nou pa konnen li. Men, apot yo te priye pou dosye sa epi te fè tiraj osò. Epi yo te chwazi Matyas.

3. Anivèsè legliz la (2:1-41)

Nan chapit sa a, Lik anrejistre evènman jounen an ki konsidere kòm anivèsè legliz la, jou Lapannkòt la.

Lapannkòt te youn nan fèt prensipal jwif yo. Li plase sou 50 yèm jou aprè Pak la epi li genyen non li nan lang ebre a ki vle di "50". Jou sa a, kretyen yo "te ansanm menm kote" (2:1). San dout ou deja konnen kisa ki te pase aprè. Premyeman te genyen bri yon van ki te soti nan syèl la (v.2).

Aprè sa, plizyè zeklè dife te vin poze tou tèt chak kretyen (v.3). Epi aprè sa, lè yo tout te fin ranpli endividyèl ak kolektivman ak Sentespri a, yo te kòmanse ap pale nan "plizyè lòt lang diferan" (v.4).

Li enpòtan pou nou souliye ke "lòt langay sa a yo" se pat lang ke moun pat kapab konprann, men pito se te lang ke moun te kornen, idyòm avèk lang pèleren yo ki te nan lavil Jerizalèm jou sa a (wè v. 8-11).

* Desine siy mirak yo ki te manifeste moman ke kwayan yo te ranpli avèk Sentespri a.

Aprè sa, Pyè te kanpe epi bay premye diskou kretyen li a, an favè verite levanjil la.

* Mande timoun yo pou yo li diskou Pyè a epi rezime li an de oubyen twa fraz. (2:15-36)

4. Lavi chak jou legliz primitiv la (2:42-47)

Pasaj kout sa ap pèmèt ke nou genyen yon lide sou lavi ke kretyen yo te konn ap mennen chak jou nan premye semèn li yo lè li te fenk pran nesans.

* Fè yon lis aktivite ke kretyen yo te konn fè chak jou (2:42-47).

Èske genyen kèk mo ki parèt anpil fwa nan lis sa? Depi lè sa a. Legliz Primitiv la te konprann enpòtans pou youn te rete tou pre lòt. Sa te dwe yon moman enteresan!

AKTIVITE KI SIGJERE YO

- Mande timoun yo pou yo drese yon lis mo ki gen pou wè ak lafwa nou lakay yo.

- Drese yon lis ki genyen non pèsonaj yo ladan li, lye ak objè ki parèt nan pasaj sa a.

- Fè jwèt ki gen rapò avèk leson sa, devinèt, fini istwa a, jwèt kategori atizana a.

KESYON YO

TRAVAY 1 - 2

1. Pou ki moun liv Travay la te ekri? (1:1)
   R/ Pou Teyofil

2. Pou kisa ke Jezi te bay disip yo lòd pou ke yo pat kite lavil Jerizalèm? (1:4-5)
   R/pou ke yo rete tann pwomès ke Papa a te fè a ki se Sentespri a.

3. Ki kote apot yo ta genyen pou yo sèvi temwen yon fwa ke yo fin resevwa Lespri Sen an? (1:8)
   R/Jerizalèm, Jide, Samari epi jouk nan dènye bout latè.

4. Daprè Travay 1:15, ki kantite kwayan ki te fè pati gwoup kwayan yo nan epòk sa yo?
   R/san ven.

5. Ki moun ki te eli pou yo te ranplase Jida? (1:26)
   R/Matyas

6. Ki twa siyal ki te manifeste nan Lapannkòt? (2 :2-4)

   * Yon gwo van.
   * Langaj yo te distribye tankou dife
   * Pale plizyè lang.

7. Ki moun sove? (2:21)
   R/tout moun ki envoke non Seyè a.

8. Daprè Travay 2:41, konbyen moun ki te rasanble nan legliz la?
   R/twa mil.

PI BON PASE LAJAN

Leson 2

PASAJ BIBLIK: Travay 3:1-4:31

VÈSÈ KLE: "E poutan, Se li menm sèl ki ka bay delivrans paske Bondye pa bay non okenn lòt moun sou latè ki kapab delivre nou" (Travay 4:12).

OBJEKTIF ANSÈYMAN AN SE Ede timoun yo:

1. Santi li alèz pou don ke Bondye ba li yo.

2. Bay Bondye glwa pou don yo a.

3. Sentespri a ban nou kouraj pou temwaye sou Jezi.

KÒMANTÈ BIBLIK

Pandan Pyè avèk Jan ta pral nan tanp lan pou priye, yon pòv kokobe te rele yo epi mande yo lajan. Akoz de kondisyon fizik li, kokobe a pat kapab adore Bondye nan tanp lan. Yo te konsidere li kòm enpi. Olye pou yo te ba li lajan, Pyè te geri li nan non Jezi. (Nou wè yon ensidan ki sanble avèk Jezi nan Lik 13 :10-13), youn nan anpil istwa kote ke Jezi te geri plizyè moun). Istwa sa a ap fè nou genyen yon lide sou sa ki devlope nan liv Travay : premye kretyen yo te pwoklame bon nouvèl Jezi a ak Sali a bay tout moun, se pa sèlman pou relijye ki te genyen privilèj yo.

Pòv la te geri konplètman, li te louwe Bondye avèk Pyè ak Jan. Pyè te deklare ke gerizon an te rive fèt nan non Jezi. Nou wè ke pouvwa Jezi a pa genyen limit. Li kapab fè mirak pou geri ak sove moun.

Lidè relijye yo te arete Pyè avèk Jan. Sepandan, apot yo te prepare paske Jezi te anseye yo pou yo pat enkyete yo sou sa ke yo kapab di lè sa te rive. Sentespri a ta ede yo (Lik 12 :11-12). Konsa, anba pouvwa Sentespri a, Pyè te pale avèk anpil konfyans devan lidè relijye yo ki te fache anpil. Li te repete mesaj bon nouvèl Jezi a, sèl moun ki kapab sove a.

Konsèy la pat vle pou mesaj sou Jezi a te gaye. Yo te bay apot yo lòd pou yo te sispann preche non Jezi a. Pyè avèk Jan te rekonèt ke premye obligasyon yo se te obeyi Bondye.

Lespri Sen an te ede Pyè, temwen fidèl la, pou ke li te pale avèk kouraj. Sèlman kèk mwa avan, Pyè te nye relasyon li avèk Jezi. Pyè, aprè Lapannkòt, li te kapab defann Seyè a piblikman.

PAWÒL KI GEN RAPÒ AVÈK LAFWA NOU YO

Sadiseyen — Se plizyè lidè jwif ki soti nan fanmi sakrifikatè ki te kwè nan swiv lalwa Moyiz la avèk tout fòs yo. Yo pat kwè nan rezireksyon mò yo ni nan zanj yo. (Yo te rele yo "eskrib" tou).

Repanti — Ale lwen peche a epi tounen vin jwenn Bondye.

Pwòp ak enpi — Kategori ki defini kèk moun, animal ak manje selon lalwa ak koutim jwif yo. Jeneralman, genyen kèk moun ki te kapab fè yon bagay ki enpi vin pwòp pandan li t'ap fè yon seremoni espesyal ki te rele lavman seremonyèl. Nan Nouvo Testaman, Jezi te demontre ke pwòpte ak enpite a te plis sou andedan ke sou deyò. Se sèlman Bondye ki kapab fè yon moun vin pwòp. Li Ezekyèl 36 :24-27 pou genyen plis enfòmasyon.

Delivrans — Tout sa ke Bondye fè pou li padone peche tout moun epi ede yo obeyi li. Se sèlman Bondye ki kapab sove lòm anba peche.

Gran Konsèy — Gwoup lidè relijye jwif yo ki te konn ap fonksyone kòm tribinal legal.

Temwen — Se yon moun ki rakonte yon lòt sa ke li te wè oubyen eksperimante. Yon temwen kretyen se moun sa ki pale avèk lèzòt yo osijè de Jezi avèk delivrans lan.

Tanp — Yon kote espesyal pou adore Bondye nan Jerizalèm ke jwif yo te konn itilize nan epòk biblik yo. Se Saloman ki te bati premye tanp lan. Li detay yo nan 1 Wa 6.

AKTIVITE OUVÈTI A

Pou aktivite sa a, w ap bezwen bagay sa yo:

• Bann adezif pou papye (bann adezif), opsyonèl (ou kapab chwazi lòt fason pou w detèmine "prizon an" nan leson an)

Avan klas la kòmanse, itilize riban adezif la pou w detèmine yon gwo espas ki kare atè a ki va senbolize "prizon an".

Espas sa dwe gwo ase pou ke timoun yo kapab kanpe oubyen chita andedan li.

Pandan dewoulman etid la, li ak diskite pwen prensipal istwa biblik yo. Dirije dyalòg la yon fason pou ke timoun yo kapab pale de Jezi. Chak fwa ke genyen yon moun ki site non Jezi, li dwe ale nan prizon an. Di yo konsa : Nan epòk Pyè avèk Jan an, yo te konn arete anpil kretyen epi mete yo nan prizon dèske yo te konn pale de Jezi Kisa nou kwè ke yo te fè nan prizon an lè sa a?

LESON BIBLIK

1. Èske genyen yon bagay ki plis pase lajan avèk lò? (3:1-10)

San sipò medikal, moun ki te kokobe yo nan Ansyen Izrayèl yo ki pat soti nan fanmi ki rich yo te genyen yon sèl chwa: mande charite pou yo te siviv. Pasaj sa rakonte yon moun konsa, yon nonm ki te genyen 40 lane anviwon (wè 4:22), ki te kokobe depi lè li te fèt.

Yon jou, Pyè avè Jan ta pral priye nan tanp lan. Gade byen kijan yo te konsève tradisyon relijyon jwif yo. Premye kretyen yo te kontinye rete kòm ovriye ki fidèl, san entansyon pou separe avèk relijyon yo te fèt ladan l lan. Yo te wè krisyanis lan kòm akonplisman, se pa tankou ranplasman jidayis la.

Nan pòt Tanp lan, apot yo te rankontre avèk kokobe sa ki te genyen abitid mande charite chak jou pou satisfè nesesite de baz li yo.

* Aprè w fin li pasaj kout sa, poze timoun yo kesyon epi kite yo reponn:

1. Lè Pyè te di konsa, "mwen pa genyen ni lajan ni lò" (v.6), kisa w panse li te vle di? Chwazi youn nan repons yo:

   * "Nou se pòv menm jan avèk ou".

   * "Nou bliye lajan lakay nou".

   * "Nou kwè ke se pa lajan w bezwen".

   * "Nan konparezon avèk sa ke nou genyen pou ke nou ba ou, lajan an pa anyen".

2. Èske Pyè te rete avèk dèt pou li te geri nonm nan? (v. 6)

3. Kisa nonm nan te fè aprè ke li te fin geri? (v.8).

4. Ki repons moun ki nan tanp yo te bay lè yo te wè nonm nan geri? (v. 10)

2. Pyè preche dezyèm mesaj li a (3:11-26)

Wè nonm sa a ki te pase anpil ane ap mande charite nan pòt tanp lan, kouri ak vole te fè moun yo sezi anpil. Epi Pyè, menm jan ak anpil predikatè, li te pran avantaj sou sitiyasyon an. Sa a se te yon opòtinite pou ke li te bay yon lòt mesaj predikasyon ankò.

* Ede timoun yo li predikasyon an ki anrejistre nan vèsè sa yo epi aprè sa, konpare li avèk mesaj ki nan chapit 2:14-41.

Nan kisa yo sanble? Nan kisa yo diferan?

3. Bon predikasyon, Pyè. Nou pran w! (4:1-22)

Nan moman kote ke Pyè t'ap mete fen avèk predikasyon l lan epi fè yon envitasyon, li te anpeche pa gad avèk kòmandan ofisyèl jwif yo. Yo pat tèlman kontan akoz de boulvès la, espesyalman lè yo te vin dekouvri ke Pyè t'ap preche sou Jezi yon lòt fwa ankò. Konsa, yo te mete li nan prizon pandan yon nwit.

Nan demen maten, yo te mennen Pyè devan Gran Konsèy "Sanedren an", gwo tribinal jwif yo.

4. Repons kongregasyon an (4:23-31)

Aprè Pyè avèk Jan te fin jwenn liberasyon yo, yo te retounen nan kominote kretyèn yo a, kote ke yo te patisipe nan yon rankont lapriyè. (Byen gade bèl mo sa ki se ansanm nan vèsè 24). Lapriyè sa devwale nou kòman kretyen yo te konn reponn fas ak pèsekisyon jou sa a ak kòman yo te konn panse pou kontrekare lavni an.

Nan vèsè 29 la, apot yo genyen yon plan batay, Kòman Bondye te reponn lapriyè yo a? (V. 31)

AKTIVITE KI SIGJERE YO

* Kontinye avèk lis mo ki genyen rapò avèk lafwa nou yo.

* Ajoute nan lis la, pèsonaj yo, lye ak objè yo ki parèt nan leson sa a.

* Reyalize jwèt yo ki genyen rapò avèk leson sa, kòman ou imajine li?, drapo yo.

KESYON YO

TRAVAY 3 - 4:22

1. Ki kote yon nonm ki te kokobe depi nesans li te ye? (3:2)
   R/devan pòt ki te rele Bèl la.

2. Otè kisa Jezi ye? (3:15)
   R/lavi a.

3. Kisa ki te bay nonm ki te kokobe depi nesans lan gerizon total? (3:16)
   R/Lafwa pa mwayen Jezikris.

4. Ki kote yo te mete Pyè avèk Jan rive jouk nan demen maten? (4:3)
   R/nan prizon.

5. Kombyen moun ki te kwè aprè ke yo te fin tande mesaj Pyè a nan galeri Salomon an? (4 :4)
   R/senk mil.

6. Ki lòd definitiv yo te bay Pyè avèk Jan? (4:18)
   R/ se pou yo te sispann pale ak anseye osijè de non Jezi a.

7. Kisa kwayan nan liv Travay yo te mande nan chapit 4:29?
   R/ pran ansèyman li yo an chaj epi pèmèt sèvitè li yo pwoklame mesaj li a san okenn krent.

8. Daprè Travay 4 :31, Kisa ki te pase aprè lapriyè a?
   R/ plas kote yo te reyini an te tranble, yo tout te ranpli avèk Sentespri a epi yo te pwoklame Pawòl Bondye a san okenn krent.

NAN YON SÈL SANS

Leson 3

PASAJ BIBLIK: Travay 4:32-5:42

VÈSÈ KLE: "Tout moun ki te kwè yo te fè yon sèl kò, yo te gen menm santiman yonn pou lòt, yo te gen yon sèl lide yonn anvè lòt. Pesonn pa t' di byen li yo te pou tèt pa l' ase, men tou sa yonn te genyen te pou tout moun" (Travay 4:32).

OBJEKTIF ANSÈYMAN AN SE Ede timoun yo:

1. Anvi pratike lavi nan obeyisans reyèl la.

2. Bondye founi nesesite nou yo atravè moun ki obeyisan yo.

KÒMANTÈ BIBLIK

Pafwa kwayan legliz primitiv yo te konn deside pataje avèk lèzòt yo tout byen oubyen lajan byen ke yo te konn vann yo. Charite ki te genyen nan kominote a te konn bay zanmitay la plis fòs, matirite ak yon konfyans ki fò nan Bondye.

Sepandan, bay lajan ak byen yo te yon bagay ki volontè. Genyen de kalite kwayan diferan ki te konn pataje byen yo: youn avèk onètete epi lòt avèk riz.

Banabas te vann yon byen li, epi li te bay apot yo tout lajan an. Sa a se yon bon egzanp pou vin yon fidèl ak onèt nan bay. Aprè sa, nou pral wè responsablite Banabas, kòm yon moun ki t'ap ankouraje kwayan yo lè li t'ap sipòte Pòl nan ministè li.

Te genyen de lòt kwayan ki te kontrè avèk Banabas: Ananyas ak madanm li Safira. Yo menm tou yo te van byen yo, men yo te sere yon pati nan lajan an pou yo. Lè yo te bay disip yo yon pati nan lajan an, yo te plede di ke se te tout kòb la. Rapò sa a te fè nou dekouvri premye peche ki te fèt nan legliz primitiv la. Yo te fè peche lè yo te bay Bondye ak lòt yo manti.

Apot yo te ba yo tou de opòtinite pou yo te repanti, men yo te kontinye bay manti a. Pinisyon an te tonbe menm kote a kote yo tou de te mouri.

Pinisyon pou Ananyas ak Safira a petèt te sanble twò sevè. Sepandan, legliz primitiv te aprann yon leson enpòtan. Menm si lafwa yo nan Bondye te delivre yo anba kondannasyon lalwa jwif yo, sa pat vle di libète pou vin san moral. Mansonj ak mank de respè pou otorite pat kapab jwenn plas li nan kominote lafwa a.

Malerezman, travay Lespri Sen an nan lavi Ananyas ak Safira pat chanje lanmou yo pou prestij ak lajan. Travay Lespri Sen an nan lavi kretyen an dwe fè li santi l lib ak jenere menm jan Banabas te demontre l la. Ann swiv egzanp li a!

PAWÒL KI GEN RAPÒ AVÈK LAFWA NOU YO

Kwayan — Moun ki kwè ke Jezi se Pitit Bondye a. Kwayan yo aksepte Jezi kòm Sovè, yo renmen ak obeyi li.

AKTIVITE OUVÈTI A

Pou aktivite sa a, w ap bezwen bagay sa yo:

- Yon ti kado ki pa chè pou chak elèv (pa egzanp : yon moso, pen, bonbon, dous, yon ti jwèt oubyen yon lòt bagay ki senp)

- Lajan an jwèt (itilize lajan kèk jwèt oubyen fè youn pou kont ou, nan koupe ti moso papye epi ekri plizyè nimewo diferan nan yo chak). Distribye kado ki pa chè a yo bay kèk timoun, men se pa yo tout.

Fè yo konnen ke yo pa dwe jwe avèk nouvo posesyon yo a oubyen manje li. Chwazi yon granmoun oubyen yon timoun kòm lidè ki pou kontwole kesyon lajan an jwèt la. Ankouraje timoun yo vann posesyon yo a epi aprè sa bay yon moun ki pa posede anyen lajan an. Ankouraje bankè a achte ak vann bagay yo yon fason pou ke alafen, chak elèv genyen yon kado.

Di yo konsa: Kado yo reprezante nesesite chak jou nou yo. Bondye vle pou nou gen konpasyon epi jenere youn avèk lòt. Lè nou bay, nou ede moun ki nan bezwen yo. Premye kretyen yo te konn ede youn lòt epi nou menm nou kapab fè l tou. Dyaloge sou kijan premye kretyen yo te konn ede sa ki te nan nesesite yo.

LESON BIBLIK

1. Pataje ak pataje menm jan (4:32-37)

Pasaj sa kòmanse avèk deklarasyon; "Tout kwayan yo te genyen menm sans ak panse". Malerezman, afimasyon sa a vin ra anpil nan 2 mil ane sa yo ki deja pase pou vini nan epòk sa ke n ap viv la.

Amoni ak inite nan mitan premye kretyen yo te tèlman total ke li te menm rive atenn pòch yo. Chak kwayan te konn kontribye avèk finans pèsonèl yo pou yon depo lajan ki komen, kote lajan an te konn distribye daprè nesesite a. Sistèm sa te tèlman efikas ke "pa t genyen okenn moun ki nan nesesite nan kominote a" (v. 34).

2. Pwoblèm depi andedan yo (5:1-11)

Li pat ase pou ke apot yo ta genyen pwoblèm ekstèn, yon ti moman aprè yo te kòmanse genyen yo depi andedan kominote kretyèn nan.

Nan pasaj anlè a nou li istwa richès ak byen san enterè pami kretyen yo nan lavil Jerizalèm. Dènye vèsè ke nou li yo (4:36-37) ban nou egzanp Jozèf levit la. Kounye a nou jwenn Ananyas ak Safira, yo menm tou ki te vann yon teren epi yo te bay kominote a li.

Men, genyen yon bagay ki te soti mal ant vant lan avèk donasyon an.

* Mande timoun yo pou yo li pasaj la epi aprè sa, mande yo:

1. Lajan ke Ananyas ak Safira te bay apot yo se te yon donasyon jenere tout bon. Ki mal sa genyen ladan li?

2. Kisa ki te vrè peche koup la? (v. 4)

3. Pou kisa ou kwè ke Bondye te ba yo yon pinisyon tèlman di?

3. Nouvèl la fin gaye nan kominote a (5:12-16)

Kòm nou li nan 2:43, apot yo te kontinye reyalize "anpil mirak ak siy". Sa se te yon tan enpòtans global. Ekoulman Sentespri a sou limanite ki te fèt Jou Lapannkòt ki te pwisan ak espektakilè.

Nouvèl mirak ak siyal sa yo te ranpli lavil Jerizalèm ak pèp ki nan vwazinay yo. Yo te konn pote anpil moun malad bay disip yo pou yo te geri. Menm konsa, lè kwayan yo te rasanble nan yon espas piblik, tankou Galeri Salomon an, "pèsòn...pat leve pou mache avèk yo" (v. 13).

4. Pwoblèm depi deyò (5:17-42)

Kòm w ap raple w de chapit 4, lè Pyè avèk Jan te jwenn arestasyon yo pou premye fwa, lidè jwif yo te "ba yo lòd definitif pou yo te sispann ak anseye osijè de non Jezi" (4 :18). Anverite, apot yo pat obeyi lòd la.

Pou menm bagay la, se pa yon sipriz ke lidè kretyen yo te tonbe nan prizon yon lòt fwa ankò. Sepandan,

fwa sa a yo pat rete la pou anpil tan. Yon zanj te vini pandan nan nwit epi te retire yo epi pandan douvan jou, yo te gentan retounen nan tanp lan pou al preche ak anseye. Malgre tout kout frèt yo, apot yo te ale kite Gran Konsèy la "ranpli ak lajwa", menm si pi fò nan nou pa janm fè eksperyans yon pinisyon sevè akoz de lafwa nou, frè avèk sè nou yo nan Kris la nan anpil lòt pati nan mond lan ki soufri jiskaprezan.

- Kontinye avèk lis mo ki genyen rapò avèk lafwa nou yo.

- Ajoute nan lis la, pèsonaj yo, lye ak objè yo ki parèt nan leson sa a.

- Òganize jwèt ki genyen rapò avèk leson sa, Fini istwa a, Bib la nan epòk n ap viv la, di l avèk jès, dènye lè, jwèt kategori atizana.

KESYON YO

TRAVAY 4 - 5

1. Kimoun sa yo ki te genyen menm sans ak panse a? (4:32)
R/tout kwayan yo.

2. Ki ti non jwèt ke yo te bay Jozèf levit ki soti nan lavil Chip la? (4:36)
R/Banabas, ki vle di konsolatè.

3. Kisa Jozèf te fè, li menm ki te pote non Banabas tou, avèk lajan teren ke li te vann nan? (4:37).
R/ li te mete li nan pye apot yo.

4. Daprè Travay 5 :4, Kilès moun Ananyas te bay manti a?
R/Bondye, se pa lèzòm.

5. Ki moun sa yo ki te mouri dèske yo te bay Bondye manti? (5:1-11)
R/Ananyas ak Safira.

6. Kisa ki te anvayi legliz la ak tout moun ki te vin pran nouvèl lanmò Ananyas ak Safira? 85:11).
R/Yon gwo lapèrèz.

7. Ki kote yo tout te konn fè reyinyon nan tèt ansanm? (5:12).
R/nan galeri Salomon an.

8. Site Travay 5:29 detèt.
R/ "Pyè ansanm ak lòt apòt yo reponn li: Se pou n' obeyi Bondye pase pou n' obeyi moun."

LEGLIZ LA GAYE

Leson 4

PASAJ BIBLIK: Travay 6:1-8:3

VÈSÈ KLE: "Pawòl Bondye a t'ap gaye. Disip yo t'ap vin pi plis toujou nan Jerizalèm. Menm pami prèt yo, te gen anpil ki te asepte kwè pawòl la" (Travay 6:7).

OBJEKTIF ANSÈYMAN AN SE Ede timoun yo:

1. Defann sa ki kòrèk, menm si nou poukont nou.

2. Konnen ke Bondye toujou la avèk nou, menm nan moman pèsekisyon yo, nou dwe depann de li pou nou kapab rete fèm.

KÒMANTÈ BIBLIK

Legliz primitiv te fè fas avèk anpil pwoblèm, e menm prejije ak pèsekisyon. Yo te rekonèt premye kretyen yo akoz de jenewozite ak charite yo.

Men, yon pwoblèm pou move distribisyon manje te menase divize legliz la. Apot yo te fè fas ak konfli sa trè byen. Yo te rekonèt ke yo te bezwen plis lidè ki pou travay nan plizyè branch nan ministè a. Etyèn te youn nan lidè sa yo ke apot yo te bay dwa administratif yo. Apot yo te chwazi li ansanm avèk sis lòt moun. Mesye sa yo te saj epi ranpli ak Lespri sen an. Gras ak fidelite li, Bon Nouvèl Jezi ki se Kris la te gaye byen vit.

Ministè Etyèn nan pat gen limit nan distribye manje yo. Li te konn preche ak fè mirak, menm jan ak sa ke Joyèl te pwofetize a epi Pyè te mansyone li nan mesaj ke li te preche nan jou Lapannkòt la. Menm jan avèk ka Pyè a, predikasyon li a te dezagreyab pou anpil lidè relijye. Moun sa yo te konn bay manti epi peye lòt moun ki pou bay manti tou, yon fason pou ke yo te mennen Etyèn ale devan Tribinal relijye li a, Gran Konsèy la. Menm si Etyèn te inosan epi moun ki te akize li yo se manti yo te bay, gran konsèy la te egzekite li.

Lavi ak lanmò Etyèn sanble avèk plizyè lòt istwa biblik. Vizyon ke Etyèn te genyen de Bondye se yon eko nan istwa rankont Moyiz avèk Bondye sou Mòn sinayi (Egzòd 34:29). Akizasyon kont Etyèn yo sanble avèk akizasyon yo te fè kont Jezi yo. Etyèt te konpare akizatè li yo avèk izrayelit enpètinan yo ki te nan dezè a. Menm jan avèk Jezi, nan moman lanmò li, prewokipasyon Etyèn se te padon pou kriminèl li yo. Etyèn te premye kretyen ke yo te touye, epi li te reflete kè avèk lespri Jezi nan lavi ak lanmò li tou.

Aprè egzekisyon Etyèn nan, te genyen yon peryòd pèsekisyon ki te kòmanse kont legliz la. Nan fen istwa Etyèn nan, lektè liv Travay la vin rekonèt Sòl, pèsonaj prensipal liv la. Sòl avèk plizyè lòt lènmi krisyanis yo te tante elimine mesaj Jezi ki se Kris la lè li t'ap pèsekite premye kwayan yo.

Sepandan, olye pou yo te kontrekare mesaj la, pèsekisyon sa te fè kretyen yo gaye epi fè mesaj Bondye a te vin gaye pi plis toujou. Kwayan sa yo te kwè nan sekou Sentespri a chak jou ki te pou ede yo vin pi brav epi pataje mesaj Bondye a nenpòt kote yo te pase.

PAWÒL KI GEN RAPÒ AVÈK LAFWA NOU YO

Blasfèm — Fason yon moun pale mal de Bondye. Pèp la te akize Jezi byen souvan kòm yon moun ki t'ap blafème.

Pwofèt — Yon moun ke Bondye chwazi ki pou resevwa ak bay mesaj li yo.

Sinagòg — Mo a siyifi "asanble", epi nan Bib la, li fè referans avèk yon kote ke jwif yo te konn al lapriyè.

Pèsekisyon — Move tretman fizik, fawouch oubyen soufrans ke yon moun sibi anba anpil lòt moun akoz de sa ke li kwè.

Prejije — Yon lide imajinè oubyen predispozisyon fas ak plizyè lòt manm nan yon gwoup.

Padon — Aksyon pou libere yon moun de yon pinisyon ke li merite.

AKTIVITE OUVÈTI A

A Pou aktivite sa, w'ap gen bezwen bagay sa yo:

• Plizyè abdenwèl oubyen ti klere, ti flach oubyen plizyè balèn. Pandan etid la, remèt chak elèv yon ti baton limyè, flach oubyen balèn. Mande timoun yo pou yo kanpe sou liy. Etèn limyè a epi mande premye timoun nan pou l limen limyè pa l la (pandan l'ap kraze baton an, pandan ke l'ap limen flach la oubyen balèn nan). Aprè sa, mande lòt timoun ki vini aprè a pou l fè menm bagay la. Kontinye avèk liy lan jouskaske w rive fè yon chèn limyè.

Mande: Kijan salon an te ye avan limyè yo te limen?

Kisa ki pase anmezi ke te genyen plis moun limen limyè yo a?

Kòman nou imajine nou sa ki kapab pase nan mond lan anmezi ke plis moun tande levanjil la?

Di konsa: Menm jan ke nou kreye yon chèn limyè ansanm nan, disip yo te bezwen sipò pou yo te pran swen kwayan yo epi fè gaye limyè bon nouvèl ki pale sou Jezi a. Kisa yo te fè pou ke yo te jwenn sipò ke yo te gen bezwen?

LESON BIBLIK

1. Moun k'ap sèvi nou sou tab la jodi a se pral … (6:1-7)

Lè nou li 4:32-35, nou wè ke kominote nan Jerizalèm nan te konn viv nan yon kalite komin. Byen ekonomik manm yo te konn rete yon sèl kote epi lajan yo te konn separe selon bezwen chak moun.

Anmezi ke kominote a te konn ap grandi, sistèm sa te vin pi konplike. San dout, apot yo te genyen anpil difikilte pou ke yo te fè fas avèk tout travay sa yo ki te gen rapò avèk distribisyon an plis de travay preche, anseye ak dirije gwoup la. (Espesyalman depi ke yo t'ap arete yo epi mete yo nan prizon san rete).

Menm si jous kounye a, kominote a te genyen sèlman jwif, te genyen de gwoup ki te reprezante. Yon gwoup se te pa "Jwif yo ki te pale arameyen"; sa vle di ke sa yo ki te pase tout lavi yo ap viv nan peyi Izrayèl. Lòt gwoup la se te "jwif grèk yo", etranje yo, epi genyen kèk ladan yo san dout ki t'al Jerizalèm pou koze gran fèt Lapannkòt la epi yo te tou konvèti nan krisyanis la epi te tou rete nan lavil Jerizalèm pou ke yo te fè pati kominote kretyèn nan.

Jwif grèk sa yo te kòmanse santi ke distribisyon byen yo, espesyalman manje a, pat byen fèt avèk jwif ki pale arameyen yo. Yo te plenyen pou koze patipri.

Plent sa te fè apot yo te vin ouvri yon nouvo travay nan kominote a.

* Mande timoun yo pou yo fè yon lis kondisyon yon moun dwe ranpli pou l ka chwazi pou sèvi sou tab yo.

2. Arestasyon Etyèn nan (6:8-15)

Lè sèt mesye sa yo te fin nome pou yo okipe yo de administrasyon chak jou nan kominote a, premye a nan mitan yo, Etyèn, te jwenn arestasyon li. Privilèj pou jwenn arestasyon an pa limite sèlman ak apot yo. Layik yo menm jan avèk Etyèn tou te anba risk.

* Mande timoun yo pou yo li pasaj la epi reponn kesyon sa yo:

1. Kisa vèsè 8 la di nou osijè de Etyèn?

2. Kisa ki te akizasyon kont Etyèn?

3. Nan chalè kesyon yo nan konsèy la, nou kapab imajine nou kòman tansyon an te ogmante. Men, kisa ki te reyaksyon Etyèn devan jijman an? (v. 15)

3. Nonm sa konn preche tout bon vre! (7:1-53)

Lè yo te mande Etyèn pou l te defann tèt li fas avèk akizasyon yo te prezante kont li yo, li pat sèlman reponn: li te preche. Se prèch sa ki pi long nan liv Travay la. Etyèn te genyen twa tèm prensipal:

o Gèrye jwif yo se te gason ki pat pè obeyi apèl Bondye, e menm si sa te mande yo deplase ak chanje kay yo.

o Nasyon jwif la te konn adore Bondye depi nan tan avan yo, malgre pat genyen menm yon tanp.

o Lè dirijan jwif yo te lakòz krisifiksyon Jezi a, yo t'ap swiv yon patwon istorik sou pèsekisyon ak destriksyon pwofèt yo.

* Li prèch Etyèn nan byen dousman ansanm avèk timoun yo, deja li genyen anpil lide ki enpòtan anpil. deja, reponn kesyon sa yo:

1. Nan pasaj Etyèn nan istwa jwif la, li fè referans avèk anpil istwa ke ou kapab konnen byen. Èske genyen kèk lòt ke ou konsidere ki espesyal?

2. Vèsè 48 la di konsa, "Men, Bondye ki anwo nan syèl la pa rete nan kay moun bati ak men yo". Ekri retes a a nan pwòp mo pa ou yo.

4. Premye moun yo te touye a (7:54-8:3)

Moun ki t ap koute Etyèn yo te "manje dan yo" akoz de kolè (v.54). Yo te tèlman an kolè kont Etyèn, sa te lakòz ke yo te arete li deyò lavil la epi kraze li anba kout wòch pou fè li te vin premye kretyen ke yo te touye akoz de lafwa li.

Bib la rakonte nou istwa lavi Etyèn yon jou. Yon jou epi anyen ankò. Men jou sa se te dènye a nan lavi li. Si Jodi a ta dènye a nan lavi ou ki ta ekri nan istwa a, kisa li ta ekri de ou menm?

Èske w te rann ou kont ke te genyen yon temwen espesyal nan lanmò Etyèn nan, kilès moun li te ye? (v. 58)

AKTIVITE KI SIGJERE YO

- Kontinye avèk lis mo ki genyen rapò avèk lafwa nou yo. Ajoute nan lis la, pèsonaj yo, lye ak objè yo ki parèt nan leson sa a.

- Reyalize jwèt yo ki genyen rapò avèk leson sa, Ede misyonè yo.

KESYON YO

TRAVAY 6 - 8:3

1. Kimoun sa yo ki te di konsa, li pa bon pou nou neglije ministè Pawòl la pou n'ap sèvi sou tab yo? (6:1-2)
R/tout douz disip yo ki te nan foul moun yo.

2. Ki moun yo te chwazi pou sèvi sou tab yo? (6:5)
R/Etyèn, Filip, Pwokò, Nikanò, Timon, Pamenas ak Nikola.

3. Kilès moun ki te ranpli ak gras ak pwisans? (6:8)
R/ Etyèn.

4. Daprè Travay 6:13, Kisa fo temwen yo te konn temwaye?
R/ nonm sa pa sispann pale kont lye sen an ak kont lalwa.

5. Kisa Etyèn te wè lè li te fikse je li nan syèl la? (7:59).
R/ li te wè glwa Bondye ak Jezi ki te kanpe sou bò dwat Bondye.

6. Kisa Etyèn te di nan lapriyè li pandan yo t'ap kraze li anba kout wòch? (7:59)
R/ Seyè Jezi, mwen remèt lespri mwen nan men ou.

7. Lè Etyèn te tonbe ajenou, kisa li te rele di byen fò? (7 :60)
R/ Tanpri Seyè, pa fè yo peye pou peche sa.

8. Kimoun ki te la pou apwouve lanmò Etyèn? (8:1)
R/ Sòl.

9. Kilès moun sa yo ki te antere Etyèn? (8 :2)
R/ kèk frè ki te konn mache dwat devan Bondye.

FILIP NAN CHEMEN

Leson 5

PASAJ BIBLIK: Travay 8:4-40

VÈSÈ KLE: "Disip ki te gaye nan peyi a t'ap anonse bon nouvèl la toupatou. Se konsa Filip al nan yon lavil peyi Samari. Rive la li tanmen pale sou Kris la bay moun yo" (Travay 8:4-5).

OBJEKTIF ANSÈYMAN AN SE Ede timoun yo:

1. Konprann ke Bondye ede nou konprann Pawòl li pou ke nou kapab genyen yon relasyon avèk Li.

2. Pataje Kris la avèk zanmi mwen yo.

KÒMANTÈ BIBLIK

Apre ke legliz la fin gaye toupatou, kretyen yo te konn preche nenpòt kote yo te pase.

Filip te youn nan premye kretyen yo ki te soti Jerizalèm akoz de pèsekisyon. Li te ale Samari epi preche sou wayòm Bondye a. Akoz de obeyisans li, anpil moun te kwè epi resevwa batèm, e menm yon majisyen ki te rele Simon ladan li.

Gras ak travay fidèl Filip la, Pyè ak Jan te ale jouk Jerizalèm pou al priye pou nouvo kwayan yo. Apot yo te depoze men sou li epi yo te resevwa Sentespri a. Lè Simon te wè sa, li te vle achte pouvwa pou ke li te bay moun Sentespri a tou. Menm jan avèk Ananyas ak Safira, istwa sa a pale nou de yon kwayan ki te komèt yon peche, ak fason ke apot yo te korije sitiyasyon an byen vit.

Pyè te reprann Simon paske li te plis entérese ak montre pwisans olye pou l te gen lanvi wè lòt moun sove. Li te vle gouvène Lespri Bondye a yon fason pou l te kapab toujou konsidere kòm yon moun ki gen pwisans. Pyè te di ke kè Simon pat kòrèk devan Bondye epi li te dwe tounen vin jwenn Bondye akoz de peche li yo. Simon te rekonèt otorite Pyè epi mande pou l te priye pou li. Bib la pa di nou byen klè si Pyè te fè li oubyen si Simon te repanti de peche li. Repantans lan genyen ladan li yon chanjman nan panse, entansyon avèk aksyon : se separe de tout lanvi egoyis epi retounen vin jwenn Bondye.

Aprè sa, Lespri Bondye te dirije Filip al pale avèk yon chèf ki se moun peyi Letyopi. Daprè Detewonòm 23:1, yo pat pèmèt pou yon chèf enik te antre andedan tanp lan. Malgre sa, nonm sa te yon nonm onèt epi li te ale nan lavil Jerizalèm pou adore. Li te nan wout ap retounen lakay li lè li te rankontre avèk Filip la. Filip te eksplike li ke Jezi se te Kris la. Nouvèl sa yo sou Jezi te ede letyopyen an konprann mesaj lanmou Bondye a pi byen. Revelasyon sa a te chanje lavi li. Filip te batize letyopyen an.

PAWÒL KI GEN RAPÒ AVÈK LAFWA NOU YO

Majisyen oubyen malfèktè — Yon moun ki pratike maji nwa, oubyen ki itilize vèvè oubyen malefik pou resevwa pwisans sinatirèl atravè move lespri yo. Simon te yon majisyen oubyen malfèktè ki te pi pito resevwa pwisans li olye de pouvwa Bondye.

Fè peche — Dezobeyi Bondye. Fè peche a se mete pwòp volonte pa nou pi wo pase volonte Bondye. Peche a kapab fè referans avèk kondisyon espirityèl oubyen aksyon yon moun poze.

Enik — Yon nonm ki pat kapab genyen pitit. Enik yo byen souvan te fè pati manm gran konsèy wayal la.

AKTIVITE OUVÈTI A

Avan klas la kòmanse, mande yon granmoun ki renmen fè moun ri vin fè ti blag pou fè timoun yo ri. Pandan klas la, ankouraje timoun yo jwe "swiv lidè a".

Lidè a ap fè yon aksyon (vole plizyè fwa, sote sou yon sèl pye, doublé zòrèy li yo, elatriye.). Timoun yo dwe imite tout sa lidè a fè. Aprè kèk segond, lidè a dwe chanje aksyon epi elèv yo dwe fè menm bagay la tou. Dire jwèt la ap depann de kantite tan ke nou genyen disponib pou sa.

Di yo konsa: Leson biblik jodi a se osijè de Filip. Sòl t ap chèche kretyen yo pou mete yo nan prizon. Li te ale nan chak kay pou li te jwenn yo. Kòm kretyen yo pat anba pwoteksyon nan lavil Jerizalèm, yo te ale nan plizyè direksyon diferan. Lè Filip te ale lavil Jerizalèm, li te swiv lidè li a: Bondye. Lespri Bondye te dirije li ale nan Samari ak dezè a. Nan leson jodi a, nou pral aprann plis de sa ke Filip te fè lè li te swiv lidè li a.

LESON BIBLIK

1. Levanjil la rive nan Samari (8:4-25)

Avan ke w etidye pasaj sa a, retounen epi li Travay 8:1-3 yon lòt fwa ankò. Konsa nou li ke "Menm jou sa a, yo kòmanse pèsekite legliz Jerizalèm lan anpil. Tout disip yo gaye kò yo nan peyi Jide ak nan peyi Samari. Se apòt yo sèlman ki te rete Jerizalèm. Kèk moun ki renmen Bondye te antere Etyèn, yo te kriye anpil pou li. Sòl menm te soti pou l' fini ak legliz la. Li mache kay an kay, li trennen tout moun ki kwè yo rache yo met deyò pa fòs, li fè fèmen fanm kou gason nan prizon".

Youn nan kretyen ki te gaye yo te rele Filip, dyak sa ke nou te rekonèt nan chapit 6:5. Li te ale nan lavil Samari, yon peyi ki te twouve li nan pati nò lavil Jerizalèm ki te peple avèk moun ki te soti nan ras jwif men ki te marye avèk payen. Jwif yo te rayi yo anpil epi lè pou yo te vwayaje, yo te konn pakouri menm plizyè milye kilomèt sèlman pou yo pat pase nan peyi Samari.

* Mande timoun yo pou yo idantifye Samari nan kat jewografik la.

Byen gade pou w wè ke Sentespri a pot ko desann anpil lòt kote jouskaprezan. Kisa Pyè avèk Jan te fè nan vèsè 15-17?

2. Evanjelizasyon fas a fas (8:26-40)

Aprè evanjelizasyon masif Filip la nan vil Samari, Seyè a te ba li lòd pou l te ale "mache". Nan wout la, li te rankontre avèk yon letyopyen, yon afriken ki te responsab trezò ofisyèl kay la. Anba direksyon Lespri Sen an, Filip te jwe yon yon wòl enpòtan nan konvèsyon nonm sila a.

* Li pasaj sa ansanm avèk timoun yo epi fè yo repònn kesyon sa yo:

1. Daprè Lik, zanj lan te di Filip pou l te mache, le pat di l pou ki rezon. Kòman ou santi w fas ak lafwa avèg Filip la?

2. Letyopyen an se te swa yon jwif konvèti oubyen yon elèv nan jidayis la, paske li te ale Jerizalèm pou l adore epi li t'ap li liv Ezayi a lè Filip te rankontre li a (v.27-28). Èske w kwè ke mesye a te prepare pou l te resevwa temwayaj Filip la?

3. Nan pasaj la, letyopyen an t'ap li Ezayi chapit 53. Pran yon ti moman pou w li chapit sa nan Ansyen Testaman. Rezime li an youn oubyen de fraz.

4. Kisa w kwè ki plis enpòtan, èske se evanjelizasyon masif la, tankou sa Filip te fè nan lavil Samari a (v.4-8) oubyen sa pèsonèl la, fas a fas la, jan Filip te fè l la avèk letyopyen an?

AKTIVITE KI SIGJERE YO

* Kontinye avèk lis mo ki genyen rapò avèk lafwa nou yo.

* Ajoute nan lis la, pèsonaj yo, lye ak objè yo ki parèt nan leson sa a.

* Reyalize jwèt yo ki genyen rapò avèk leson sa, Kòman ou imajine li?, maryonèt, akwostich, drapo.

KESYON YO

TRAVAY 8

1. Kisa Filip te fè nan vil Samari? (8:5)
   R/ li te pale de Sovè a.

2. Kilès ki te toujou ansanm avèk Filip? (8:13)
   R/ Simon.

3. Kilès moun sa yo ki te priye pou moun lavil Samari yo pou ke yo te kapab reviv Lespri Sen an? (8:15)
   R/ Pyè ak Jan.

4. Daprè Travay 8:20, Kisa Simon te panse?
   R/ Li te panse ke moun te kapab resevwa don ki soti nan Bondye a avèk lajan.

5. Kisa Letyopyen an t'ap fè lè Filip t al kote l la? (8:28)
   R/ Li t'ap li nan liv pwofèt Ezayi a.

6. Kisa Lespri Bondye a te di Filip? (8:29)
   R/ "Apwoche bò kote cha sa".

7. Ki bagay ki te pase aprè ke Filip te fin batize letyopyen an? (8:5)

   * **Lespri Bondye te anlve Filip menm kote a.**

   * **Letyopyen an te kontinye sou wout li avèk anpil kè kontan.**

SÒL RESEVWA TRANSFÒMASYON

Leson 6

PASAJ BIBLIK: Travay 9:1-31

VÈSÈ KLE: "Men, Seyè a di li: Ale. Paske nonm sa a, mwen chwazi l' pou sèvis mwen, pou l' fè tout moun konnen non mwen, moun lòt nasyon yo ak tout wa yo ansanm ak pèp Izrayèl la" (Travay 9:15).

OBJEKTIF ANSÈYMAN AN SE Ede timoun yo:

1. Konnen ke Bondye transfòme nou kounye a avèk fason ke n ap viv.
2. Bondye ban nou kapasite pou nou vin sèvi li kòm enstriman.

KÒMANTÈ BIBLIK

Istwa transfòmasyon Sòl la se youn nan anpil konvèsyon ki dramatik nan liv Travay. Se pa tout moun ki fè kalite eksperyans sa, men, istwa a fè nou sonje ke Bondye itilize anpil metòd pou li kapab rive atenn moun.

Konvèsyon Sòl la te rive reyalize aprè rankont pèsonèl li avèk Kris ki resisite a. Aprè konvèsyon an, Sòl te vin fè pati menm gwoup kretyen ki nan kominote ke li t'ap pèsekite a. Ananyas avèk pi fò kwayan nan Damas te konnen ki moun ke li te ye epi te dakò yo te pè li. Sepandan, Seyè a te itilize Ananyas pou geri Sòl epi resevwa li nan kominote kretyen yo. Banabas te ankouraje lòt disip yo pou ke yo te aksepte Sòl, epi li te vin yon zanmi pou li epi ede l nan ministè li.

Akoz de kalite lavi pase Sòl, Bondye te kapab itilize li nan yon fason ki san parèy pou pwoklame levanjil la bay jwif yo epi aprè, bay grèk yo.

Sòl te soufri pèsekisyon paske li pat dakò bay advèsè Kris yo legen. Moun sa yo ki pat aksepte Jezi kòm Sovè ak Kris yo te refize temwayaj Sòl la tou. Li nòmal pou moun k ap swiv Kris yo sibi opozisyon, deja ke moun sa yo ki bezwen okipe plas otorite yo nye Jezi ak mesaj li a.

Menm si Sòl te fè yon eksperyans dramatik nan konvèsyon li, li pat sispann grandi kòm disip Kris la.

Kwasans li te kontinye pandan tout lavi li. Chak jou, li te aprann plis sou moun ke Bondye te vle pou l ye a. An mezi ke anpil lòt kretyen te konn ap anseye li plis bagay sou Jezi, li te grandi avèk pasyon pou preche lafwa bay tout limanite. Avan, li te konn bay lapèrèz ak lanmò, men, aprè ke li te vin konnen Jezi, li te pwoklame esperans ak lavi.

Kòm kretyen, Bondye mande pou nou fè anpil nan devwa ke premye kretyen yo te konn fè. Ananyas ak Banabas anseye nou mete tèt nou ansanm youn avèk lòt malgre tout lapèrèz ki kapab anvayi nou. Sòl anseye nou pou nou pwoklame esperans ak limyè bay moun sa yo k'ap viv nan fè nwa ak lapèrèz. Menm jan avèk anpil nan premye kretyen yo, moun yo pat janm nome nan liv Travay la, nou aprann ke devwa nou se toujou rete kòm temwen fidèl travay Kris la k ap kontinye.

PAWÒL KI GEN RAPÒ AVÈK LAFWA NOU YO

Lafwa — Konfyans nan Bondye ki lakòz moun nan kwè nan sa ke Bondye te di, depann de Li ak obeyi Li. Lafwa se mete konfyans annaksyon.

Sòl — Nonm yo te rekonèt sou non Sòl ki soti nan peyi Tas, Sòl se te yon sitwayen women ki te dedye yon pati nan lavi li pou pèsekite kretyen yo. Aprè ke li te vin konvèti nan krisyanis, li te rive vin yon lidè solid nan legliz primitiv. Aprè konvèsyon li, li te vin pote non Pòl.

Grèk — Moun sa yo ki pat jwif.

Legliz — Moun sa yo ki konnen ak renmen Bondye ak Pitit li a, Jezi. Legliz la se kwayan ki rete tout kote sou latè. "Legliz primitiv" se tèm ki fè referans ak premye kretyen yo ki te nan menm epòk avèk Pòl.

Chemen an — Lafwa kretyèn. Nan kòmansman, yo pat konn itilize mo "kretyen yo" pou dekri moun sa yo ki te kwè nan Jezi. Premye kretyen yo te pote non "disip chemen yo". Nan Jan 14:6, Jezi di konsa ke Li se "Chemen an".

AKTIVITE OUVÈTI A

Pou aktivite sa a, w ap bezwen bagay sa yo:

- Plizyè mòso papye (youn pou chak timoun)
- Plim (min) oubyen kreyon. Avan klas la kòmanse, ekri pawòl ke ou jwenn nan Travay 9:15 yo nan plizyè ti mòso papye. Prepare papye ase pou tout elèv kapab jwenn. Distribye vèsè yo.

Di yo konsa: Bondye genyen pouvwa pou l chanje lavi yon moun. Nan leson jodi a, nou pral aprann de yon nonm ki te chanje konplètman. Vèsè biblik la pale nou de chanjman sa.

Li Travay 9:15. Dyaloge sou siyifikasyon chak mo oubyen fraz ke timoun yo pa konnen.

Mande timoun yo pou yo divize yo an plizyè gwoup de 2 pou yo kapab ede youn lòt nan aprantisaj vèsè a. Mande yo pou yo vire pou yo kapab li yon mo nan vèsè a. Premye timoun nan ap li premye mo a, aprè sa, lòt la ap li dezyèm nan. Premye a ap li twazyèm nan epi lòt la ap li katryèm nan. Kontinye jouskaske timoun yo kapab fin di tout vèsè a san gade nan papye a.

Di yo konsa : Nan leson jodi a, Sòl te chanje lide ak kwayans osijè de Jezi. Yo kapab pote papye ki gen vèsè a lakay yo epi montre yon lòt moun li.

LESON BIBLIK

1. Retire tach la nan kò tig la (9:1-19a)

Se sèten ou sonje Sòl. Nou te rekonèt li lè yo t'ap kraze Etyèn anba kout wòch la: Moun ki t'ap akize Etyèn yo te mete rad yo nan pye yon jenn gason yo te rele Sòl (7 :58); "Sòl menm te dakò pou yo te touye Etyèn" (8:1). Aprè sa, nou li kote yo di konsa "Sòl menm te soti pou l' fini ak legliz la. Li mache kay an kay, li trennen tout moun ki kwè yo rache yo met deyò pa fòs, li fè fèmen fanm kou gason nan prizon" (8:3). Nan pasaj sa a, nou li ke Sòl te konn "respire lanmò kont disip Seyè a" (v. 1).

* Chwazi youn nan timoun yo epi mare je li yo, aprè kèk minit, retire banday la nan je li epi mande l ki sa li te santi; sa a se pou w ede timoun nan konprann sa ki te pase Sòl la. Aprè sa, reponn kesyon sa yo:

1. Nan vèsè 15 lan, kisa Bondye te di Sòl li ye?

2. Epi nan vèsè 17 la, Kisa Ananyas te fè avèk Sòl?

Li enpòtan pou w fè timoun yo konprann enpòtans Sentespri a.

2. Yo chase chasè a (9:19b-31)

Aprè konvèsyon an, Sòl pat pèdi tan: "Menm lè a tou, li kòmanse bay mesaj la nan sinagòg yo, li t'ap fè moun konnen Jezi se pitit Bondye" (v.20). Nonm sa ki te yon laperèz pou kretyen yo, kounye a se li menm ki defansè yo.

Men, sa Sòl te fè avèk kretyen yo nan tan avan an te genyen konsekans li.

* Li Lik 9:18-27 epi aprè sa, reponn kesyon sa yo:

1. Kisa w kwè ke kretyen nan Damas yo te panse de Sòl?

2. Aprè Pòl te fin chape poul li kite Damas, li te ale nan lavil Jerizalèm. Kisa li te jwenn lè li te rive la? (v. 26)

AKTIVITE KI SIGJERE YO

- Kontinye avèk lis mo ki genyen rapò avèk lafwa nou yo.

- Ajoute nan lis la, pèsonaj yo, lye ak objè yo ki parèt nan leson sa a.

- Reyalize jwèt yo ki genyen rapò avèk leson sa, Devinèt, kastèt.

KESYON YO

TRAVAY 9:1-31

1. Kimoun ki te respire menas lanmò kont patizan Seyè a yo? (9:1)
   R/ Sòl.

2. Kisa Jezi te di Sòl? (9:9)
   R/ Sòl, Sòl, pou kisa w ap pèsekite m konsa.

3. Kòman Sòl te ye pandan twa jou? (9:9)
   R/ avèg, san manje anyen ni bwè.

4. Daprè Travay 9:10, Ak kimoun Seyè a te pale nan yon vizyon?
   R/ Avèk Ananyas.

5. Ki kote Sòl te pase kèk jou ansanm avèk disip yo? (9:19)
   R/ nan Damas.

6. Kimoun sa yo ke Pòl te dekri an detay tout sa ki te rive li? (9:27)
   R/ apot yo.

7. Kimoun sa yo ki te pwopoze elimine Sòl? (9:29)
   R/ jwif ki te pale grèk yo.

8. Pandan tan sa a, kisa ki t'ap pase nan legliz ki te nan Jide, Galile ak Samari? (9:31)
   - Yo te jwi kè poze
   - Yo te viv avèk krent pou Seyè a
   - Yo te grandi nan kantite, pran fòs nan Sentespri a.

MANJE OUBYEN PA MANJE

Leson 7

PASAJ BIBLIK: Travay 9:32 - 10:1-23

VÈSÈ KLE: "Kònèy te yon nonm ki t'ap sèvi Bondye jwif yo. Li menm ak tout fanmi l', yo te gen krentif pou Bondye. Li te fè anpil pou pòv yo pami pèp jwif la. Epi se tout tan li t'ap lapriyè Bondye" (Travay 10:2).

OBJEKTIF ANSÈYMAN AN SE Ede timoun yo:

1. Konnen ke Bondye kapab chanje fason nou panse.

KÒMANTÈ BIBLIK

Pafwa, Bondye konn itilize vizyon yo pou montre volonte ak plan li. Genyen de vizyon nan istwa sa.

Kònèy se te yon sòlda grèk ki t'ap viv nan Sezare. Travay di ke li "te gen krentif pou Bondye. Li te fè anpil pou pòv yo pami pèp jwif la. Epi se tout tan li t'ap lapriyè Bondye" (10 :2). Li te yon nonm ki te genyen anpil otorite, kote ke devosyon li devan Bondye se te priyorite li nan aksyon jenere li ak lapriyè fidèl li yo.

Premye kretyen yo te konn priye twa fwa pa jou (a nevè nan maten, a midi ak twazè nan aprè midi). Konsa, sa pa dwe fè nou sezi ke Kònèy te konn priye konsa. Pandan moman lapriyè li a, li te wè yon zanj Bondye ki te di l pou l te voye chèche Pyè. Istwa a pa di nou si Pyè te doute fas ak demann sa, men li te konnen ke yo pat pèmèt pou yon jwif te antre lakay yon samariten. Sepandan, Kònèy te obeyi Bondye san reflechi.

Nan pwochen pati istwa a, Pyè tou te fè yon vizyon. Nan Jope, li wè yon moso twal ki desann sot nan syèl la. Li te gen tout kalite bèt ladan li: enpi ak sa ki pwòp. Sou baz lalwa jwif, Pyè te konnen li pa t pèmèt yo manje anyen ki te konsidere kòm bagay ki pa pwòp. Sepandan, nan vizyon sa a Bondye te di Pyè: "Sa Bondye netwaye, pa rele li enpi" (10:15). Pyè pa t 'konprann sa vizyon an vle di, men li ta konnen li trè byento.

Moun Kònèy yo voye chèche l yo te rive. Akòz vizyon an, Pyè te fè de bagay ke lalwa jwif la pa t 'pèmèt li: li envite mesye yo pase nwit sa a lakay li, epi nan demen maten, li te ale lakay Kònèy. Bondye te kraze baryè kiltirèl ki te separe jwif yo ak moun lòt nasyon yo.

Sentespri a te travay byen vit nan lavi Kònèy ak Pyè pou gaye mesaj Bondye a bay plis moun. Pliske yo tou de te obeyisan ak reseptif ak nouvo lide yo, anpil moun te kwè nan Bondye.

PAWÒL KI GEN RAPÒ AVÈK LAFWA NOU YO

Jis—Moun ki genyen yon bon relasyon avèk Bondye epi obeyi li akoz de relasyon sa. Vin jis se viv tankou Kris nan panse, pawòl avèk aksyon yo.

Lalwa Moyiz—Règ ke Bondye te bay Moyiz yo pou anseye pèp Izrayèl la kòman pou l viv. Pafwa yo konn sèlman rele lalwa Moyiz la lalwa. Règ sa yo twouve yo nan senk premye liv ki nan Ansyen Testaman yo.

AKTIVITE OUVÈTI A

Pou aktivite sa a w'ap bezwen:

- Plizyè moso papye (youn pou chak timoun)
- Plim (min) oubyen kreyon
- Yon dra, yon gwo twal oubyen yon gwo fèy papye
- Papye pou ekri kèk imaj lèt ki tou piti.

Avan klas la kòmanse, nan kèk moso papye, ekri mo sa yo "jwif" epi nan plizyè lòt, ekri "grèk". Bay chak timoun yo ti moso papye. Bat pou w genyen menm kantite nimewo pou chak mo. Nan yon lòt moso papye, ekri "Kònèy".

Plase yon dra, yon twal oubyen yon gwo fèy papye atè a. Nan yon lòt moso papye, ekri "Wayòm Bondye". Mete lèt sa a nan mitan twal la.

Di yo konsa: Jwif yo se te moun ki kwè nan Bondye epi swiv lalwa jwif yo. Jwif yo te konsidere kòm pèp Bondye epi yon pati nan wayòm Bondye a. Tout moun ki pat jwif, se te grèk.

Remèt timoun yo papye yo. Montre twal la ak lèt yo.

Di yo konsa: Mwen vle pou ke tout moun ki gen mo "jwif" yo kanpe sou twal sa a. Nan tan Nouvo Testaman an, te gen moun lòt nasyon ki te konnen anpil bagay sou Bondye, swiv lwa li, lapriyè nan pye li chak jou. Kònèy te youn nan yo. Mande moun ki gen papye a ak non Kònèy la pou kanpe sou twal la.

Di yo konsa: Nan leson jodi a, nou pral aprann ki jan Bondye te travay nan Kònèy pou ke Pyè te kapab aprann yon leson enpòtan. Kenbe papye ou yo. Nan fen leson an nou pral wè ki jan grèk yo te vin fè pati wayòm Bondye a. Lè sa a, tout moun ka rantre nan "Wayòm Bondye a" sou twal la.

LESON BIBLIK

1. Legliz la kontinye miltipliye (9:32-43)

Lè kretyen yo te gaye nan tout rejyon Jide ak Samari a (8:1), apot yo te rete nan lavil Jerizalèm. Men se pat pou anpil tan. Legliz la t'ap grandi byen vit nan peyi Jide ak Samari epi li te bezwen sipò ak sipèvizyon apot yo.

Nan premye pasaj la, nou jwenn Pyè nan Lidi, yon ti bouk ki te tou prè kòt Jide a nan lanmè Mediterane a, kote li te geri Ene, yon nonm paralize ki te nan koma nan kabann li. Aprè sa, Pyè te ale lavil Jope, kote yon pi gwo mirak toujou ki te opere.

* Li chapit 9:32-43 epi reponn kesyon sa yo:

1. Byen gade pawòl Pyè yo nan gerizon Ene a (v.34). Kimoun Pyè te di ki fè mirak la?

2. Genyen anpil moun ki te di ke Dòkas pat mouri, men pito, li te nan koma (malad anpil). Yo di ke mirak la se te kapasite Pyè te genyen pou detekte koma a epi retire l nan li. E oumenm, kisa w kwè?

3. Si Pyè, kòm ajan Sentespri a, te kapab leve Dòkas nan lanmò, èske li pat kapab fè Etyèn leve vivan nan lanmò tou? Pou kisa w kwè ke li pat fè li?

2. Manje oubyen pa manje (10:1-23)

Pafwa nou konn bat pou lòt moun vin menm jan avèk nou. Men, objektif sa pa bon. Nou kapab renmen epi bay yon moun valè paske se Bondye ki te kreye li. Yon pi bon objektif pou nou se vle vin menm jan avèk Kris la. Petèt kretyen yo kapab byen diferan nan aparans ak kilti. Men, sa kapab rive ke menm kretyen sa yo genyen konpòtman epi fè aksyon ki parèy lè yo gide pa Sentespri a.

* Mande timoun yo pou yo li pasaj la epi reponn kesyon sa yo:

1. Nan opinyon ou, pou kisa zanj lan te di Kònèy pou l te voye plizyè mesaje al mande Pyè pou l ta vini lakay li?

2. Pou kisa Pyè te enkyete lè vwa a te di l touye epi manje animal ke li te wè nan dra yo?

3. Kòman mond lan t'ap ye si nou tout ta menm jan? Si nou tout te menm koulè oubyen menm fòm? Oubyen si ta genyen yon sèl kalite manje pou moun manje? Nan opinyon w, pou kisa Bondye te kreye plizyè kalite moun?

4. Kòman nou sèvi avèk moun ki diferan de nou? Kòman nou panse Bondye vle pou nou sèvi avèk moun sa yo ki diferan?

AKTIVITE KI SIGJERE YO

- Kontinye avèk lis mo ki genyen rapò avèk lafwa nou yo.

- Ajoute nan lis la, pèsonaj yo, lye ak objè yo ki parèt nan leson sa a.

- Reyalize jwèt yo ki genyen rapò avèk leson sa, Devinèt, akwostich, maryonèt, woulèt mizikal.

KESYON YO

TRAVAY 10:1-23

1. Kòman nonm kokobe Pyè te rankontre nan Lida a te rele? (9:32-33)
   R/ Ene.

2. Nan kisa Tabita te pran plezi li, li menm ki te rele Dòkas la? (9:36).
   R/ Nan fè bon zèv ak ede pòv yo.

3. Kisa Pyè te di Tabita? (9:40)
   R/ "Tabita, leve".

4. Kimoun sa a ki te konn fè anpil charite epi toujou rete nan lapriyè? (10:2)
   R/ Kònèy.

5. Ki kote Simon majisyen an te rete? (10:6)
   R/ bò lanmè a.

6. Daprè Travay 10:8, ki kote Kònèy te voye de mesaje li yo ak yon sòlda onèt li?
   R/ nan Jope.

7. Kimoun ki te konn monte sou do kay la pou li priye? (10:9)
   R/ Kònèy.

8. Kisa vwa a te di Pyè lè li te replike "Pa genyen okenn fason, Seyè!, Mwen pa janm manje anyen ki enpi oubyen pa pwòp.? (10:14-15).
   R/ sa ke Bondye pirifye, ou pa dwe rele li enpi.

BONDYE PA KONN NAN PATIPRI

Leson 8

PASAJ BIBLIK: Travay 10:24 – 11:26

VÈSÈ KLE: "Pyè pran lapawòl, li di: --Wi, koulye a, mwen konprann sa se vre: Bondye pa gade sou figi moun" (Travay 10:34).

OBJEKTIF ANSÈYMAN AN SE Ede timoun yo:

1. Konprann ke delivrans Bondye a disponib pou tout moun.

KÒMANTÈ BIBLIK

Vizyon Pyè te fè lè li te wè animal ki pwòp ak enpi yo se yon mistè. Li te mete konfyans li nan Bondye epi li te ale lakay Kònèy. Yon lòt fwa ankò, Pyè te gen chans pou li te preche yon foul moun. Mesaj sa te diferan de sa li te preche nan jou Lapannkòt la. Li pat ajoute anpil sitasyon nan Ekriti jwif yo. Olye de sa, Pyè te pale de moun ki rele Jezi a epi di ke Li resevwa tout moun ki mete konfyans yo nan Li (10 :34).

Sa se te yon bagay nouvo paske jwif yo te kwè avèk tout fòs yo ke yo pat menm jan avèk lòt yo. Yo kwè ke Bondye te ba yo plis valè pase rès limanite a. Pyè, yon jwif bon kè epi yon kretyen bon kè te preche yon mesaj ki nouvo : Bondye pa nan patipri. Lespri Bondye te anpeche Pyè. Moun lòt nasyon sa yo te resevwa Sentespri a menm jan avèk kretyen yo nan jou Lapannkòt la. Aprè sa, Pyè te batize yo.

Gras avèk vizyon ke Bondye te ba li a, Pyè te kòmanse konprann ke delivrans Bondye a atravè Jezi ki se Kris la se pou tout moun. Pyè pale de sa nan lèt li yo nan 1 ak 2 Pyè. Bondye te montre li plan li yo, epi Pyè te genyen kouraj pou li aksepte sa li te koute a epi di lòt yo sa.

Bondye te genyen yon gwo misyon pou l te reyalize. Li te kòmanse nan Jerizalèm, men, Bondye te vle fè gaye Bon Nouvèl sou Jezi a jouk nan dènye bout latè. Atravè pouvwa Sentespri a, Bondye te ede Pyè konprann misyon sa a. Grèk yo ki te etranje yon sèten tan, kounye a vin resevwa envitasyon pou patisipe nan benediksyon Izrayèl la.

Misyon moun lòt nasyon yo te kontinye lè Banabas te vizite legliz nan lavil Antyòch la. Banabas te envite Sòl pou ale avèk li pou anseye nouvo kwayan sa yo kisa sa te vle di swiv Jezi. Yo te rete nan lavil Antyòch pandan yon lane, epi se kwayan ki te abite la a yo ki te premye pote non kretyen.

PAWÒL KI GEN RAPÒ AVÈK LAFWA NOU YO

Kretyen — Moun sa a ki refize peche a, aksepte Jezi ki se Kris la kòm Sovè ak Seyè epi obeyi li. Eksperyans sa a tou pote non "fèt yon lòt fwa".

AKTIVITE OUVÈTI A

Pou aktivite sa a, w ap bezwen:

- 10-12 ti moso papye ki gen de koulè (si w pa gen papye koulè, desine yon zetwal nan pati dèyè pa youn nan pa youn nan gwoup papye yo).

- Plim (min) oubyen kreyon.

- Avan klas la dewoule, divize pawòl ki nan Travay 10 :34-35 an yon fraz ki kout.

Ekri yon fraz nan chak ti moso papye. Fè de gwoup papye: youn de chak koulè. Kache papye yo plizyè kote nan salon an.

Nan klas la, divize timoun yo an de ekip. Di yo konsa: Vèsè pou aprann jodi a se Travay 10 :34-35. Li vèsè a, aprè sa, di yo ke mo ki nan vèsè yo twouve yo nan plizyè ti moso papye ki kache nan salon an. Montre ekip yo kijan pou yo chèche nan salon an, men yo dwe pran sèlman papye koulè ekip yo a. Lè ke yo resi jwenn tout moso papye yo, yo dwe mete mo yo nan lòd ki kòrèk. Aprè sa, mande pou chak ekip resite vèsè a twa fwa.

Di yo konsa: Vèsè sa yo anseye nou yon leson enpòtan ke Pyè te oblije aprann. Yo te chanje lide Pyè a sou kilès moun ki te kapab vin disip Jezi. Menm jouk nan tan sa a, disip yo te konn preche sèlman jwif yo. Aprè sa, disip yo te pote levanjil la bay moun lòt nasyon yo.

LESON BIBLIK

1. Sentespri a avèk grèk yo (10:24-48)

Rakonte timoun yo istwa ki genyen andedan pasaj sa a epi aprè sa, fè yon analiz avèk timoun yo:

1. Kisa ki te pwen prensipal mesaj Pyè a pou fanmi ak zanmi Kònèy yo?

2. Konpare sa ki te pase grèk yo nan istwa sa a (10:44-46) ak sa ki te pase jwif yo nan jou Lapannkòt la (2:1-4).

3. Pou ki rezon ke kwayan jwif sa yo ki te ale avèk Pyè yo te byen sezi lè Sentespri a te desann sou payen yo?

4. Ki kalite moun Banabas te ye? Èske nou konnen plizyè lòt moun menm jan avèk Banabas?

Di yo konsa: Nan peyi Antyòch, Banabas avèk Sòl te kontinye ap fè moun yo reyini avèk moun yo pandan yo t'ap anseye yo. Se la ke moun yo te pote non kretyen pou premye fwa. Pèp la te rekonèt ke moun sa yo te diferan paske yo t'ap swiv Kris. Fè yon ti panse pou yon moman avèk idantite li. Moun ki pa kretyen yo ta dwe kapab rekonèt nou kòm disip Kris nan menm fason ke yo te konn idantifye premye kwayan sa yo.

2. Pyè konvenk lidè legliz yo (11:1-18)

Sa ki te pase nan Sezare a te tèlman enpòtan ki te fè ke nouvèl yo te gentan rive nan lavil Jerizalèm depi avan Pyè. E poutan, lè Pyè te rive nan kay la, lidè jwif yo te vrèman fache. Sèlman paske li te antre lakay yon grèk epi manje avèk li te yon vyolasyon lalwa. Pyè ta dwe reponn pou aksyon li yo. Nou genyen pou nou wè sa ke li te reponn!

* Mande timoun yo pou yo li defans Pyè a nan 11 :1-18 epi answit reponn sa yo:

1. Pou ki rezon ou kwè ke Lik te tounen rakonte istwa a ke nou te li deja ankò?

2. Pwen santral agiman Pyè a twouve li nan vèsè 17. Li vèsè sa yon lòt fwa ankò epi ekri li ak pwòp mo pa ou yo.

AKTIVITE KI SIGJERE YO

- Kontinye avèk lis mo ki genyen rapò avèk lafwa nou yo.

- Ajoute nan lis la, pèsonaj yo, lye ak objè yo ki parèt nan leson sa a.

- Reyalize jwèt yo ki genyen rapò avèk leson sa, Devinèt yo.

- Reyalize yon entèvyou ak Pyè. Mande yon gran moun pou ke li reprezante Pyè epi reponn kesyon yo ki sou aktivite Pyè yo nan leson biblik la. Pèmèt ke timoun yo sèvi kòm jounalis ki pou poze Pyè kesyon sou aktivite ak panse li yo. Si sa posib, chèche yon bon valè kesyon pou w fè gran moun nan depi avan klas la kòmanse. Si gen tan pou sa, pèmèt ke timoun yo poze pwòp kesyon pa yo.

KESYON YO

TRAVAY 10:24 – 11:26

1. Kisa Kònèy te fè lè Pyè te rive lakay li? (10:25)
   R/ Li te soti al resevwa li epi bese tèt devan li, li rann li lonè.

2. Kimoun ki pa nan patipri (10:34)
   R/ Bondye.

3. Daprè liv Travay chapit 10:44, Kisa ki te pase nan menm moman kote Pyè t'ap pale a?
   R/ Lespri Sen an te desann sou tout moun ki t ap koute mesaj la.

4. Kimoun sa yo ki te pran nouvèl ke grèk yo te resevwa Pawòl Bondye? (11:2)
   R/ apot yo avèk kèk kretyen ki nan tout peyi Jide a.

5. Kimoun sa yo ki te kritike Pyè lè li te monte Jerizalèm? (11:2)
   R/ defansè sikonsizyon yo.

6. Kisa Pyè te wè nan gwo dra ki te parèt devan l lan? (11:5)
   R/ anpil bèt kat pat, fyèl, reptil ak zwazo.

7. Daprè Travay chapit 11:16, Kisa Seyè a te di?
   R/ "Jan te batize avèk dlo, men nou menm nou pral batize avèk Sentespri a".

8. Kisa Bondye te bay moun lòt nasyon yo tou? (11:18).
   R/ repantans pou lavi

SOVTAJ PYÈ A

Leson 9

PASAJ BIBLIK: Travay 12 – 13:1-12

VÈSÈ KLE: "Se lè sa a Pyè vin konprann sak te rive li a. Li di: 'Koulye a, mwen wè se tout bon. Bondye voye zanj li delivre m' anba men Ewòd. Li sove m' anba tout bagay pèp jwif la t'ap pare pou mwen an'" (Travay 11:11).

OBJEKTIF ANSÈYMAN AN SE Ede timoun yo:

1. Konprann ke Bondye toujou la avèk nou malgre tout sa pase.

2. Bondye reponn fas avèk aksyon nou yo.

KÒMANTÈ BIBLIK

Apot Jak di nan chapit 5 :16 ke : "Lapriyè moun ki mache dwat la gen anpil pwisans". Atrè tout Liv Travay la, nou wè jan deklarasyon sa tèlman vrè. Li klè espesyalman nan tou de istwa sa yo nan jou sa, kote nou wè rezilta lapriyè kwayan yo.

Premyeman, Bondye te tande lapriyè kwayan yo epi li te sove Pyè nan prizon an nan yon fason ki fè moun sezi. Gwo mèvèy mirak li a te pase nan yon moman ki egzat, paske li te kondane pou l te mouri nan demen maten. Avèk lafwa, legliz la te kwè epi mete konfyans li nan pouvwa Bondye. Men, menm si Pyè ta mouri tankou (Etyèn), se pa paske lapriyè pa li yo t'ap san pwisans oubyen san valè. Bondye resevwa lonè lè moun demontre lafwa yo nan mitan sikonstans difisil yo. Li Ebre 11 pou w kapab wè plis egzanp.

Dezyèm istwa a se nan chapit 13 la. Legliz ki nan peyi Antyòch la te reyini pou adore ak jene. Nan moman sa a, kwayan yo te disène apèl Sentespri a te fè Banabas avèk Pòl pou preche levanjil nan lòt nasyon yo. Aprè ke legliz la te fin resevwa direksyon sa a, yo te priye pou yo epi voye yo al kòmanse nouvo misyon yo a. Fraz "Yo te poze men sou yo" (13:3) montre ke legliz la te sipòte yo pou yo t'al reprezante li.

Kòm kwayan ke Bondye rele pou fè travay li a, nou bezwen anpil lapriyè ak sipò lòt kretyen yo pou nou kapab plis efikas. Pyè, Sòl Ak Banabas te resevwa sipò sa. Lè nou priye, nou demontre konfyans nan pouvwa Bondye, menm si Bondye montre pouvwa nan yon fason ke nou pa konprann.

PAWÒL KI GEN RAPÒ AVÈK LAFWA NOU YO

Pak — Fèt ke jwif yo te konn selebre chak ane nan memwa liberasyon ke Bondye te ba yo lè li te fè yo soti anba esklavaj nan peyi Lejip. Li Nonb 9:4-5 pou w genyen plis enfòmasyon.

Egzekite — Bay lanmò, espesyalman kòm yon pinisyon legal.

Jene — Sispann fè yon bagay, kòm abitid, manje oubyen kèk lòt kalite aliman, kòm yon fòm de disiplin espirityèl. Kretyen yo itilize moman jèn nan pou yo priye ak konsantre yo sou Bondye.

Lapriyè — Yon konvèsasyon avèk Bondye ki genyen ladan li pale ak koute. Nou kapab priye tout lè, tout kote epi sou tout bagay.

AKTIVITE OUVÈTI A

Pou aktivite sa a, w ap bezwen:

- Plizyè ti bann papye (8 pou chak timoun; 20 x 3 cm. anviwon)

- Bann adezif oubyen agrafez

Depi avan klas la kòmanse, fè modèl yon chèn avèk papye. Fè premye bag la pandan w ap fòme yon sèk epi ou dwe asire li avèk bann adezif oubyen agraf. Foure lòt bann andedan sèk la epi asire li. Kontinye jouskaske w rive genyen yon chèn ki genyen 8 bag. Yo dwe ase gran nan dyamèt pou ke timoun yo kapab foure men nan premye ak dènye bag la.

Nan klas la, montre timoun yo chèn nan. Ede yo fè pwòp chèn pa yo.

Pèmèt ke timoun yo itilize chèn nan nan bra yo pandan y ap etidye pasaj biblik leson jodi a.

Lè chèn Pyè yo kase nan istwa a, endike timoun yo pou yo kase chèn pa yo a.

Di yo konsa : Nan leson jodi a, Pyè fèmen andedan prizon. Li anba gwo chèn. Sòlda yo te la pou veye li pou l pat chape poul li. Se sèlman Bondye ki te kapab sove lavi Pyè.

1. Pyè tonbe nan prizon...yon lòt fwa ankò! (12:1-25)

Nan pasaj sa a, nou li osijè de pèsekisyon ki te genyen sou rèy wa Ewòd nan Legliz Jerizalèm nan, e menm asasina dezyèm moun yo te touye nan krisyanis la ak arestasyon Pyè.

* Rakonte timoun yo Travay 12 :1-25 epi mande yo pou yo reponn kesyon sa yo:

1. Kilès moun ki te dezyèm kretyen ki te pèdi lavi li akoz de lafwa li? Kisa w konnen de li?

2. Pandan ke Pyè te nan prizon an, kisa lòt kretyen lavil Jerizalèm yo t ap fè? Èske sa te efikas?

3. Kisa ki te echèk Ewòd ak koz lanmò li?

4. Malgre tout pèsekisyon, kisa ki t'ap pase avèk legliz la (v.24)? Kisa Pawòl Bondye di ou sou sa?

2. Dèyè bawo li yo, pare, deyò! (13:1-12)

Èske Pòl te gen entansyon pou l te vin misyonè? Nou pa konen sa. Men nou li la a, ke pandan legliz ki nan Antyòch la t ap priye konsa, li te resevwa enstriksyon Sentespri a pou mete apa "Banabas avèk Sòl pou misyon Bondye te rele yo vin akonpli a" (v.2). Pou lòd non yo, li klè ke Banabas te gen pou l te vin lidè pou fè vwayaj yo pou legliz la.

Aprè ke Legliz nan Antyòch la te fin priye ak jene, li te ba yo komisyon epi voye yo.

* Mande timoun yo pou yo li sou premye pati vwayaj la nan chapit 13:1-12 epi reponn kesyon sa yo:

1. Kilès moun ki te ale avèk Banabas ak Pòl kòm sipleyan? (v.5)

2. Ki kote misyonè yo te premye preche lè yo te rive nan Salamina, nan zile Chip? Kisa sa vle di?

3. Gade vèsè 9 la byen, an premye, nou li non Pòl. Li te komen pou jwif yo te genyen de non. Premye a se te non li te genyen an Ebre; dezyèm nan se te non li an grèk. Jouskaprezan, se te non ebre a ki t'ap itilize ("Sòl"). Men depi la a pou rive pi devan, se non grèk la ki pral itilize "Pòl". Èske w kwè ke non sa vle di yon bagay?

4. Nan pasaj sa a, nou jwenn de majisyen. Chèche mo a nan diksyonè. (Epi panse avèk majisyen ke nou te li sou li a nan chapit 8 :9-24). Pou kisa ou kwè ke majisyen yo te tèlman santi yo atire epi tèlman opoze ak travay legliz la?

* Kontinye avèk lis mo ki genyen rapò avèk lafwa nou yo.

* Ajoute nan lis la, pèsonaj yo, lye ak objè yo ki parèt nan leson sa a.

* Reyalize jwèt yo ki genyen rapò avèk leson sa, Devinèt.

* Envite kèk granmoun vin rakonte timoun yo kòman Bondye te reponn kèk lapriyè ke yo menm yo te fè.

KESYON YO

TRAVAY 12 – 13:1-12

1. Kilès moun ke Ewòd te voye touye avèk nepe? (12:2)
R/ **Jak, frè Jan an.**

2. Kisa legliz la te fè nan moman ke Pyè te nan prizon an? (12:5)
R/ **Li te priye Bondye pou li toutan.**

3. Kòman Pyè te dòmi nan prizon an? (12 :6)
R/ **nan mitan de sòlda, anchene nan de chèn.**

4. Kòman zanj lan te reveye Pyè? (12 :5)
R/ **avèk kèk tap bò kòt li.**

5. Kilès moun ki te soti al reponn, lè Pyè te rele nan pòt ki bay sou lari a? (12 :13)
R/ **yon sèvant ki rele Wod.**

6. Kilè Lespri Sen an te di: "Mete Banabas avèk Sòl apa pou travay ke mwen te rele yo pou akonpli a? (13 :2)
R/ **pandan yo t'ap jene ak patisipe nan adorasyon Seyè a.**

7. Kilès moun ki te ansanm avèk gouvènè Sèjiyis Polis? (13:6-7).
R/ **yon fo pwofèt jwif ki te rele Bajezi.**

8. Kisa ki te rive Elima, majisyen an lè li te kanpe kont Banabas avèk Sòl? (13:8-11)
R/ **li te tonbe avèg.**

JOUK NAN DÈNYE BOUT LATÈ

Leson 10

PASAJ BIBLIK: Travay 13:13 – 14:28

VÈSÈ KLE: "Yo t'ap bay disip yo fòs, yo t'ap ankouraje yo pou yo rete fèm nan konfyans yo. Yo t'ap di yo: Nou gen pou nou soufri anpil anvan pou n' antre nan peyi kote Bondye wa a" (Travay 14:22).

OBJEKTIF ANSÈYMAN AN SE Ede timoun yo:

1. Konprann ke swiv Jezi mande anpil sakrifis pafwa.

2. Genyen kouraj pou eksperimante difikilte akoz yo se kretyen.

KÒMANTÈ BIBLIK

Lè n ap kòmanse chapit 13 liv Travay la, nou rive nan pwen kle istwa Lik la. Jouskaprezan, aksyon an genyen Jerizalèm kòm sant ak peyi ki nan vwazinay Palestin yo. Legliz Primitiv la, anba lidèchip Pyè, li t'ap akonpli pwomès Jezi a ke yo ta genyen pou yo vin temwen "nan Jerizalèm, kòm nan tout Jide ak Samari" (1:8), prensipalman avèk jwif yo.

Kounye a, sant atansyon an chanje. Pou objektif ekilib liv la, nou pral wè kòman Legliz la te gaye jouk nan tout kwen latè)1:8). Nou pral wè tou kòman imaj figi santral la chanje de Pyè an Pòl, avèk yon chanjman kòrespondan Jerizalèm kòm sant Legliz Antyòch la "anèks" Pòl la.

Ekriti jodi a kòmanse nan peyi Antyòch kote moun ki sen yo ki rasanble pou priye ak jene, yo te resevwa anpil enstriksyon nan men Sentespri a: "Mete Banabas ak Pòl apa pou mwen, pou yo kapab akonpli devwa ke mwen te rele yo pou yo reyalize a" (13:2). Si de kretyen sa yo te gentan planifye pou yo te vin konvèti an misyonè, nou pa konnen sa, men, Sentespri a te gen plan pou yo.

Legliz nan Antyòch la te bay misyonè yo komisyon epi yo te pati pou sa ke nou konnen kòm premye a nan twa vwayaj misyonè Pòl yo, yon vwayaj ki ta dire twa zan anviwon.

PAWÒL KI GEN RAPÒ AVÈK LAFWA NOU YO

Kokobe — Yon moun ki genyen kèk pati ki domaje nan kò li nan yon fason ki dirab.

Difikilte — Sitiyasyon, sikonstans oubyen obstak difisil pou venk.

AKTIVITE OUVÈTI A

Pou aktivite sa a, w ap bezwen bagay sa yo:

* Yon fèy papye pou chak timoun

Ede timoun yo kreye yon ti kannòt an papye, epi mande pou pandan leson an, pou yo make lye kote Pòl ak Banabas te rive yo.

Di yo konsa: Jodi a, nou pral aprann sou premye vwayaj Pòl la avèk li epi Banabas te ankouraje nouvo kretyen yo epi ede yo pou legliz primitiv la te byen òganize.

LESON BIBLIK

1. Lòt Antyòch, lòt mesaj (13:13-52)

Soti nan Chip, misyonè yo te naje pou ale Pèj, nan kòt ke yo konnen Jodi a sou non Tiki. Soti la a, yo te vwayaje pou ale nan tè andedan Atyòch Pisidi. Sa se pa menm Antyòch la kote yo te kòmanse vwayaj yo a ak kote yo te genyen anèks yo a.

Antyòch Pisidi te nan yon distans de 1, 100 mèt sou nivo lanmè a epi pou fè vwayaj sa ki te dwe travese Mòn Tawo pa youn nan chemen ki plis difisil nan tout Ti Lazi, yon chemen ki te popilè anpil paske li te genyen anpil vòl ak asasina. Se la Jan Mak te kite yo pou li te retounen lakay li. Raple w de pwoblèm sa, nou pral pale de li pi ta.

Mesaj Pòl la nan peyi Antyòch se sèl sa ke Lik te ekri konplètman nan liv Travay la. Aprè mesaj la, genyen yon bagay ki te pase ki te enfliyanse rès ministè Pòl la.

* Mande timoun yo pou yo li pasaj sa a epi rezime mesaj Pòl la an twa lide ki plis enpòtan.

2. Misyonè yo vwayaje nan tè a pa andedan (14:1-20)

Nan Antyòch, premye desant li a, yo te pèsekite epi mete Pòl avèk Banabas deyò nan vil la (13:50), konsa, yo te vwayaje nan tè a pa andedan pou ale nan Ikòn. Daprè koutim li, an premye, yo te pale nan sinagòg la. Siksè ministè li a la a te resevwa pa yon konplo pou touye yo, konsa, yon fwa ankò, yo te oblije ale, fwa sa a nan Lis ak Dèb.

* Mande timoun yo pou yo li 14:1-20 epi reponn kesyon yo:

1. Nan Lis, Pòl te geri yon kokobe. Pou kisa Pòl te distenge nonm sa sou tout lòt yo? (v.9)

2. Kòman foul moun yo te reyaji fas ak gerizon nonm sa? (vv.11-13)

3. Nan vèsè 15-17, nou genyen premye mesaj Pòl la fas ak yon odyans ki totalman payen. Nan kisa sèmon avan li a te gaye ak lòt sa ke nou te li nan Travay yo.

4. Yon lòt fwa ankò, Pòl te jwenn pèsekisyon, fwa sa a, yo te kraze li anba kout wòch byen souvan. Ki moun ki enstwi pèsekisyon sa a (13:50; 14: 2, 19)? Poukisa ou panse yo te kont ministè Pòl la?

3. Nan wout pou retounen lakay (14:21-28)

Aprè yon ti kanpe nan Dèb, Pòl ak Banabas te retounen nan Lis, Ikòn ak Antyòch avan li te retounen lakay li nan Antyòch nan peyi Lasiri.

* Mande timoun yo pou yo li pasaj sa epi reponn kesyon sa yo:

1. Retounen nan lavil kote yo te pèsekite ak maltrete fizikman atake sanble prekosyonèl. Poukisa yo te fè sa? (vv.22-23).

2. Misyonè yo te di nouvo konvèti yo ke li te "nesesè pou yo konnen anpil difikilte pou yo antre nan Peyi Wa ki nan syèl la" (v. 22). Sètènman, Pòl ak Banabas te fè eksperyans sa a, men, pou kisa pou nou ta di nouvo kwayan yo yon bagay tèlman dekourajan?

3. Lè misyonè yo te retounen lakay yo, yo te rapòte vwayaj yo. Gade nan vèsè 27: "tout sa Bondye te fè nan yo". Ki sa sa di nou sou de mesye sa yo?

AKTIVITE KI SIGJERE YO

- Kontinye avèk lis mo ki genyen rapò avèk lafwa nou yo.

- Ajoute nan lis la, pèsonaj yo, lye ak objè yo ki parèt nan leson sa a.

- Reyalize jwèt yo ki genyen rapò avèk leson sa, Ki kote Pòl te ye?, Jewografi biblik, Bib nan epòk nou yo, dramatizasyon.

- Plase trajektwa vwayaj Banabas ak Pòl la nan kat Jewografik la.

KESYON YO

TRAVAY 13:13 – 14:28

1. Kisa Jan te preche? (13:24)
   R/ Yon batèm pou repantans.

2. Kisa ki ekri nan dezyèm Sòm nan? (13:33)
   R/ "ou se pitit mwen, jodi a menm, mwen anjandre ou"

3. Daprè Travay 13:43, kisa ki te pase lè asanble a te gaye?
   R/ Anpil jwif ak pwozelit fidèl te akonpanye Pòl avèk Banabas.

4. Daprè Travay 13:52, Kòman disip yo te rete?
   R/ ranpli de jwa ak Sentespri a.

5. Daprè Travay 14:4, kòman moun nan vil la yo te divize?
   R/ genyen kèk ki te pou jwif yo epi anpil lòt te an favè apot yo.

6. Kimoun Pòl te di "Kanpe sou pye w epi rete dwat!"? (14:10)
   R/ yon nonm kokobe depi nesans ki t'ap viv nan Lis.

7. Kisa ki nesesè pou antre nan wayòm Bondye a? (14:22)
   R/ pase anpil difikilte.

8. Kesyon ki genyen de pati, Kisa yo te nome nan chak legliz epi kòman Seyè a te kòmande yo? (14:23)
   R/ Ansyen yo, epi li te kòmande yo avèk lapriyè ak jèn.

9. Bay kimoun sa yo ke Bondye te ouvè pòt lafwa? (14:27)
   R/ bay payen yo

BAGAY KI ESANSYÈL LA

Leson 11

PASAJ BIBLIK: Travay 15

VÈSÈ KLE: "Me n, Bondye ki konnen kè a, te montre ke li te aksepte yo, lè li te bay yo Sentespri a, menm jan li te fè pou nou an." (Travay 15:8)

OBJEKTIF ANSÈYMAN AN SE Ede timoun yo:

1. Konnen kisa lòt kretyen yo atann de nou.

2. Konprann ke nan krisyanis la nou grandi nan plizyè fason ki diferan epi nou dwe aksepte nou jan nou ye a ak lòt yo jan yo ye a.

KÒMANTÈ BIBLIK

Pliske kilti nou an diferan, li difisil pou nou konprann kèk nan lwa jwif ki mansyone nan Travay yo. Nouvo kwayan yo nan Antyòch pa t gen okenn relijyon jwif. Te gen kèk konfizyon sou ki pati nan lwa jwif la tout kwayan yo ta dwe respekte, kèlkeswa istorisite a. Lèt ki te voye pa legliz Jerizalèm nan reponn kesyon li yo, men, li kite kèk kesyon pou nou jodi a.

- **Pou kisa kat lwa sa yo te tèlman enpòtan?** Lwa sa yo te refize pratik komen payen yo ki asosye avèk politeyis la (Adorasyon anpil fo dye) nan Antyòch. Nouvo kwayan yo te dwe kwè sèlman nan Jezi. Pa evite pratik sa yo, nouvo kretyen yo te bay temwayaj pou lòt moun sou chanjman enterye Kris la te fè nan yo. Lwa sa yo tou te ede kenbe lapè ant kwayan jwif ak moun lòt nasyon yo.

- **Èske yo te oblije obeyi lòt lwa (dis kòmandman yo, diskou sou montay la, elatriye)?** Wi. Moun lòt nasyon yo te toujou ap viv selon prensip moral yo nan lalwa Moyiz la ak dis kòmandman yo. Nan kòmansman, Bondye te ekri lwa sou wòch plat la. Pwofèt yo te montre ke Bondye te ekri lwa tou nan kè jwif ak moun lòt nasyon yo (Jeremi 31:33). Jezi te bay nouvo siyifikasyon lwa a pa kreye yon alyans ki baze sou transfòmasyon entèn yo. Sa vle di ke Bondye

premye chanje objektif nou yo, ak Lè sa a, aksyon nou yo, lè nou deside obeyi l 'nan verite.

Byenke nou pa oblije suiv menm lwa yo nan Ansyen Testaman an, kè nou dwe transfòme ak prensip moral ki baze sou lwa sa yo. Nan Sèmon sou montay la, Jezi te anseye disip li yo pou yo obeyi Bondye nan kè yo, pa sèlman pou yo obeyi lwa yo.

Moun kwayan ki nan Jerizalèm nan Antyòch yo te suiv prensip sa yo. Kondisyon sa yo te ede yo entèprete lwa a.

Yo menm tou yo ede nou konprann sa li vle di yo swiv kòmandman yo nan Jezi, pa paske li se yon egzijans, men paske nou renmen Bondye.

Leson sa a pale tou de yon dezakò ant Pòl ak Banabas. Kretyen ka pafwa dakò. Sepandan, yo ta dwe eseye jwenn solisyon lapè. Kretyen pa ta dwe janm kite dezakò yo pou yo entèfere avèk predikasyon levanjil la.

PAWÒL KI GEN RAPÒ AVÈK LAFWA NOU YO

Payen – Yon moun ki pa kwè nan Bondye. Genyen kèk payen ki te konn adore anpil fo dye. Genyen anpil lòt pat adore okenn.

Diskou sou Mòn nan — Pasaj biblik nan Matye 5-7. Se ansèyman ki te pi laj ki ekri nan Bib la. Nan prèch sa a, Jezi dekri kijan kretyen ta dwe viv nan relasyon ak Bondye ak lòt moun.

AKTIVITE OUVÈTI A

Pou aktivite sa a, w ap bezwen bagay sa yo:

- Papye pou chak timoun

- Kreyon pou chak timoun

Avan klas la, prepare yon lis senk kategori nan sa timoun yo renmen (pa egzanp: manje, jwèt, liv, bèt ak kote). Nan klas la, distribye papye yo ak kreyon. Mande timoun yo pou yo ekri objè favori yo oswa bèt yo nan chak kategori. Lè sa a, chwazi de volontè. Mande chak volontè pou di ki atik ke li pi renmen nan premye kategori a epi eksplike poukisa.

Di yo konsa: Nou chak dwe panse ke se atik li renmen an ki pi bon. Èske lòt moun nan ta kapab konvenk yo ke yo twonpe yo oubyen li genyen rezon? Si non, èske nou ka dakò pou yo panse yon fason diferan sou pwoblèm sa a epi kapab toujou rete zanmi yo? Si se konsa, di youn ak lòt: "Nou dakò ke nou panse yon fason diferan epi nou kapab toujou rete zanmi". Pèmèt volontè sa yo retounen nan plas yo epi rele de lòt moun. Kontinye jiskaske tout moun li repons yo. Ankouraje volontè yo pou yo di: "Nou dakò ke nou panse diferan epi nou ka toujou rete zanmi".

Di yo konsa: Nan leson jodi a, nou pral aprann ke Pòl ak Banabas te tonbe nan yon dezakò. Nou pral wè kòman yo te vin separe.

LESON BIBLIK

1. Pwoblèm nan (15:1-5)

Nou te li ke pandan premye vwayaj misyonè Pòl la, anpil jwif, anpil grèk ki te gen krentif pou Bondye (grèk ki te etidye ak adore ansanm ak jwif yo) ak anpil payen ki te konvèti nan krisyanis la.

Menm si nou menm nou pa ta anti nou kontan pou pouse evanjelistik sa "nan mond lan", genyen anpil kretyen nan lavil Jerizalèm ki te byen fache.

Te gen de, petèt twa, opinyon sou li. Pòl ak Banabas evidamman kwè ke Bondye te aksepte moun lòt nasyon nan legliz la jan yo te ye, onore lafwa yo nan Kris la, kèlkeswa sitiyasyon yo kòm moun lòt nasyon yo. Sepandan, kèk nan jwif kretyen yo ki nan lavil Jerizalèm te kwè ke moun lòt nasyon yo ta dwe premye konvèti nan Jidayis. Epi asireman te gen moun ki te kanpe ant de pozisyon sa yo, aksepte kretyen Janti nan Legliz la ak yon kalite "asosye" oswa "dezyèm klas" manm (petèt jiskaske yo konvèti nan Jidayis).

Nasyon ebre a te toujou aksepte moun lòt nasyon yo nan kominote yo si yo te fè de bagay: soumèt li ak sikonsizyon epi viv anba Lwa a Ansyen Testaman an. (Sikonsizyon an se yon pwosedi minè chirijikal ke yo fè ti bebe yo yon ti tan aprè nesans yo, oswa nan ka sa a, gran moun gason yo, pou jwif yo li te yon aksyon senbolik ki endike obeyisans yo nan Lwa a).

2. Gran konsèy la pran yon desizyon (15:6-21)

Lè lidè Legliz yo te rasanble avèk Pòl ak Banabas nan lavil Jerizalèm, te genyen "yon diskisyon long". Nou kapab imajine nou ke Lik ki pridan avèk pawòl li yo. Li pwobab pou ke te genyen yon diskisyon ki te pran koulè.

Te genyen twa moun kle ki te ale nan gwoup la: Pyè, Pòl ak Banabas (pale kòm yon sèl), ak Jak.

* Mande timoun yo pou yo li nan vèsè 6-21 epi reponn bagay sa yo:

1. Lè Pyè te pale a, ak ki ensidans ke li te fè referans depi avan?

2. Obsève pawòl Pyè yo: "Bondye...te chwazi" (v.7); "Bondye...te montre" (v.8); "san distenksyon" (v.9). Pou kisa w kwè ke Pyè te itilize pawòl sa yo?

3. Kisa ki te kontribisyon Pòl ak Banabas nan diskisyon an? (v.12)

4. Jak ki te pale aprè. Sa a se pa frè Jan an, youn nan premye apot yo. Sonje ke yo te touye li (12:2). Sa a se Jak, frè Jezi a, ki te konvèti epi nan moman sa a li te vin lidè nan kongregasyon an nan lavil Jerizalèm. Li te itilize yon sitasyon nan Asyen Testaman. Rezime randevou a isit la:

5. Finalman, Jak te dakò ke moun ki pa jwif yo dwe admèt nan Legliz la san yo pa vin jwif an premye, osi lontan ke yo te swiv kat règ yo. Kat kondisyon sa yo te sigjere pou ke kretyen nan mitan moun lòt nasyon yo ta kapab genyen kominyon avèk kretyen jwif yo san yo pa kritike yo oswa vyole ve yo. Ki sa ki te kat kondisyon sa yo?

3. Ekri li! (15:22-29)

Aprè JAk te fin pale, legliz la te deside aksepte platasyon li. Pou evite malantandi, yo te ekri desizyon li yo epi aprè sa, yo te voye kèk reprezantan an pèsòn pou eksplike dokiman an.

* Li vèsè yo epi fè yon lis kondisyon.

4. Yo resevwa lèt la (15:30-35)

Nan yon fason ki emab ak konsèvatif kote ke Lik dekri ensidan sa a, yon moun ka gen enpresyon ke se te yon ti pwoblèm. Men, an reyalite sa a se te youn nan pi gwo kriz nan Legliz la. Si li pa te rezoud, li ta divize Legliz la nan de pati, grèk ak jwif yo. Lè nou byen li, nou gen lide ke tout sa yo ki te enplike yo te pran anpil prekosyon pou yo trete pwoblèm nan nan yon fason ki lojik e konpasif, san menas oswa pwononsyasyon otoritè.

* Mande timoun yo pou yo li vèsè sa yo epi reponn kesyon sa yo:

1. Kòman grèk ki te nan Antyòch yo te resevwa lèt la avèk mesaje yo?

2. Kisa Jid ak Silas, reprezantan legliz Jerizalèm yo te fè nan Antyòch?

AKTIVITE KI SIGJERE YO

- Kontinye avèk lis mo ki genyen rapò avèk lafwa nou yo.

- Ajoute nan lis la, pèsonaj yo, lye ak objè yo ki parèt nan leson sa a.

- Mande timoun yo pou yo li tout pasaj yo lakay yo ansanm avèk paran yo pou ranfòse etid sa.

KESYON YO

TRAVAY 15

1. Ki moun ki te kòmanse anseye frè yo: "Si nou pa sikonsi, dapre tradisyon Moyiz la, ou pa ka sove"? (15: 1)
   R / Gen kèk moun ki te soti nan peyi Jide ki rive nan Antiòch.

2. Ki sa Pòl ak Banabas te di lè yo te pase nan peyi Fenisi ak Samari? (15: 3)
   R / Jan moun lòt nasyon te vin konvèti

3. Ki moun ki di sa ki annapre yo: "Èske li nesesè pou sikonsi grèk yo epi mande pou yo obeyi lalwa Moyiz la"? (15: 5)
   R / Gen kèk kwayan ki te fè pati sèkt Farizyen yo

4. Ki moun ki konnen kè moun? (15.8)
   R / Bondye

5. Ki moun ki te gen bon repitasyon nan mitan frè yo? (15:22) **R / Jid, yo rele Banabas ak Silas**

6. Ki kondisyon nou jwenn nan Travay 15:29?
   R / Se sispann fè sakrifis pou zidòl, san, vyann bèt toufe ak soti nan imoralite seksyèl.

7. Selon Travay 15:36, ki sa Pòl te di Banabas?
   R / Ann retounen al vizite kwayan yo nan tout lavil kote nou te anonse pawòl Senyè a, epi ann gade ki jan yo ye.

8. Pou kisa Pòl pa t jwenn sajès pou l pran Jan Mak? (15:38)
   R / Paske li te abandone yo nan Panfili epi pa t kontinye ak yo nan travay.

PÒL NAN FILIP

Leson 12

PASAJ BIBLIK: Travay 16

VÈSÈ KLE: "Yo reponn li: Mete konfyans ou nan Seyè Jezi, epi wa va delivre, ou menm ansanm ak tout fanmi ou" (Travay 16:31).

OBJEKTIF ANSÈYMAN AN SE Ede timoun yo:

1. Bondye toujou bay opòtinite pou moun resevwa kado delivrans lan.

2. Li enpòtan pou w konprann ak akonpli volonte Bondye.

KÒMANTÈ BIBLIK

Nan leson jodi a, nou li sou twa moun ki te resevwa bon enfliyans levanjil nan lavil Filip: Lidi, yon ti fi ki te konn devine lavni ak yon prizonye.

Nan lavil Filip, Pòl te jwenn yon gwoup fanm ki te rasanble bò larivyè Lefrat la. Youn nan yo, Lidi, se te yon komèsan ki rich ki te konn van twal len wouj. Moun rich yo te konn achte koulè wouj anpil oswa moun ki asosye ak wayote yo. Lidi te gen siksè sosyal, men bezwen espirityèl li te kapab satisfè sèlman lè li te rankontre avèk Kris la. Konvèsyon li ak Ospitalite te fè lakay li tounen baz pou misyon yo nan Filip.

Te gen yon ti fi ki te gen yon lespri pou li devine lavni. Pòl te bay lòd, nan non Jezi, pou dyab la te soti kite li. Ègzòsis la te anpeche mèt li kontinye fè lajan, se konsa yo bat epi mete Pòl ak Silas nan prizon. Se te youn nan plizyè fwa ke Pòl te soufri pou lafwa li nan Jezi, jan sa demontre nan Travay 9:16.

Nan prizon an, Silas ak Pòl te chante plizyè kantik epi yo te priye Bondye pandan ke lòt prizonye yo t'ap koute. Yo te adore malgre yo te nan soufrans. Menm jan ak Pòl ak Silas, nou ka ede lòt moun wè Bondye ap travay nan lavi nou malgre sikonstans yo. Lè nou fè lwanj Bondye pandan eprèv yo, nou bay yon gwo temwayaj sou pouvwa Sentespri a.

Yon tranblemanntè te ba yo opòtinite pou yo chape poul yo. Sepandan, Pòl ak Silas te wè opòtinite pou yo pataje levanjil la. Se pa sèlman yo te sove lavi prizonye a, men yo mennen l 'nan lavi etènèl nan Jezi a.

Pòl te fidèl ak direksyon Lespri Bondye a, byenke li te mennen li nan direksyon ke li pat atann. Pòl te obeyi Bondye lè li te ale nan peyi Masedwàn olye Friji ak Galasi. Pandan ke yo chèche yon kote espesyal pou priye, Pòl te temwaye bay Lidi.

Pandan Pòl t'ap prepare pou yon jou ministè, li te libere yon jèn fi ki te genyen move lespri. Se poutèt sa yo mete l nan prizon. Pandan ke li te nan prizon, li te kapab temwaye bay lòt prizonye san konte majò prizon an. Nan tout evènman sanzatann sa yo, Pòl te plase konfyans ak lafwa li nan Sentespri a. Li ta rekòmande pou nou ta swiv egzanp Pòl la, pwoklame mesaj Jezi a tout kote nou ye, kèlkeswa sikonstans nou yo.

AKTIVITE OUVÈTI A

Pou aktivite sa a, w ap bezwen bagay sa yo:

- Plizyè objè pou w prepare yon chemen ki genyen plizyè obstak.

- Yon foula oubyen yon ti sèvyèt pou bande zye yo.

Avan klas la, prepare yon chemen ki ranpli ak obstak: yon trajektwa ak objè ke timoun nan dwe antoure oswa sote sou yo rive nan fen an. Si sa posib, prepare chemen sa a nan yon lòt chanm, kidonk timoun ki patisipe a pa ka wè obstak yo avan aktivite a kòmanse. Ou ka sèvi ak bwat katon, sak plen ak vye papye jounal, oswa yon lòt bagay ou genyen. (Lè w ap prepare chemen an, konsidere sekirite timoun yo.) Bay yon foula oswa yon ti sèvyèt.

Nan klas la, chwazi yon volontè ki pou mache nan wout obstak la. Mennen volontè a ak lòt timoun yo nan chemen an.

Di yo konsa: Nan leson nou jodi a, Pòl te vle ale nan Bitini, men Sentespri a te anpeche l. Apre yon vizyon ke Bondye te ba li, Pòl te deside ale nan peyi Masedwàn pito. Jodi a, volontè nou an reprezante Pòl. Li te eseye deside ale kote Bondye ta vle pou l te ale a. Ou ka ede dirije volontè nou an nan tras sa a, pou ke li pa frape oswa tonbe. Chwazi yon lòt volontè pou ou bay direksyon oral pou timoun ki genyen zye bande a. Si yo gen tan, pèmèt ke plizyè lòt timoun ofri tèt yo pou eseye tras obstak yo.

Di yo konsa: Bondye ban nou Sentespri a pou ede nou konnen kisa pou nou fè. Bondye mennen Pòl nan plas kote li te vle pou Pòl te ye a.

LESON BIBLIK

1. Chwazi ekip ou (16:1-5)

Nan fen chapit 15 la, istwa vwayaj sa a kòmanse ak yon ensidan ki fè mal ki enplike ministè pèsonèl li. Anvan ou kite istwa sa a, nou bezwen konnen ki jan li fini. Pita Pòl mansyone nan diskou li a, tou de Jan Mak (ki te tousenpleman rele "Mak") tankou Banabas.

* Li ansanm avèk timoun yo nan 1 Korentyen 9:6; Kolosyen 4:10; 2 Timote 4:11; 4: Filemon 24.

1. Kisa referans sa yo di nou sou sitiyasyon anteryè Pòl yo avèk de mesye sa yo?

2. Banabas te ranplase pa Silas kòm konpayon Pòl. Nan 16 :1-5 fè nou konnen ke Pòl te jwenn yon moun ki pou ranplase Jan Mak tou, kòm sipleyan ki jèn. Kimoun ki te sipleyan sa epi kisa nou konnen de li nan vèsè sa yo?

2. Yon chanjman plan (16:6-10)

Jous kounye a, tout vwayaj Pòl yo se te nan Palestin ak rejyon nou konnen jodi a kòm Ti Lazi (kounye a se peyi Tiki). Aparamman li te gen entansyon kontinye ak travay misyonè li nan rejyon sa a. Men, lè li te nan Troas li te resevwa yon nouvo lòd pou chimen li. Pa pèdi enpòtans vèsè sa yo.

"Masedwàn" se yon pati nan peyi Lagrès pou kounye a (nou pa dwe konfonn li avèk Repiblik Masedwàn). Rejyon sa non sèlman li te sant kiltirèl ak entèlektyèl nan Peyi Lewòp, se pa nan Lazi.

* Mande timoun yo pou yo li vèsè sa yo epi reponn kesyon sa yo:

1. Nan sa w konnen nan istwa a, pou kisa li tèlman enpòtan pou plan vwayaj Pòl yo ta chanje de Lazi pou Lewòp? (Pou kisa li tèlman enpòtan pou ou?)

2. Nan vèsè 7, nou li ke Pòl te vle ale nan Bitini "Lespri Bondye a pat pèmèt li". Nou pa genyen gwo eksplikasyon. Nan ki fòm ou kwè ke Lespri Bondye a te di Pòl sa?

3. Aprè vizyon Pòl la sou nonm Masedwàn nan, Lik di nou ke menm kote a, yo te prepare yo pou pran wout pou peyi Masedwàn. Kisa sa di nou de Pòl?

3. Prizon Filip la (16:11-40)

De Twoas, kote Pòl te resevwa vizyon nonm peyi Masedwàn nan, gwoup la te vwayaje pou peyi Filip, yon koloni Women. (Legliz ke Pòl te bati nan zòn sa a, pita li ta pral resevwa yon lèt ke nou rekonèt kòm Lèt pou moun lavil Filip yo). La a, nou dekouvri enfliyans ke levanjil la te genyen sou twa moun diferan: Yon fanm kòmèsan epi ki te rich, yon jèn esklav maltrete ak yon majò prizon women.

Daprè istwa Lik la, premye moun ki te konvèti nan Lewòp se te yon fanm yo rele Lidi. Kòm yon vandè "twal koulè wouj violèt", yon twal chè nan mond ansyen an, li te pwobableman trè rich. Lik di nou ke "Seyè a louvri kè l 'yo reponn mesaj Pòl la" (v 14). Ki sa ou panse sa vle di?

Pwochen moun nou rankontre nan ministè Pòl te yon jèn esklav, ki te prevwa lavni. Pou kisa ou panse Pòl te pèsekite pa konpòtman jèn fi sa a? Èske li t'ap fè yon eskandal? Èske li te di manti? Oswa li ta yon lòt bagay?

Kòm Pòl te mete move lespri nan jèn fi a deyò, mèt li voye Pòl ak Silas nan prizon. La a, misyonè yo te jwenn twazyèm pèsonaj Filip la, yon majò prizon Women. Ki evènman ki te mennen konvèsyon li?

* Ede timoun yo aprann vèsè 31 an, epi kontinye avèk youn nan deklarasyon ki pi plis klè e senp nan levanjil ki nan Bib la.

AKTIVITE KI SIGJERE YO

* Ajoute nan lis la, pèsonaj yo, lye ak objè yo ki parèt nan leson sa a.

* Reyalize jwèt yo ki genyen rapò avèk leson sa, di m pèsonaj la, ki kote Pòl te ye?, jewografi biblik, kòf souvni yo, kòman w imajine li?, eklatman, drapo, reponn ak desine, emosyon-atizana, di l avèk jès.

* Fè siy dekoratif ak tèks leson sa a epi mande timoun yo pou mete l nan yon plas espesyal lakay yo.

Travay 16

1. Pou ki rezon ke Pòl te sikonsi Timote? (16:3)
   R/ Akoz de jwif ki t'ap viv nan rejyon sa, tout moun te konnen ke papa li se te yon grèk.

2. Ki vizyon ke Pòl te fè nan mitan nwit la? (16 :9)
   R/ Yon nonm nan peyi Masedwàn, li leve kanpe, li te priye li: 'Pase nan Masedwàn epi ede nou'

3. Mansyone de karakteristik lavil Filip la: (16:12)
   * Se yon koloni women
   * Se yon vil prensipal nan distri Masedwàn.

4. Kilès moun Lidi te ye? (16:14)
   R/ Yon vandè twal wouj vyolèt nan lavil Tyati ki te konn adore Bondye.

5. Kisa jèn fi ki te genyen move lespri adivinasyon an te rele di? (16:17)
   R/ mesye sa yo se sèvitè Bondye ki anwo nan syèl la, epi y ap anonse nou chemen delivrans lan.

6. Kisa mèt jèn fi a yo te fè lè yo te rann yo kont ke yo te pèdi estrateji pou yo te kontinye fè lajan avèk li? (16:19)
   R/ Yo te mete men sou Pòl ak Silas epi yo te trennen yo devan otorite yo.

7. Pandan Pòl avèk Silas te nan prizon an nan mitan nwit la, kisa yo te fè? (16:25)
   R/ Yo te kòmanse priye ak chante kantik pou Bondye.

8. Kimoun ki te di li, kimoun ou te di li epi kisa ki te reyaksyon an: "Pa fè tèt ou mal! Nou tout la!" (16:28-29)
   R/ Pòl, majò prizon an, majò prizon an te mande limyè, li te pete kouri pou antre epi kòmanse tranble nan pye Pòl ak Silas.

9. Kimoun yo te mande, kimoun epi kisa ki te repons lan: "Mesye, kisa mwen dwe fè pou m kapab sove"? (16:30-31)
   R/ majò prizon an, Pòl ak Silas, epi repons lan se te: "Kwè nan Seyè Jezi; konsa, ou menm avèk tout fanmi ou nou va sove".

NAN VWAYAJ YON LÒT FWA ANKÒ

Leson 13

PASAJ BIBLIK: Travay 17

VÈSÈ KLE: "Bondye ki fè lemonn antye ak tou sa ki ladan l', se li menm ki Mèt syèl la ak tè a. Li pa rete nan kay moun bati ak men yo" (Travay 17:24).

OBJEKTIF ANSÈYMAN AN SE Ede timoun yo:

1. Konprann ke Bondye voye nou nan mond lan pou nou kapab pataje lanmou li.

2. Se pa pou nou adopte yon relijyon, men pito, se renmen Bondye epi obeyi li paske nou konnen Li atravè Pawòl ki Sakre a.

KÒMANTÈ BIBLIK

Pandan ke Pòl te nan lavil Atèn, li te wè anpil zidòl nan tout vil la. Epi yo te menm genyen youn ki te genyen kòm enskripsyon "POU DYE KE MOUN PA KONNEN AN". Atèn se te yon vil ki te vrèman devlope, li te genyen yon inivèsite ak yon sant ki te konn konsidere ide avèk ansèyman yo. Pòl te fè gwo deba ansanm avèk filozòf epikiryen yo. Epikiryen yo te konn chèche plezi pou yo atenn byennèt yo. Pa fwa, yo te konn itilize abnegasyon pou yo atenn byennèt k'ap dire. Nèg save nan koze pasyans yo te konn anseye moun viv konfòm avèk lanati epi pa afekte emosyonèlman pa sikonstans yo.

Pòl te preche ke "Dye ke moun pa konnen" ke yo te adore a, se li menm ki sèl vrè Bondye vivan an. Li te eksplike ke Bondye te kreye mond lan, se li menm ki ban nou lavi ak souf, epi nou se pitit li.

Mesaj levanjil ke Pòl te preche a te kontrekare anpil nan lide ke moun lavil Atèn yo te aksepte nan kilti yo a. Moun lavil Atèn yo te vrèman diferan de moun lavil Jerizalèm ke Pòl te deja preche levanjil avan. Nouvo gwoup sa a pat konnen kilti jwif yo. Konsa, Pòl te anseye yo nan lang ke yo te kapab konprann nan. Li te itilize anpil metafò ke moun konnen pou li te ede yo konprann Bondye. Li te menm itilize kèk sitasyon nan literati atèn nan pou dekri Bondye. Li te pale avèk filozòf save sa yo nan yon fason ki te fè enpak sou entelijans yo. Li te prezante yo levanjil la nan yon fason ki te atrape yo.

Atenyen yo te vle yon bagay otantik pou yo adore. Yo te chèche yon bagay ki ta bay sans ak objektif nan lavi yo. Nou konnen ke yo te gen yon lide louvri sou lide ke ta genyen yon nouvo Bondye ke deja yo rekonèt pou "Dye ke moun pa konnen an". Menm jan an tou, anpil moun nan mond nou an jodi a chèche Bondye, men yo pa konnen kijan pou yo dekri li. Se responsablite nou pou nou chèche konnen kijan pou pwoklame mesaj Jezi a pou tout moun, non sèlman pou moun ki gen menm nivo ak nou. Se Jezi ki moun ke y'ap chèche a, epi sèlman Li menm ki kapab satisfè dezi konnen Bondye yo a.

PAWÒL KI GEN RAPÒ AVÈK LAFWA NOU YO

Jou repo — Jou ke Bondye te mete apa pou moun repoze, adore ak fè byen. Pou jwif yo, jou repo a se setyèm jou a (samdi). Kretyen yo selebre jou Seyè a (dimanch) kòm jou repo li, paske se te jou ke Jezi te leve soti vivan nan lanmò.

Misyonè — Se yon moun ke Bondye rele epi voye pa legliz la pou pote levanjil la bay moun ki nan lòt peyi oubyen kilti yo.

Zidòl — Tout sa ke moun adore nan plas Bondye oubyen renmen plis pase Bondye. Lavil Atèn te ranpli avèk anpil zidòl ki te fèt avèk lò, lajan oubyen bèl wòch.

Aewopaj — Yon kolin nan lavil Atèn kote yon gran konsèy filozòf te konn reyini pou yo diskite anpil tèm filozofik. Pòl te pale ak gwoup sa osijè de rezireksyon Jezi a.

AKTIVITE OUVÈTI A

Pou aktivite sa a, w ap bezwen:

- Yon moso papye pou chak timoun
- Yon kreyon oubyen plim pou chak timoun

Avan klas la kòmanse, ekri deklarasyon sa yo nan papye yo:

"Mwen pare pou m ale nanpòt kote ke Bondye mande m pou ale pou m al pale ak moun osijè de Jezi". Nan pati anba fèy la, trase yon liy pou timoun nan siyen.

Di nan klas la: Nou deja etidye vwayaj ke Pòl te fè yo nan anpil vil. Pou kisa Pòl te vwayaje nan vil sa yo? (Bondye te mande Pòl pou l te pale ak moun yo osijè de Jezi.) Kisa yon misyonè ye? (Yon moun ki vwayaje nan lòt peyi oubyen kilti pou pale ak moun sou Bondye ak plan delivrans li atravè Jezi ki se Kris la.) Kijan mond lan t'ap diferan si Pòl te rete nan lavil Jerizalèm epi pa deside vwayaje? (Moun ki abite nan lòt pati nan mond lan pa t'ap tande pale de Jezi. Bondye t'ap oblije chwazi yon lòt moun ki pou pwoklame levanjil la, men petèt li pa t'ap genyen menm valè ak detèminasyon Pòl la).

Di yo konsa : Bondye ta kapab mande youn nan mitan nou pou li soti kite vil li a pou vwayaje lòt kote pou pwoklame levanjil la. Si Bondye ta mande nou pou nou fè sa, èske nou t'ap di "wi"?

Distribiye papye avèk kreyon yo. Li deklarasyon an; aprè sa, priye mande Bondye pou l ede timoun yo pare pou yo pale ak lòt yo osijè de Jezi, menm si se kote yo rete a oubyen lòt kote nan mond lan. Ankouraje timoun yo ekri non yo si yo pare pou pataje Bon Nouvèl la Jezi a nenpòt kote y'ale, ak tout lòt moun ke Bondye mande yo fè l la tou. Genyen kèk timoun k ap siyen menm kote a, men petèt genyen k ap dakò fè sa aprè. Mande yo pou yo pote papye yo lakay yo epi konsève li nan Bib yo oubyen yon lòt kote ki asire.

Di yo konsa: Nou di Bondye mèsi pou Pòl ak lòt misyonè yo ki pwopaje levanjil la nan anpil lòt kote nan mond lan.

LESON BIBLIK

1. Pòl nan vwayaj pou peyi Lagrès (17:1-34)

Koulye a, byen vit nou pral kouvri rès dezyèm vwayaj misyonè Pòl la. Nan vèsè sa yo nou pral li sou vizit Pòl yo nan kèk nan vil ki pi gwo yo nan Lagrès: Tesalonik, Atèn ak Korent, ak anpil lòt ankò. Nan Tesalonik ak Korent, Pòl te fonde plizyè kongregasyon kote li te ekri liv 1 ak 2 nan Tesalonik 1 ak 2 Korentyen nan Nouvo Testaman an.

Nan pasaj sa a nou obsève ke Pòl kontinye ak abitid li nan vizite sinagòg jwif yo lè li te rive nan chak vil (17: 2, 10, 17). Apre sa, li te tou remake ke li te trè pèsekite pa jwif yo (17:5, 13).

* Mande timoun yo, pou kisa ou kwè ke Pòl te kontinye ap eseye evanjelize jwif yo malgre yo t'ap mal trete li?

Nan 17: 16-34 nou gen vizit Pòl nan Atèn, yon vil ke nou toujou idantifye ak kilti ak filozofi grèk la. Pòl te aflije la akoz de adorasyon zidòl yo li te obsève. Nan vèsè 22-31 nou ka li prèch li devan payen yo.

* Konpare mesaj sa avèk sa ke Pòl te bay lòt gwoup payen ki nan vil Lis la (14 :15-17). Nan kisa yo sanble? Nan kisa yo fè diferans? Nan kisa yo diferan de lòt mesaj ke li te bay devan pèp jwif la nan liv Travay la?

Byen brèf, men rezime anfaz ke Pòl te bay ministè li nan chak vil ke li te vizite ak rezilta ke li te rive jwenn:
• Tesalonik (17:1-9)
• Bere (17:10-15)
• Atèn (17:16-34)

AKTIVITE KI SIGJERE YO

• Kontinye avèk lis mo ki genyen rapò avèk lafwa nou yo. Ajoute nan lis la, pèsonaj yo, lye ak objè yo ki parèt nan leson sa a.

• Reyalize jwèt yo ki genyen rapò avèk leson sa, di m pèsonaj la, ki kote Pòl te ye?, katon ranpli, kòman w imajine li?, Bib la nan epòk pa nou an, drapo, dramatizasyon, dènye lè.

• Elabore siy dekorasyon avèk tèks leson sa a epi mande timoun yo pou yo plase li nan yon plas ki vizib lakay yo.

KESYON YO

TRAVAY 17

1. Kisa ki te nesesè pou Sovè a? (17:3)
   R/ Pou li te mouri ak leve vivan.

2. Kimoun sa yo ki te yon bann malpalan nan lari?
   R/ jwif ki t'ap fè jalouzi yo.

3. Kisa otorite yo te mande pou yo te lage Jason ak lòt moun yo? (17:9)
   R/ Amann.

4. Kisa ki te fè Pòl mal jouk nan nanm li? (17:16)
   R/ Wè ke vil la te ranpli avèk zidòl.

5. Pou ki rezon ke yo te konn etidye Bib la chak jou? (17 :11)
   R/ Pou yo te kapab wè si sa ke yo t'ap anonse yo a se te verite.

6. Daprè Travay 17:18, Kisa Pòl te konn anonse yo?
   R/ Bon Nouvèl Jezi a ak rezireksyon an.

7. Kisa enskripsyon nan lotèl la te di? (17 :23)
   R/ Pou yon dye ke moun pa konnen.

8. Ki Bondye ki te fè mond lan avèk tout sa ki gen ladan li? (17 :24)
   R/ Seyè a ki se mèt syèl la avèk tè a.

9. Daprè Travay 17:31, Kisa ki entérese Bondye?
   R/ Yon jou li pral jije mond lan avèk jistis.

ANSEYE AK PRECHE

Leson 14

PASAJ BIBLIK: Travay 18

VÈSÈ KLE: "Bondye ki fè lemonn antye ak tou sa ki ladan l', se li menm ki Mèt syèl la ak tè a. Li pa rete nan kay moun bati ak men yo" (Travay 17:24).

OBJEKTIF ANSÈYMAN AN SE Ede timoun yo:

1. Konprann ke Bondye ankouraje nou pataje lanmou li, menm si lòt yo repouse nou.

KÒMANTÈ BIBLIK

Lik prezante nou plizyè lòt minis ki te ede Pòl : Prisil, Akilas ak Apolòs.

Lè anpil nan popilasyon jwif la ki nan Korent te refize tounen vin jwenn Bondye, Pòl te libere tèt li de responsablite pou anseye yo. Li te twouve li nan mitan moun lòt nasyon yo paske yo te reponn mesaj la. Yon vizyon Seyè a te ankouraje Pòl pou li te rete pase plis tan nan lavil Korent epi li te rete la vre pandan 18 mwa. Pandan tan sa a, li te jwenn anpil opòtinite pou pataje mesaj Jezi a epi etabli relasyon avèk pèp la.

Lè Pòl te soti nan Korent, Prisil ak Akilas te ale avèk li. Yo tou le twa te genyen anpil bagay an komen. Yo te genyen menm pwofesyon epi yo te genyen menm vokasyon. Pandan yo te nan lavil Efèz, yo te rekonèt Apolòs, yon fondatè legliz nan Lejip.

Apolòs te entèlijan anpil epi li te konnen Pawòl la byen. Men, li pat konnen tout istwa Jezi a byen. Konsa, Prisil ak Akilas te fè fòmasyon disip pou li. Pandan li t'ap aprann sa ke li te aprann nan, Apolòs te vwayaje nan Akaya pou li pwoklame ak defann lafwa a.

Nan 1 Korentyen, Pòl mansyone travay Prisil ak Akilas la (16 :19) ak Apolòs (3 :6, 9). Li di ke li te plante grenn levanjil la nan Korent, men, Apolòs te ale wouze yo aprè pandan li t'ap ankouraje ak anseye kretyen yo. Se Bondye ki bay kwasans lan.

Ministè a se pa travay yon sèl grenn moun. Sa mande anpil moun pou yo fè travay la byen. Nan leson jodi a nou pral aprann ke:

- Nou dwe montre gras lè n ap konseye lèzòt yo. Akilas ak Prisil te fè Apolòs wè ke konesans li te limite sou Jezi. Sepandan, yo te fè sa an prive pou yo pat fè l wont.

- Nou tout dwe reyalize wòl pou ministre moun ki nan antouraj nou ak pwoklame levanjil la ba yo.

Pafwa li fasil pou nou dekouraje lè yon moun pa aksepte Kris la. Sepandan, nou kapab genyen kè poze lè nou konnen ke Bondye kapab itilize nou epi pral itilize nou tout pou ede lòt yo vin konnen li. Menm jan ke li te itilize Apolòs pou wouze grenn ke Pòl te plante a, li kapab itilize nou pou plante semans lafwa a oubyen ede li grandi.

AKTIVITE OUVÈTI A

Pou aktivite sa a, w ap bezwen bagay sa yo :

- Tablo ak lakrè, oubyen tablo blan ak makè.

Avan dewoulman klas la, ekri fraz sa nan tablo a: **"Sepandan. Pòl te obeyi Bondye"**.

Di nan klas la : Jodi a nou pral rekonèt kèk nan anpil eksperyans difisil Pòl yo. Mwen pral li yon fraz, epi mwen vle pou nou li aprè mwen sa ki ekri nan tablo a. Nou dwe repete pawòl sa yo aprè ke mwen fin li chak fraz. Li fraz sa yo epi rete tann pou timoun yo reponn.

- Nan Jerizalèm, kretyen yo te pè Sòl. (Sepandan, Pòl te obeyi Bondye).

- Nan Salamin, yon majisyen te vle anpeche Pòl evanjelize gouvènè a. (Sepandan, Pòl te obeyi Bondye).

- Nan Atyòch Pisidi, genyen kèk jwif ki te lakòz anpil pwoblèm kont Pòl ak Banabas. (Sepandan, Pòl te obeyi Bondye).

- Nan Ikòn, genyen kèk jwif ki te twouble moun lòt nasyon yo epi planifye maltrete ak kraze Pòl anba kout wòch. (Sepandan, Pòl te obeyi Bondye).

- Nan Lis, genyen kèk moun ki te kraze Pòl anba wòch epi maltrete li deyò vil la. (Sepandan, Pòl te obeyi Bondye).

- Pòl ak Banabas te genyen yon dezakò osijè de Jan Mak. (Sepandan, Pòl te obeyi Bondye).

- Pòl te vle ale nan Misi, men Sentespri a te di li pou l te ale Masedwàn pito. (Sepandan, Pòl te obeyi Bondye).

- Nan Filip, majistra yo te fèmen Pòl ak Silas nan prizon. (Sepandan, Pòl te obeyi Bondye).

- Nan Tesalonik, jwif yo te kòmanse yon boulvèsman kont Pòl. (Sepandan, Pòl te obeyi Bondye).

- Nan Atèn, genyen anpil moun ki te kwè nan Jezi, men genyen anpil lòt ki te fawouche Pòl. (Sepandan, Pòl te obeyi Bondye).

- Nan Korent, jwif yo te opoze kont Pòl epi kòmanse pale mal, konsa, li te ale bò kote moun lòt nasyon yo. (Sepandan, Pòl te obeyi Bondye.)

Di yo konsa: Pòl te soufri anpil sitiyasyon difisil. Petèt, nou menm tou n'ap fè fas avèk anpil sitiyasyon difisil. Piga nou dekouraje. Petèt zanmi nou ak fanmi nou yo pa apresye sa nou di oubyen fè kòm kretyen. Sepandan, kòm Pòl, kontinye obeyi Bondye.

LESON BIBLIK

1. Vwayaj la kontinye pou peyi Lagrès (18:1-17)

Nan chapit avan an, Pòl te kòmanse yon vwayaj pou peyi Lagrès kote li te vizite anpil kote, nan vwayaj li a, li te rive nan peyi Korent ki se youn nan vil kote Pòl te bati yon legliz.

Menm jan avèk leson avan an, ou kapab wè kòman Pòl te vizite sinagòg jwif yo (18 :4, 19) epi yon lòt fwa ankò, nou wè ke li te jwenn pèsekisyon anba men jwif yo (18:6, 12).

* Mande timoun yo pou yo rezime an brèf, kisa ki te anfaz Pòl nan vil sa epi ki rezilta ke li te jwenn.

2. Batèm Jan an (18:23-28)

Menm si premye vèsè a pale de Pòl, rès sesyon an trete yon bagay ki te pase menm kote a nan Efèz, youn nan legliz ke Pòl te fonde nan yon vwayaj ki te fèt avan an.

Yon jwif ejipsyen ki te rele Apolòs ki te rive nan lavil Efèz. Se klè ke li te konnen levanjil avan an, deja "li te enstwi nan chemen Seyè a, epi li te pale ak anseye avèk gwo detèminasyon osijè de Jezi" (v.25). Sepandan, li sèlman te konnen yon ti pati nan istwa a.

* Mande timoun yo pou yo li vèsè sa yo epi reponn kesyon sa yo:

1. Daprè vèsè 25, kisa enfòmasyon sou Apolòs la te manke?

2. Kisa w kwè ke Pòl te vle di avèk "batèm Jan an"? Se nan Matye 3:11 w ap jwenn plis detay.

AKTIVITE KI SIGJERE YO

- Ajoute nan lis la, pèsonaj yo, lye ak objè yo ki parèt nan leson sa a.

- Reyalize jwèt ki gen rapò avèk leson sa, di m pèsonaj la, ki kote Pòl te ye?, fini istwa a, Bib la nan epòk nou yo, kolaj, dramatizasyon.

KESYON YO

TRAVAY 18

1. Kilès moun ke Pòl te rankontre nan lavil Korent? (18:2)
   R/ Yon jwif ki rele Akilas

2. Pou kisa Akilas ak Prisil te rive nan peyi Itali? (18:2)
   R/ Paske Klòd te voye mete jwif yo deyò nan lavil Wòm.

3. Kisa Pòl te konn fè lè li te rive nan lavil Masedwàn? (18:5)
   R/ Preche.

4. Kimoun ki te kwè nan Seyè a avèk tout fanmi li? (18:8)
   R/ Krispis (chèf sinagòg la)

5. Kilès moun ki te gouvènè Akaya?
   R/ Galyon (18 :12)

6. Sou kimoun tout moun te mete men epi vide baton sou li devan tribinal la? (18 :17)
   R/ Sou Sostèn (chèf sinagòg la)

7. Kisa Pòl te fè akoz de yon ve ke li te fè? (18 :18)
   R/ Li te fè yo kale tèt li.

8. Ki kongregasyon ke Pòl te vizite youn aprè lòt? (18 :23)
   R/ Kongregasyon Lagrès ak Friji a.

9. Ki sèl batèm ke Apolòs te konnen? (18 :25)
   R/ pa Jan an.

10. Kisa Prisil ak Akilas te fè avèk Apolòs? (18:26)
    R/ Yo te pran li epi eksplike li chemen Bondye a avèk plis presizyon.

11. Kisa Pòl te demontre atravè Pawòl la? (18 :28)
    R/ Ke Jezi se Kris la.

BOULVÈS AK MIRAK

Leson 15

PASAJ BIBLIK: Travay 19:1 – 20:12

VÈSÈ KLE: "Se konsa pawòl Bondye a t'ap gaye avèk pouvwa, li t'ap moutre fòs li" (Travay 19:20).

OBJEKTIF ANSÈYMAN AN SE Ede timoun yo:

1. Konprann ke Sentespri a ban nou pouvwa pou nou fè anpil gwo mèvèy.

KÒMANTÈ BIBLIK

Ministè Pòl nan mitan moun Efèz yo te pwodwi anpil emosyon: Emosyon ki pozitif anvè Lespri a avèk yon gwo kolè kont krisyanis la.

Lè ke Pòl te rive nan lavil Efèz, kretyen ki te abite la yo pot ko eksperimante pouvwa Sentespri a. Pòl te poze yo kèk kesyon epi aprè sa, li te anseye yo osijè de Jezi ak Sentespri a. Li te batize nouvo kwayan yo tou. Pandan ke Pòl te nan lavil Efèz, Bondye te fè anpil mirak atravè li menm: Li te geri anpil malad epi chase anpil move lespri. Aksyon sa yo se te demontrasyon Sentespri a atravè Pòl.

Men, moun ki te konn fè pla nan lokal yo te vin an kolè, yo menm ki te konn fè anpil lajan nan vann zidòl ki fèt ak ajan ki se dye yo a. Predikasyon Pòl la te menase kalite lavi yo a, relijyon ak finans yo. Yo te tante bloke mesaj Pòl la, men yo pat kapab rive fè siksè.

Malgre tout boulvès ki te genyen nan lavil Efèz, Pòl te kontinye vwayaje epi preche mesaj Kris la. Li te konprann ke pèsekisyon ak eprèv yo te fè pati lavi li.

PAWÒL KI GEN RAPÒ AVÈK LAFWA NOU YO

Repantans — Se aksyon lè yon moun abandone peche a epi tounen vin jwenn Bondye. Regrèt pou peche a, mande padon epi viv pou Bondye.

AKTIVITE OUVÈTI A

W'ap bezwen bagay sa yo pou aktivite sa:

- Yon kat jeyografik mond lan
- Yon kat jeyografik peyi w la
- Yon kat jeyografik vil prensipal peyi w la

Li Travay 1:8 pou timoun yo nan klas la. Repete siyifikasyon temwen an plizyè fwa.

Di konsa: Ki non kote ki mansyone nan Travay 1:8 yo menm? Kite timoun yo reponn -Jerizalèm se yon vil. -Jide ak Samari se yon peyi ke yo ye. -Dènye bout latè reprezante lòt kote nan mond lan. Si nou obeyi ak sa ke vèsè sa di la a, nou pral temwaye sou Kris la nan peyi nou, nan vil nou avèk lòt peyi nan mond lan.

Kóman n'ap kapab temwaye bay lòt moun ki abite nan vil nou yo? (Nou kapab temwaye bay fanmi ak zanmi, bay moun ki nan boutik yo, bay moun ke nou wè nan lekòl ak lòt kote nan vil la).

Kóman n'ap kapab temwaye bay lòt moun ki lòt kote nan peyi nou an? (Nou kapab temwaye bay zanmi ak fanmi k'ap viv lòt kote nan peyi a. Petèt lè n'al pase vakans nan lòt vil yo.)

Kóman n'ap kapab temwaye bay moun lòt peyi yo? (Nou kapab ekri lèt voye bay misyonè yo. Lè nou bay ofrann pou misyon yo, ede misyonè yo pote levanjil la nan anpil lòt peyi).

Nou kapab temwaye bay lòt moun ki abite nan vil nou yo, peyi ak anpil lòt kote nan mond lan. Nou kapab obeyi sa Travay 1:8 di a.

LESON BIBLIK

1. Pòl nan Efèz (19:1-41)

Chapit 19 liv Travay la pale de kèk nan evènman nan twa zan ke Pòl te pase nan peyi Efèz, youn nan gran vil nan Ti Lazi.

* Mande timoun yo pou li chapit la epi reponn kesyon yo:

1. Yon fwa ankò nou jwenn disip yo ak yon konpreyansyon enkonplè sou levanjil la. Tankou Apolòs, disip sa yo te konprann "batèm Jan an" (vv.3-4). Ki jan Jan te defini batèm li an? (v. 4)

2. Kisa disip sa yo te manke? (v. 2)

3. Yon fwa ankò, li Travay 2: 1-4; 8: 14-17; 10: 44-46. Ki jan vèsè sa yo gen rapò ak 19: 1-7?

4. Remake ke Lik pale de Krisyanis tou senpleman kòm "fason" nan vèsè 9. Chèche referans ki sanble nan Travay 9: 2; 19:23; 22: 4; 24:14, 22. Kisa ou panse Lik vle di lè w refere ak krisyanis nan fason sa a?

2. Depi nan fenèt la (20:1-12)

Lè Lik dekri dènye pati twazyèm vwayaj misyonè Pòl la, li sanble ap prese, epi li kite anpil detay sou kote.

Nan chapit sa a, sepandan, li sispann ase tankou pou di nou istwa a nan yon aswè nan legliz la ak nan Antyòch, yon jenn gason ki tonbe nan dòmi nan sèvis la (èske li fè ou sonje yon moun?). Pou kisa ou panse Lik te bay tèt li pou rakonte istwa sa a?

AKTIVITE KI SIGJERE YO

- Kontinye avèk lis mo ki genyen rapò avèk lafwa nou yo.

- Ajoute nan lis la, pèsonaj yo, lye ak objè yo ki parèt nan leson sa a.

- Reyalize jwèt yo ki genyen rapò avèk leson sa, di m pèsonaj la, dènye lè.

KESYON YO

TRAVAY 19:1 – 20:12

1. Kisa ki te rive lè Pòl te mete men sou douz mesye yo? (19:6)
   R/ Sentespri a te desann sou yo, epi yo te kòmanse pale an lang epi pwofetize.

2. Daprè Travay 19:11, Kisa Bondye te fè atravè Pòl?
   R/ Anpil gwo mirak

3. Kilès moun ki te gad tanp Gran Atemiz ak pòtrè li ki desann soti nan syèl la?
   R/ Lavil Efèz.

4. Kimoun ki te di orevwa epi soti pou ale Masedwàn? (20:1)
   R/ Pòl.

5. Ki kote Pòl te pase twa mwa? (20:2-3)
   R/ Nan Lagrès.

6. Moun ki kote Sopatè ye? (20:4)
   R/ Nan lavil Bere.

7. Pou ki rezon ke Pòl te kontinye diskou li a jouska minwi? (20:7)
   R/ Paske li te genyen pou l te soti nan demen maten.

8. Ki kote Etik te chita? (20:9)
   R/ Nan fenèt la.

9. Daprè Travay 20:12, kòman yo te pote jèn gason an?
   R/ Vivan

KARYÈ PÒL LA - 1

Leson 16

PASAJ BIBLIK: Travay 20:13 - 21:16

VÈSÈ KLE: "Mwen pa pran lavi m' pou anyen, li pa gen okenn valè pou mwen. Men, mwen vle ale jouk nan bout nan sèvis mwen, mwen vle fini nèt ak travay Seyè Jezi ban mwen an, pou m' anonse bon nouvèl favè Bondye fè nou an" (Travay 20:24).

OBJEKTIF ANSÈYMAN AN SE Ede timoun yo:

1. Konprann ke Bondye te konfye nou travay pou pwoklame levanjil la.

KÒMANTÈ BIBLIK

Pòl te rete fidèl avèk levanjil la, menm si li te koute li chè.

Li te andire anpil soufrans pou li pwoklame verite Jezi a. Kèlkeswa kote li te ale, Pòl espere soufri akòz mesaj la.

Nan dènye egzòtasyon li yo ak legliz ki nan lavil Efèz la, Pòl te fè yo sonje egzanp li. Li te travay di pou satisfè bezwen pwòp tèt li yo. Li te egzòte Efezyen yo tou pou yo travay di, ede fèb yo epi pwoklame levanjil la. Li te raple yo pou yo pa chèche rekonpans monetè, men pito se rekonèt valè relasyon yo. Li Matye 5: 1-12 pou wè kijan kretyen yo eksperimante benediksyon Bondye yo.

Yon nan anpil karakteristik ki defini kretyen yo se sèvis li fas ak moun ki pòv yo nan sosyete a. Istwa ki nan liv Travay yo montre kòman kretyen yo te pataje lavi yo youn avèk lòt, menm avèk resous yo. Sa a se misyon ke Pòl te pwopoze moun lavil Efèz yo.

Pòl te dekri eprèv li yo kòm souvni de ke moun sa yo k'ap swiv Jezi, petèt fè fas ak gran soufrans.

Sentespri a se youn nan moun ki bay disip la kapasite pou l sipòte ak pèsevere.
Rapò Pòl la tou te ede nan rekonsilyasyon relasyon difisil avèk dirijan legliz nan Jerizalèm yo. Ministè nan mitan payen yo pat kontamine lafwa. Okontrè, pwoklamasyon mesaj la bay moun lòt nasyon yo te demontre gwo favè ak mizèrikòd nan Jezi. Bon nouvèl Jezi a se te ke Bondye toujou ap chèche fè tout limanite vin jwenn li. Nou patisipe nan misyon Bondye a lè nou pale sou Jezi avèk lòt moun.

PAWÒL KI GEN RAPÒ AVÈK LAFWA NOU YO

Gras — Tout sa Bondye fè pou nou, tankou lanmou li, mizèrikòd, padon ak pouvwa ki travay nan lavi nou. Bondye ban nou gras li libman paske li renmen nou, se pa paske nou merite li.

Egzòtasyon — Yon mesaj brèf ki kominike konsèy oswa rekòmandasyon jan. Travay gen ladan plizyè egzòtasyon Pòl nan fas ak legliz ke li te vizite yo.

AKTIVITE OUVÈTI A

Pou aktivite sa a, w ap bezwen bagay sa yo:

- Yon moso papye pou chak timoun
- Yon kreyon pou chak timoun

Avan klas la kòmanse, chwazi yon aktivite ke w toujou fè (pa egzanp : prepare w pou w ale nan travay, achte manje, planifye plizyè aktivite oubyen ede timoun yo avèk devwa yo).

Fè yon lis de etap ki kontinye ap reyalize pou aktivite sa.

Di nan klas la: Sa a se yon aktivite ke mwen fè regilyèman. Sa yo se etap sa yo mwen swiv pou fè aktivite sa a. Li lis ou a. Distribye papye ak kreyon yo. Mande timoun yo pou yo reflechi sou yon aktivite yo fè chak jou yo. Apre sa a, yo dwe fè yon lis etap ke yo swiv pou yo rive reyalize aktivite yo. Pèmèt kèk volontè li lis yo. Mande chak volontè:

Si w pa akonpli kèk etap, èske w ta kapab konplete aktivite a? Bay tan pou timoun yo kapab pale sou kesyon an. Li Travay 20:24. Di konsa: Pòl te deside pou reyalize aktivite oubyen ministè ke Bondye te ba li a.

Mande yon volontè pou l li Travay 13:46-47. Di yo konsa: Nan vèsè sa yo, Pòl te di jwif yo ke yo te refize mesaj ke li te ba yo osijè de Jezi a. Se poutèt sa, Bondye te voye Pòl al kote moun lòt nasyon yo, pou ke li te preche yo levanjil la. Pòl te bay lidè Efèz ak Jerizalèm yo rapò. Li te di yo ke li te vle konplete ministè ke Bondye te ba li a. Pòl te vwayaje nan anpil vil. Li te preche levanjil la epi kontinye direksyon Sentespri a.

Mete tan apa pou w priye avèk timoun yo. Mande Bondye pou li ede yo akonpli sa ke Li vle pou yo fè.

1. Pòl di orevwa nan Ti Lazi (20:13-38)

Nan pasaj sa a, Lik dekri ban nou yon adye emosyonèl nan vèsè 17-38, se la n ap jwenn adye Pòl la avèk lidè legliz Efèz yo, kote Pòl te pase twa zan.

Vèsè 22-24 yo ban nou yon lide de sa ki pral pase.

* Mande timoun yo pou yo li pasaj la epi reponn kesyon yo:

1. Kisa vèsè sa yo di nou de Pòl?

2. Kisa vèsè 34 la di de Pòl?

2. Nan direksyon lavil Jerizalèm (21:1-16)

Vèsè sa yo rakonte dènye kout fòs twazyèm vwayaj misyonè Pòl la. Vèsè 4 ak 10-12 se yon eko de yon bagay nou li nan seksyon anvan an. Ki sa li ye?

Li trè enpòtan ke nan seksyon sa a ou remake, kisa ki te reyaksyon Pòl nan pwofesi ke li te pral jwenn arestasyon li nan lavil Jerizalèm? (v. 13)

AKTIVITE KI SIGJERE YO

- Kontinye avèk lis mo ki genyen rapò avèk lafwa nou yo.

- Ajoute nan lis la, pèsonaj yo, lye ak objè yo ki parèt nan leson sa a.

- Reyalize jwèt yo ki genyen rapò avèk leson sa, katon ranpli.

KESYON YO

TRAVAY 20:13 - 21:16

1. Daprè Travay 20:19, Kòman Pòl te konn sèvi Seyè a?
R/ Avèk tout imilite ak anpil dlo nan zye.

2. Kilès moun ki te konn pwoklame plan Bondye yo san pèdi tan? (20:27)
R/ Pòl.

3. Kilès moun sa yo ki te di Pòl pou l pat monte Jerizalèm? (21:3-4)
R/ Disip yo ki te nan lavil (Ti).

4. Pitit fi kilè moun ki te pwofetize yo? (21:9)
R/ Pa Filip yo, evanjelis la

5. Kilè yon pwofèt ki rele Agabis moun peyi Jide te desann? (21:10).
R/ Aprè ke li te fin pase kèk jou nan Sezare.

6. Kisa Pòl te pare pou resevwa akoz de non Seyè Jezi? (20:13)
R/ Non sèlman pou li te tonbe anba kòd, men tou mouri nan lavil Jerizalèm.

7. Kimoun sa yo ki te mennen avèk yo youn ki rele Nazon? (21:16)
R/ Kèk nan disip ki nan Sezare yo

KARYÈ PÒL LA - 2

Leson 17

PASAJ BIBLIK: Travay 21:17 – 22:21

VÈSÈ KLE: "Ou pral sèvi l' temwen, ou pral fè tout moun konnen sa ou te wè ak sa ou te tande" (Travay 22:15).

OBJEKTIF ANSÈYMAN AN SE Ede timoun yo:

1. Konprann ke lè Bondye vle pou nou pale nan non li, li montre nou sa ke li vle pou nou di.

KÒMANTÈ BIBLIK

Tribinal Women an te prese pou yo sispann dezòd la. Li te bay lòd pou sòlda li yo arete Pòl epi kenbe l ak de chenn. Li te fè sa pou pwoteje l. Se te twazyèm fwa Otorite yo te ede Pòl; nou wè youn nan premye a nan 18: 12-17 ak dezyèm lan nan 19: 23-41. Okazyon sa yo te ede prezève e gaye levanjil la.

Pòl te mande tribinal la pèmisyon pou pale ak pèp la. Avèk konsantman li, Pòl te pale foul la pou l eksplike aksyon li yo.

Pòl te rele yo "frè ak sè" nan pwòp lang ebre yo. Tande sa langaj fanmi an te fè yo mete atansyon yo. Pòl te bay temwayaj sou fanmi l, tradisyon l ak eritaj kiltirèl li. Li te idantifye tèt li kòm yon jwif. Li te pwouve tèt li yon oratè kredib pa konesans li nan lwa jwif ak koutim yo.

Li klè, li pa t rejte enkyetid moun yo kòm yon bagay ensiyifyan. Li te eseye etabli yon koneksyon avèk yo ki baze sou lang manman yo, edikasyon komen yo epi lefèt ke, li tankou yo, li te yon zèlòt relijye. Pòl te konprann jalouzi ke yo te montre paske li te konn pèsekite kretyen yo avan li te konvèti. Diferans la li te montre foul la te ke yo te fè jalouzi nan lwa a, men kounye a li te fè jalouzi nan Bondye. Pòl te eseye eksplike yo ke lè li te vin yon disip Kris la, li pa t abandone Jidayis.

Nouvo lafwa li a te mennen l swiv Bondye Jidayis kòm youn ki vle atenn moun lòt nasyon yo tou. Yon fwa ankò Pòl defann aksyon l yo. Se pa t entansyon li pou l te etann favè Bondye pou moun lòt nasyon yo, men se Bondye menm. Eksplikasyon sa a pa t apeze foul moun yo. Okontrè, yo te twouble lè Pòl te

di ke sa a se te inisyativ Bondye. Foul moun yo te vle touye Pòl, se konsa yo te eseye pwouve ke li te komèt peche a nan pale mal sou Bondye: yo pale de Bondye inapwopriye. Dapre fason li te panse, li te enposib pou konsidere favè Bondye a pou pèp Izrayèl la pa t eksklizif. Pawòl Bondye a ak aksyon yo, si wi ou non yo te soti nan Bondye, yo ta detwi konsèp yo nan Bondye ak relasyon yo avèk li. Yo te fache sou Pòl, men si Pòl te di verite a, yo ta pito fache kont Bondye.

Se te yon sitiyasyon yo pa t kapab aksepte. Sèl lòt opsyon yo se te rekonèt ke Bondye aksepte moun lòt nasyon yo epi soumèt anba volonte li.

Tribinal la te bay lòd pou sòlda yo bat Pòl. Men, lè li te idantifye tèt li kòm yon sitwayen Women, tribinal la te sezi epi sispann pinisyon an. Li te ilegal pou yo te fwete yon sitwayen Women ki pat kondane. Daprè lalwa Women an, tout sitwayen Women yo te eskli nan tout kalite pinisyon imilyan, tankou fwete oswa krisifiksyon.

Pòl montre nou ke temwanyaj la pa konplike. Nou rakonte istwa a jan nou te ye avan ke Bondye te delivre nou. Apre sa, nou ka pale sou diferans Bondye te fè nan lavi nou. Bondye te bay Pòl kouraj pou rakonte istwa delivrans li. Malgre ke foul la te rejte mesaj Pòl la, Bondye te ba l kouraj pou l pale e pou l anseye sa l te di a. Bondye ap fè menm bagay la pou nou lè nou rakonte istwa nou bay lòt moun.

PAWÒL KI GEN RAPÒ AVÈK LAFWA NOU YO

Fwete — Kale byen sevè avèk yon rigwaz. Rigwaz la se yon fwèt ki fèt ak kwi yon metal ki mare nan pwent li yo.

Zelòt — Manm yon gwoup patriyotik jwif yo nan peyi Jide pandan moman legliz primitiv la. Yo te vle detwi gouvènman Women an. Yo te opoze ak gouvènman Women an ak tout fòs yo.

Temwaye — Pale osijè de yon bagay. Moun yo mete konfyans yo nan Li, ki se Pitit Bondye epi vle vin Sovè nou. Bay temwayaj se lè kretyen yo te pale de eksperyans yo avèk Bondye.

Pou aktivite sa a, w ap bezwen bagay sa yo:

- Papye pou chak timoun
- Kote yo t'ap viv, etidye ak travay. Kreyon pou chak timoun
- Tablo ak kreyon oubyen tablo blan ak makè

Avan dewoulman klas la, ekri fotografi w nan yon fason ki brèf.

Fòk genyen kote w te fèt la, enfòmasyon sou fanmi ou, si w genyen yon foto lè w te piti, pote li pou w montre klas la. Ekri eksperyans ke ou te fè avèk legliz la: ak ki laj ou te kòmanse asiste legliz la, konvèsyon ou avèk moman ki plis enpòtan nan lavi espirityèl ou.

Ekri tèm sa yo nan tablo a: nesans, kote ou t'ap viv, fanmi, etid, travay, pastan, legliz. Di nan klas la: Yon biyografi se istwa lavi yon moun. Yon biyografi genyen enfòmasyon ke nou wè nan tablo a epi petèt kèk lòt tèm ankò. Sa a se yon biyografi tou kout sou lavi mwen. Li biyografi w la.

Si gen tan, mande timoun yo pou yo ekri enfòmasyon yo a osijè de chak tèm ki ekri nan tablo a. Si yo pa genyen ase tan, mande pou kèk volontè kanpe debou epi pale byen brèf de chak tèm.

Di konsa: Nan leson sa a, nou wè ke Pòl te genyen opòtinite pou temwaye bay lòt moun. Li te bay temwayaj lè li te rakonte istwa lavi li avèk istwa lavi espirityèl li. Li te rakonte yo kòman li te rive vin disip Jezi.

Nou menm tou, nou kapab temwaye bay lòt moun lè yo pale yo de istwa yo avèk lanmou yo pou Jezi.

LESON BIBLIK

1. Ou enkoni nan vil la? Ou anba arestasyon! (21:17-36)

Lè Pòl te rive nan lavil Jerizalèm, men kote a li te bay rapò sou kòman sa te ye nan dènye vwayaj li a. Lidè legliz yo te fè lwanj pou Bondye pou siksè Pòl, men menm kote a yo te rakonte li yon pwoblèm ki te rive: te genyen rimè ki te fè kwè ke Pòl t'ap ankouraje jwif ki kretyen yo pou yo te inyore lalwa ak tradisyon jwif yo.

* Li premye pati pasaj sa pou timoun yo (v. 17-26) epi reponn kesyon sa yo:

1. Èske rimè yo se te verite?

2. Kisa lidè yo te konseye li pou l te fè?

3. Pou kisa w kwè ke Pòl te dakò aksepte rit pirifikasyon an, malgre li te inosan?

4. Konbyen enpòtans ke sa genyen pou nou aksepte moun sa yo ki andedan legliz la ki genyen panse yo diferan ak pa nou yo?

Dezyèm pòsyon pasaj sa a revele ke plan gran konsèy sa a pat fonksyone; aprè ke kèk jwif nan Lazi (pwobableman nan Efèz) te wè Pòl, yo te deklannche yon gwo boulvès.

* Li vèsè 27-36 epi reponn kesyon sa yo:

1. Pinisyon akoz ke moun lòt nasyon yo te rive antre bab tanp lan se te lanmò-èske Pòl te koupab pou akizasyon sa?

2. Pou kisa w kwè ke jwif yo te tèlman fache kont Pòl?

3. Menm si Lik te pale de sa byen brèf, piga w bliye vyolans kont Pòl yo nan vèsè 30-31. Si se pat gras ak sòlda women yo, yo t'ap touye li anba kou. Kisa w kwè Pòl te panse lè ke tout bagay sa yo t'ap pase?

2. Fas ak foul la (21:37-22:21)

Lè sòlda yo te jwenn Pòl nan mitan foul la, li te fè yo yon siy pou mande yo pèmisyon pou l pale avèk moun ki te prèske touye li yo.

Pòl te pale avèk gran chèf women an nan lang grèk, nan lang sòlda a, men li te pale ak foul moun yo nan lang arameyen, pwòp lang pa yo a. Kisa nou kapab jwenn nan sa?

Nan chapit 22:3, Pòl te fè foul la konnen ke se Gamalyèl ki te antrenè li. Èske w sonje non sa? Revize Travay 5 :34-39. Kisa w panse ke Pòl te aprann de antrenè li a?

Nan chapit 22 :4-16, Lik rakonte istwa konvèsyon Pòl, yon istwa ke li rakonte nou nan chapit 9 la, pou kisa w kwè ke li rakonte nou istwa a ankò?

Vèsè 21 an rakonte nou dènye bagay ke Pòl te kapab di foul la avan ke yo te anpeche li. Lè n ap gade fason ke Pòl te pran defans tèt li, kisa w kwè ke li ta pral di?

AKTIVITE KI SIGJERE YO

- Kontinye avèk lis mo ki genyen rapò avèk lafwa nou yo.

- Ajoute nan lis la, pèsonaj yo, lye ak objè yo ki parèt nan leson sa a.

- Mete plizyè papye tou 47oublé nan sal la avèk anpil mo tankou:
Fanmi, zanmi fi, zanmi gason, vwazen, vwazin, elatriye., epi mande timoun yo pou yo mete li sou yon papye, apre sa, mande pou yo leve li epi li sa l di a.

Di yo konsa ke Pòl te toujou pwofite okazyon yo pou l pale de Jezi, kounye a, timoun yo dwe di non yon fanmi, zanmi gason, zanmi fi, vwazen, vwazin, elatriye., ke yo pral pale de Jezi.

KESYON YO

TRAVAY 21:17 – 22:21

1. Kilès moun sa yo ki te louwe Bondye pou sa ke li te fè nan mitan moun lòt nasyon yo? (21:20)
R/ Jak avèk tout lòt ansyen yo.

2. Daprè Travay 21:23, kisa kat mesyon yo gen obligasyon pou yo te akonpli?
R/ Ve.

3. Daprè Travay 21:26, ki kote Pòl te antre pou anonse dat kote dat pirifikasyon an ta gen pou li echi?
R/ Nan tanp lan.

4. Kisa Pòl te wè nan tanp lan lè sèt jou yo te prèske rive nan bout yo?
R/ Kèk Jwif ki soti nan Lazi.

5. Ki kote Pòl te fèt? (22:3)
R/ Nan Tas peyi Silisi.

6. Kilès moun sa yo ke Pòl te konn arete epi mete yo nan prizon? (22:4)
R/ Ni fanm, ni gason menm jan.

7. Daprè Travay 22:7, ki kote Pòl te priye?
R/ Nan tanp lan (nan lavil Jerizalèm).

8. Daprè Travay 22:21, Kisa Seyè a te reponn Pòl?
R/ "Ale; mwen pral voye ou byen lwen, kote moun lòt nasyon yo".

SÈMAN A MÒ

Leson 18

PASAJ BIBLIK: Travay 22:22 – 23:35

VÈSÈ KLE: "Jou lannwit sa a, Pòl wè Seyè a ki di li: "Kouraj! Menm jan ou kanpe bay verite a pou mwen isit la lavil Jerizalèm, se konsa tou ou gen pou ou al kanpe bay verite a pou mwen lavil Wòm" (Travay 23:11).

OBJEKTIF ANSÈYMAN AN SE Ede timoun yo:

1. Mete konfyans yo nan Bondye malgre anpil difikilte, li pwoteje ak libere nou.

KÒMANTÈ BIBLIK

Yon lòt fwa ankò, Pòl tonbe nan pwoblèm epi Bondye te delivre li. Tribinal nan lavil Jerizalèm nan te reyini konsèy la pou detèmine pou kisa jwif yo te opoze ak predikasyon Pòl la.

Sa a te di ke li te obeyi Bondye lè li t'ap preche sou rezireksyon moun ki mouri yo. Byen move, gran prèt la te bay lòd pou moun ki te bò kote Pòl yo te bat li. Sa te bay Pòl opòtinite pou demontre konesans li sou lalwa. Aprè sa, li te revele pozisyon li kòm farizyen ak kwayans nan rezireksyon li.

Farizyen ak sadiseyen yo te rival politik ak relijye. Sadiseyen yo pat kwè nan rezireksyon, zanj ak espri yo, men, farizyen yo te kwè ladan yo. Tou de gwoup sa yo te anvi atire atansyon pèp jwif la. Byen souvan, se plis pozisyon yo ak genyen rezon ki te plis enterese yo nan plas apwobasyon Bondye. Sa te benefisye Pòl, deja ke gwo diskisyon an te lakò ke tribinal la te mennen Pòl ale yon kote pou li te kapab an sekirite.

Nan demen swa, Seyè a te vizite Pòl epi li te di li pa dekouraje. Pòl ta ale nan lavil Wòm, capital anpi a, pou temwaye sou Jezi. Pòl te resevwa kouraj epi li te sonje ke Bondye fè sa li vle, menm nan sikonstans difisil yo. Nan Jerizalèm, lavi Pòl te an danje. Neve li a te revele yon konplo fas ak otorite women yo. Genyen kèk jwif ki planifye touye Pòl. Tribinal la te koute neve Pòl la epi, kòm li te kwè ke li te inosan, li te pran kèk mezi pou pwoteje li. Yo te sove lavi Pòl epi li te kapab kontinye pwoklame levanjil la.

PAWÒL KI GEN RAPÒ AVÈK LAFWA NOU YO

Souveren — Vin souveren an vle di genyen pouvwa pou gouvène san limit. Bondye souveren. Pouvwa li pou gouvène pa genyen okenn limit, sèlman lè li chwazi limite l nan li menm.

AKTIVITE OUVÈTI A

Pou aktivite sa a, w ap bezwen bagay sa yo:

- Plizyè moso papye
- Plim oubyen kreyon
- Tablo ak lakrè oubyen tablo blan oswa makè

Depi avan klas la kòmanse, ekri chak pati de mòso papye sa yo separe:

> - Jonas/ yon gwo pwason
> - Izrayelit yo / lanmè Wouj/
> - Twa jèn ebre yo/ founèz dife a
> - Davit/ Golyat
> - Eli/ pwofèt Baal sou mòn Kamèl la
> - Jozèf/ prizon

Si timoun yo pa konnen istwa sa yo, chwazi plizyè lòt moun ki pou pale de plizyè moun ki fidèl nan sitiyasyon difisil yo. Ekri vèsè pou aprann yo nan tablo a. Nan klas la, di konsa: Bib la pale de anpil moun ke Bondye te delivre nan mitan sitiyasyon difisil yo. Distribye plizyè papye ki genyen non anpil moun ak sitiyasyon difisil.

Mande timoun yo pou yo jwenn moun ki genyen papye ki gen pou wè avèk pa yo a. Lè yo fin jwenn patnè ki kòrèk la, mande pou ke yo de a li ansanm pawòl ki nan Travay 23 :11. Lè tout pè yo fin parèt, mande klas la pou ke yo li Travay 23:11 ansanm.

Di konsa: Bondye toujou pwoteje nou jodi a. Li ede nou lè n'ap pase pa sitiyasyon difisil. Nou kapab priye epi mande Bondye sekou li. Mande timoun yo si yo konnen yon moun k'ap pase pa yon sitiyasyon difisil. Petèt ke youn nan yo oubyen youn nan fanmi an ap fè fas ak maladi oubyen yon trajedi. Mete tan apa priye pou sitiyasyon sa yo.

LESON BIBLIK

1. Se pou jijman an kòmanse (22:22-23:11)

Kòm Izrayèl nan epòk sa te yon teritwa okipe, li te genyen yon doub sistèm jistis. Izrayèl menm te yon teyokrasi (yon peyi ki gouvène pa Bondye epi lidè relijye yo) te depann de yon sistèm ki te dirije pa

Sanedren oubyen Gran Konsèy la, "Tribinal siprèm" jidayis la.

Men, pouvwa Konsèy la te limite akoz de gouvènman women an. Pa egzanp, li pat kapab enpoze li legalman pinisyon lanmò ni egzekite li. Vrè pouvwa nan peyi Izrayèl te plase nan lame women an avèk sistèm jistis women an.

Aprè yo te fin arete Pòl li te nan prizon sou gouvènman Women an. Men, kòm akizasyon yo te nan yon nati relijye, se pat sivil, premye etap la te yon aparans devan Konsèy la oswa Sanedren an.

Avan Pòl te parèt devan Sanedren an, kòmandan women an te deside poze li kesyon avèk kout rigwaz. Men, avan li te kòmanse tòtire l, Pòl te di sòlda a ke li te yon sitwayen women. Kale yon sitwayen women te ilegal. Èske Pòl te enfòme sòlda a sou sitwayènte li pou l te pè? Si non, ki sa ki ta rezon an?

Konpòtman Pòl devan Gran Konsèy la te bay save yo anpil doulè tèt. Premyeman, li te fè referans ak gwoup la kòm "paran avèk frè yo" (22:1). Sa ta kapab konsidere kòm yon mank de respè nan epòk sa a. Pou kisa w kwè ke Pòl te fè sa?, Repons ke Pòl te bay Gran Prèt la (v.3) di anpil. Pou ki rezon ke Pòl te reponn nan fason sa? (v. 4-5).

Youn nan pi gwo rezon dezakò ant sadiseyen ak farizyen yo (tou de gwoup yo ki konfòme Konsèy la) se te rezireksyon mò yo. Sadiseyen yo te kwè ke lè yon moun te fin mouri, se te tout bagay la sa. Men, farizyen yo te kwè nan rezireksyon ak lavi aprè lanmò. Genyen anpil nan yo ki kwè ke lè Pòl te site tèm rezireksyon an sensèman li t'ap eseye mete yon divizyon nan atansyon Konsèy la. Èske w kwè ke se sa li t'ap eseye fè?

2. Dram nan mare (23:12-35)

Menm si Pòl te anba kontwòl women yo, jwif yo te toujou krent yon bagay.

* Li sesyon sa ansanm avèk timoun yo epi reponn kesyon sa yo:

1. Pou kisa w kwè ke 40 mesye yo (v. 12-13) te tèlman deside touye Pòl?

2. Èske w kwè ke lefèt ke neve Pòl la te nan lavil Jerizalèm epi pa chans li te aprann de konplo a se te aza oubyen travay Bondye?

3. Chèf gouvènman women an nan peyi Izrayèl te nan Sezare, ak yon ti kras anplis de 96 kilomèt de Jerizalèm. Kòmandan women an, li menm ki te byen konnen dosye a, li te voye Pòl lòtbò a pou ke li te konprann ka a.

Li lèt ke Feliks gouvènè women an te voye, nan vèsè 26-30. Èske li te rakonte sòlda a tout verite a?

- Kontinye avèk lis mo ki genyen rapò avèk lafwa nou yo.

- Ajoute nan lis la, pèsonaj yo, lye ak objè yo ki parèt nan leson sa a.

- Reyalize jwèt yo ki genyen rapò avèk leson sa, Ede misyonè yo.

KESYON YO

TRAVAY 22:22 – 23:35

1. Kisa ke Pòl te genyen depi tou piti? (22:25-28)
   R/ Nasyonalite women an.

2. Kisa Pòl te fè avèk tout bon konsyans li? (23:1)
   R/ Li te byen aji devan Bondye rive jouk jodi a.

3. Kimoun ki te bay lòd ak moun ki te ansanm li yo pou yo te bat Pòl nan bouch? (23:2)
   R/ Gran prèt la, Ananyas.

4. Daprè Travay 23:6, kisa ke Pòl te konnen?
   R/ Ke genyen yon pati nan konsèy la ki te sadiseyen epi lòt la se te farizyen.

5. Dapre Travay 23:13, konbyen gason ki te enplike nan konplo a?
   R/ Plis pase karant.

6. Ki kote pitit sè Pòl la te antre lè li te tande pale de konplo a? (23:16)
   R/ Nan gadavia (epi fè Pòl konn sa).

7. Ki kote kòmandan Klòd Lisiyis te voye Pòl akonpanye de yon santinèl detachman? (23:23-35)
   R/nan Sezare, avèk gouvènè Feliks.

TEMWAYAJ VIVAN PÒL LA

Leson 19

PASAJ BIBLIK: Travay 24, 25, 26

VÈSÈ KLE: "Se konsa m'ap fè posib mwen pou m' toujou kenbe konsyans mwen san repwòch devan Bondye ak devan moun." (Travay 24:16)

OBJEKTIF ANSÈYMAN AN SE Ede timoun yo:

1. Bay temwayaj de travay Bondye a nan lavi li.

2. Konprann enpòtans pou genyen yon konsyans ki pwòp.

KÒMANTÈ BIBLIK

Festis te gouvènè Women nan peyi Jide ak administre lwa Women an. Depi li te asiyen, Festis te mande èd Agripa, wa Rene Berenis, sè Agripa, pou l te bay yon rapò serye sou Pòl bay Seza. Festis te atann libere tèt li de responsablite li lè li te fè apèl kont Agripa.

Temwayaj Pòl la devan wa Agripa te genyen landan li deklarasyon Jezi a (sou wout Damas la) : "W'ap fè tèt ou mal lè w'ap voye pye konsa tankou yon chwal k'ap voye pye lè mèt li ap bat li" (26:14). Gadò mouton yo te konn itilize bwa ki genyen pwent yo byen file ki te pote non zepon, pou dirije bèt yo nan direksyon kòrèk la. Se sa ki fè ke Pòl te pale de rezistans initil. Bèt ki te fè rezistans lan te fini pa fè tèt li mal. Fas ak konvèsasyon sa, Pòl te goumen kont Bondye. Li te rekonèt ke reyèlman se te pou echèk li li te goumen kont Bondye a. Li te chanje fason li t'ap panse epi kòmanse sèvi Jezi olye pou l te pèsekite li.

Lè Festis te sispann diskou Pòl la nan chapit 26:24, sa te ede nan mete aksan sou dènye pwen Pòl la: rezireksyon Jezi a. Esperans nan rezireksyon an se sa ki te enspire Pòl pou preche Bon Nouvèl la bay moun lòt nasyon yo, li menm ki boulvèse tradisyon jwif ki etabli a. Festis te panse ke kwayans Pòl la nan rezireksyon an se te yon foli.

Agripa te wè ke konfli Pòl avèk jwif yo te relijye, lwen de tout dosye legal lavil Wòm. Pòl te fè plent pou ka li a devan anperè women an. Okontrè, Agripa ak Festis ta kapab libere yo.

Vwayaj Pòl la te prèske fini. Li te kòmanse nan lavil Jerizalèm epi pwoklame levanjil la nan tout pwovens peyi Jide a. Nan chemen an, li te rakonte devan wa avèk anperè a istwa a. Aprè yon bon bout tan, li te rive preche nan lavil Wòm nan, sant mond ansyen an, epi aprè sa, jous nan dènye bouy latè.

PAWÒL KI GEN RAPÒ AVÈK LAFWA NOU YO

Jide — Patri izrayelit yo. Yon ti kras tan avan Jezi, women yo te antre pran ak fè tèritwa sa vin pou yo.

AKTIVITE OUVÈTI A

Pou aktivite sa a, w ap bezwen bagay sa yo:

* Tablo ak lakrè oubyen tablo blan ak makè

Avan klas la kòmanse, ekri pawòl ki nan Travay 4:20 nan tablo a. Ekri fraz sa tou: "Mwen prale nan lavil Wòm epi mwen prale _____."

Di nan klas la: Nan leson jodi a, Pòl te pale avèk wa Agripa. Agripa te wè ke Pòl pat vyole lalwa women yo. Sepandan, Pòl te rive devan Seza. Se konsa ke li te dwe ale nan lavil Wòm, kapital gouvènman an, pou prezante ka li a la menm.

Ann fè yon vwayaj jwèt. Panse ak sa ke nou ta pote si nou ta gen pou nou ta vwayaje pou ale nan yon gwo vil tankou Wòm. Yo chak ap di konsa: "Mwen prale lavil Wòm epi m'ap pote_____. Mari prale lavil Wòm epi l'ap pote_____. Jan prale lavil Wòm epi l'ap pote_____".

Lòt vèsyon jwèt la prezante yon pi gwo defi. Premye moun nan di: "Mwen prale lavil Wòm epi m'ap pote_____". Dezyèm nan di konsa: "(non premye timoun nan) prale lavil Wòm epi l'ap pote_____. Mwen prale lavil Wòm epi m'ap pote_____". Twazyèm timoun nan ap repete non ak objè de premye yo, epi aprè a, l'ap di non pa li ak non objè li yo. Dènye timoun nan ap repete non yo tout ak tout objè yo. Di konsa: Nenpòt kote nou ale—menm si se lavil Wòm oubyen nenpòt lòt kote—Bondye vle pou nou pale avèk lòt yo osijè de lanmou li ak Pitit li a, Jezi. Li Travay 4:20 ansanm.

LESON BIBLIK

1. Jijman devan Feliks la (24:1-27)

Aprè ke Pòl te fin pase senk jou nan Sezare, finalman, lidè jwif yo te rive avèk yon avoka. San dout, yo te deja prepare ka yo a depi davans. Li chapit sa a epi reponn kesyon sa yo:

1. Ki kalite akizasyon Tètilis ki se Avoka a te prezante kont Pòl?

2. Kòman Pòl te reponn akizasyon yo?

3. Asireman, Feliks te deja konnen ke Pòl te inosan, men li pat vle tonbe nan pwoblèm avèk lidè jwif yo. Avèk ki pretèks li te fini jijman an?

4. Kisa ki te rezilta reyinyon prive Feliks la avèk madanm li, Drisil, avèk Pòl?

2. Jijman devan Festis la (25:1-12)

Nan dènye vèsè chapit 24 la, nou wè ke Pòl te rete nan prizon pandan de zan jouskaske Feliks te vin ranplase pa Festis kòm gouvènè. Kòm Festis te rive sou sèn nan tèlman sanzatann, lidè jwif yo te ba li presyon pou l te fè yon bagay avèk Pòl.

* Li vèsè sa yo epi reponn kesyon sa yo:

1. Pou ki rezon ou kwè ke jouskaprezan, lidè jwif yo te toujou anvi touye Pòl menm aprè dezan yo?

2. Pou kisa Pòl pat vle al jije lavil Jerizalèm?

3. Vèsè 11 ak 12 se twa egzanp yo mansyone. Li 23:11 yon lòt fwa ankò. Kòman plan Bondye a ap devlope?

3. Festis leve nivo a (25:13-27)

Kèk jou aprè, chèf Festis la, wa Agripa te rive nan Sezare. Se klè ke Festis pat konnen kisa ke li te dwe fè avèk dosye Pòl la, li te deside diskite dosye a avèk Agripa.

* Li vèsè sa yo epi reponn kesyon sa yo:

1. Pou kisa w kwè ke otorite women yo te tèlman gen pwoblèm yo pou deside kisa ke li te dwe fè avèk Pòl?

2. Èske w kwè ke Festis te rezime ka Pòl la devan Agripa avèk jistis?

3. Pou kisa Festis te mennen Pòl devan Agripa?

4. Jijman devan Agripa a (26:1-32)

Yon lòt fwa ankò, yo te mande Pòl pou ke li te reponn akizasyon ke yo te prezante kont li yo, fwa sa a se devan wa Agripa.

* Li vèsè yo epi reponn kesyon yo:

1. Pou kisa Festis te entèwonp Pòl?

2. Èske w kwè ke te genyen kèk opòtinite pou Pòl te konvenk wa Agripa pou l vin kretyen?

3. Agripa te di Festis konsa: "Nonm sa a ta kapab jwenn libète li si l pa ta fè plent pou anperè a" (v. 32).

Genyen kèk save ki kwè ke Pòl te komèt yon erè lè li te fè plent sa. E ou mènm, kisa w kwè?

AKTIVITE KI SIGJERE YO

- Kontinye avèk lis mo ki genyen rapò avèk lafwa nou yo.

- Ajoute nan lis la, pèsonaj yo, lye ak objè yo ki parèt nan leson sa a.

- Reyalize jwèt yo ki genyen rapò avèk leson sa, di m pèsonaj la, dènye lè.

KESYON YO

TRAVAY 24, 25, 26

1. Kisa Tètilis te mande Feliks? (24:4)
R/ Pou li te tande li avèk bonte ki karakterize li.

2. Daprè Tètilis, kilès moun ki te chèf gwoup Nazareyen yo? (24:5)
R/ Pòl.

3. Daprè Travay 24:6, Kisa ki te tante sal imaj Pòl?
R/ Tanp lan.

4. Daprè Travay 25:2, kilès moun sa a ki te prezante akizasyon yo kont Pòl?
R/ Chèf prèt yo ak jwif ki plis enfliyan yo.

5. Kisa ke Pòl pat komèt kont lalwa jwif yo? (25:8)
R/ Okenn fot.

6. Kilès moun ki te bay Pòl pèmisyon pou l te defann tèt li? (26:1)
R/ Agripa.

7. Daprè Travay 26:27, Kisa Pòl te reponn li?
R/ Agripa te kwè nan pwofèt yo.

LAFWA NAN MITAN TOUMANT

Leson 20

PASAJ BIBLIK: Travay 27 – 28:1

VÈSÈ KLE: "Yè oswa, Bondye m'ap sèvi a, li menm ki mèt mwen, li voye yon zanj li bò kote m, li di mwen: "Pa pè, Pòl. Fòk ou konparèt devan Seza" (Travay 27:23-24a).

OBJEKTIF ANSÈYMAN AN SE Ede timoun yo:

1. Bondye vle pou nou mete espwa nou nan li.

2. Konprann ke ewo istwa sa a se Bondye.

KÒMANTÈ BIBLIK

Istwa vwayaj atravè lanmè Pòl te fè nan lavil Wòm nan sanble ak anpil lòt nan literati grèk la. Se rezilta obeyisans ak soumisyon, kontrèman ak vwayaj Jonas la nan Ansyen Testaman an. Dezobeyisans Jonas la te mete lavi tout moun ki te nan bato a an danje. Obeyisans Pòl la te sove lavi kanmarad li yo.

Fòs lanati a, pi wo pase kapasite maren yo te lakòz anpil domaj nan kannòt la. Akoz de tanpèt la, yo pat genyen gid zetwal yo oubyen solèy la pou yo navige. Maren yo te eseye plis pase kat fwa pou yo te sove kannòt la. Premyeman, yo te ranmase bak la. Dezyèmman, yo te itilize ranfòsman pou mare kannòt la. Apre yo te fin ouvri vwal yo. Finalman, yo te lage chay yo nan dlo. Maren yo te pèdi tout espwa.

Pòl te ankouraje kanmarad li yo pandan li t'ap rakonte yo mesaj zanj lan, ke okenn nan yo pa t'ap mouri. Li te montre anpil lafwa lè li te pwoklame pwofesi zanj lan bay ekipaj la. Pòl ankouraje kanmarad li yo pandan kòlè tanpèt la. Li ankouraje yo konnen ke Bondye ka ban nou lapè lè nou fè eksperyans difisil nan lavi.

PAWÒL KI GEN RAPÒ AVÈK LAFWA NOU YO

Zanj — Yon mesaje sinatirèl ki soti nan Bondye.

AKTIVITE OUVÈTI A

Pou aktivite sa a, w ap bezwen bagay sa yo:

- Yon granmoun ki pou rakonte istwa nofraj la nan fòm teyat.

- Bann adezif papye pou kreye imaj yon gwo kannòt atè a.

- Kèk kalite boutèy pou wouze timoun yo avèk dlo pandan tanpèt la.

- Yon vantilatè pou kreye kèk van

Avan klas la, itilize bann adezif la pou w fè gwo kannòt la atè a. Fè li gwo ase pou ke tout klas la kapab chita andedan li. Mande pou yon granmoun rakonte istwa nofraj la nan fòm teyat. Mande pou yon moun pare pou limen vantilatè a yon fason pou li kreye van toumant lan. Mande li pou l voye ti rizyè dlo anlè tou pou li sanble ak lapli.

Di nan klas la: Mwen envite nou fè yon pa nan kannòt mwen an, epi men kapitèn nou an la. Prezante volontè a.

Ebyen, l'ap mande pou timoun yo monte nan kannòt la. Aprè sa, l ap rakonte istwa Pòl la ak nofraj la. Sipòtè a ap limen vantilatè a epi wouze ak dlo nan moman apwopriye nan istwa a. Aprè istwa a, di volontè yo mèsi.

Di konsa: Bondye te vle pou ke Pòl te ale nan lavil Wòm. Bondye te bay Pòl espwa pandan tanpèt la. Aprè sa, Pòl te bay maren yo espwa. Mesye sa a yo te fè tout sa ke yo te kapab pou yo te sove kannòt la epi sove tèt yo, sof mande Bondye sekou. Pòl te ede maren yo konnen moun sa a ki se vrè sous esperans lan. Bondye te sove lavi Pòl ak lavi tout moun ki te andedan kannòt la. Bondye kontinye ap bay moun ki nan sitiyasyon difisil yo esperans jouk jounen jodi a.

LESON BIBLIK

1. Pòl pati pou lavil Wòm (27:1-12)

Finalman, vwayaj pou mennen Pòl ale nan lavil Wòm nan te pare. Li menm ansanm avèk lòt prizonye yo te anba siveyans sòlda women sa ki te rele Jiliyis. Vwayaj la te plen avèk pwoblèm depi nan kòmansman paske yo te pati nan mitan ane a, avèk livè a prèske depase. Pandan ke w'ap li la a, mete nan tèt ou ke evènman sa a yo te pase depi de mil ane, fas ak nenpòt ekip navigasyon modèn, san ekip ki pou bay pwonostik tan an epi san chèche lanmè segondè. Gwoup la te vwayaje nan yon kannòt an bwa, dirije pa zetwal yo epi k'ap resevwa pousad van an.

* Li vèsè sa yo epi reponn kesyon sa yo:

1. Kisa vèsè 3 di nou sou kòmandan women Jiliyis?

2. Li enteresan ke li pwobab ke Pòl te vwayajè ki te genyen plis eksperyans nan kannòt sa. Èske w kwè ke avètisman li a nan vèsè 10 la se rezilta direksyon ki soti nan Bondye oubyen nan konesans lòm li?

2. Yon vwayaj tèt chaje (27:13—28:10)

Nan Bon Pò yo, kote yo te rive a epi Pòl te ankouraje pou pase livè a, kannòt la te pati pou yon lòt pò nan menm zile Krèt la. Sepandan, yon toumant te pote yo ale andedan. Lik ekri evènman sa yo kòm temwen okilè (obsève ke kòm rakontè kounye a li itilize "nou").

* Li pasaj la epi reponn kesyon sa yo:

1. Lè sitiyasyon an vin byen serye epi pasaje yo te pèdi tout espwa pou yo sove (v. 20), Pòl te kòmanse pran kontwòl operasyon kannòt la. Nan vèsè 21 an, apot la te fè yo sonje ke yo pa t'ap nan sitiyasyon sa a si yo te koute konsèy Bon Pò yo. Pou kisa w kwè li te fè sa?

2. Gade fraz Pòl la ki nan vèsè 23 byen: "pou moun mwen ye ak moun m'ap sèvi a". Kisa sa vle di nou sou Pòl?

3. Pou kisa w kwè ke sòlda women yo te swiv lòd Pòl la nan vèsè 31 an?

4. Nan vèsè 42-43, nou li ke Jiliyis te padone lavi prizonye yo pou sove lavi Pòl. Pou kisa ke li ta fè sa?

5. Nan kisa estans Pòl la nan lis nan lavil Malta sanble ak vwayaj misyonè li te fè avan yo?

AKTIVITE KI SIGJERE YO

* Kontinye avèk lis mo ki genyen rapò avèk lafwa nou yo.

* Ajoute nan lis la, pèsonaj yo, lye ak objè yo ki parèt nan leson sa a.

* Reyalize jwèt yo ki genyen rapò avèk leson sa, di m pèsonaj la, Jewografi biblik, kòf souvni, katon ranpli, eklatman, nofraj la, reponn epi desine, di li avèk jès, dramatizasyon ak dènye lè.

KESYON YO

TRAVAY 27 – 28:1

1. Kilès moun ki te fè pati gwoup sòlda gouvènman an? (27:1)
   R/ Yon chèf R/r ele Jiliyis.

2. Kisa Jiliyis te pèmèt nan Sidon avèk anpil lanmou? (27:3)
   R/ Pou ke Pòl t'al vizite zanmi li yo pou yo te pran swen li.

3. Ki kote kannòt Aleksandri a ta prale? (27:6)
   R/ Nan peyi Itali.

4. Daprè Travay 27:12, Ki kote yo te vle pase livè a?
   R/ Nan lavil Fenisi.

5. Avèk kisa yo te mare kaskèt kannòt la pou ranfòse li? (27:17)
   R/ Avèk kòd.

6. Pou kisa Pòl avèk tout lòt pasaje yo te pèdi espwa pou sove lavi yo? (27:20)
   R/ Paske yo te pase anpil jou san solèy la pat leve, ni zetwal, epi tanpèt la kontinye ap fè laray.

7. Konbyen nwit yo te pase sou lanmè Adriyatik la? (27:27)
   R/ Katòz.

8. Kisa ki te pase aprè ke Pòl te fin pran pen an, li te di Bondye mèsi, i te kase li epi kòmanse manje? (27:35)
   R/ Yo tout te pran kouraj epi manje tou.

9. Konbyen moun ki t ap vwayaje nan kannòt la? (27:37)
   R/ De san swasant sèz.

10. Kisa ki te mòde Pòl nan men li? (28:3)
    R/ Yon koulèv ki t'ap kouri pou chalè.

11. Kilès moun ki te fonksyonè prensipal nan zile Malta? (28:7)
    R/ Pibliyis.

12. Kilès moun Pòl te geri? (28:8)
    R/ Papa Pibliyis

FEN AN SE KÒMANSMAN

Leson 21

PASAJ BIBLIK: Travay 28:11-31

VÈSÈ KLE: "Yè oswa, Bondye m'ap sèvi a, li menm ki mèt mwen, li voye yon zanj li bò kote m, li di mwen: 'Pa pè, Pòl. Fòk ou konparèt devan Seza'" (Travay 27:23-24a).

OBJEKTIF ANSÈYMAN AN SE Ede timoun yo:

1. Bondye etabli ak pran swen legliz li atravè kwayan ki fidèl yo.
2. Nou tout aple pou nou vin temwen Bondye, menm jan Pòl te ye a.

KÒMANTÈ BIBLIK

Lè Pòl te finalman rive nan lavil Wòm, li te kontinye misyon li pou l preche istwa Jezi a. Pòl te rakonte istwa arestasyon li ak jijman li kòm yon entwodiksyon nan temwayaj li devan lidè jwif yo. Kòm sou tout okazyon lè Pòl te pale ak yon odyans jwif, reyaksyon fas ak mesaj li te varye.

Pòl te site kèk bagay nan liv Ezayi a lè li t'ap eksplike eksperyans li nan rakonte istwa Bondye bay jwif yo. Pandan n'ap pale de Ezayi 6: 9-10 la, Pòl repete avètisman Bondye bay Juif yo. Li te asire yo ke Bondye ta geri yo si yo ta chwazi aksepte envitasyon an avèk imilite nan wè, tande, konprann ak obeyi Bondye.

Pòl te pwobableman santi li tris lè li konnen ke pèp li a pa t aksepte mesaj sali a. Sepandan, li kontinye mete konfyans li nan Bondye epi li obeyi l. Anfèt, liv Travay la fini ak yon rezime sou fason ke Pòl te kontinye preche mesaj Jezi a nan lavil Wòm avèk kouraj.

Nan dezyèm mwatye liv Travay la, nou li ki jan jwif yo te rejte levanjil la epi moun lòt nasyon yo te aksepte li. Nan liv li a, Lik pa di ke misyon jwif yo te yon echèk. Gen kèk Juif ki te aksepte mesaj Bondye a. Levanjil la se pou tout moun, jwif yo ak moun lòt nasyon yo. Gen espwa ke tout moun ap aksepte mesaj la. Jezi se espwa nou. Avèk pouvwa Sentespri a, nou kapab anonse mesaj sa a nan mond lan avèk fòs konviksyon.

AKTIVITE OUVÈTI A

Pou aktivite sa a, w ap bezwen bagay sa yo:

- Yon dous oubyen yon ti pen sèk pou chak timoun.
- Senk ti mòso papye.
- Makè

Avan klas la, achte oubyen prepare yon dous oubyen yon ti pen sèk pou chak timoun. Fè de tras lèt: Ekri JWIF nan yon mòso papye, epi GRÈK nan yon lòt. Mande pou ke yon volontè nan chak gwoup kenbe lèt ke li te fè a.

Di konsa: Mwen genyen plizyè dous la (oubyen pen sèk). Èske se jwif yo mwen dwe bay yo oubyen grèk yo? Pou kisa? Kite timoun yo reponn. Di konsa: Mwen pral fè youn pou nou chak.

Pèmèt ke timoun yo manje dous yo a. Aprè sa, di konsa: Lè Pòl te rive nan yon nouvo vil, li te toujou pale ak jwif yo an premye sou levanjil la. Sepandan, anpil nan jwif yo te refize kwè nan Jezi. Se konsa Pòl t'ap anonse bon nouvèl la bay moun lòt nasyon yo. Pòl te konprann ke Bondye te vle pou tout moun te fè pati wayòm nan. Bondye vle nou fè pati wayòm li an tou.

Fè yon revizyon sou etap pou rive atenn delivrans lan. Envite moun sa yo ki poko kretyen yo vin reponn ak apèl delivrans Bondye a jodi a menm. Priye avèk moun sa yo ki reponn envitasyon sa.

Di konsa: Depi lavil Jerizalèm, Pòl te vwayaje nan anpil vil. Nenpòt kote li te ale, li te preche sou Jezi. Li te akonpli sa ke Travay 1:8 di a, ki se ale nan peyi Jide, Samari ak nan dènye bout latè. Kounye a, nou kapab rakonte istwa li a nenpòt kote n'ale.

LESON BIBLIK

1. Nan lavil Wòm, anfen! (28:11-31)

Aprè plis pase de zan nan prizon women yo nan Palestin, epi aprè yon vwayaj prèske katastwofik pa lanmè Mediterane, finalman, Pòl te rive nan lavil Wòm. Liv Travay la mete fen avèk yon deskripsyon sou douzan ke Pòl te pase nan prizon.

* Li vèsè sa yo epi reponn kesyon sa yo:

1. Èske w gade byen w ap wè ke vèsè 15 lan pale de "frè ki nan lavil Wòm yo"? W'ap sonje ke Pòl te ekri yon lèt voye bay legliz kretyèn ki te lòt bò a, avan ke li te fè vwayaj kote n ap li a. Kòman w kwè ke li te santi l lè li te rankontre avèk "frè" sa yo?

2. Youn nan premye travay ke Pòl te fè lè li te rive nan lavil Wòm se te rele dirijan jwif yo ki te nan vil sa a. Pou kisa ou kwè ke li ta fè sa? (Sonje abitid ke li te genyen nan vwayaj misyonè ke li te fè avan yo).

3. Kisa ki te rezilta predikasyon ak ansèyman Pòl yo avèk jwif yo (v. 24-25)? Nan kisa repons sa sanble ak lòt rankont ke Pòl te fè avèk lòt jwif ki te nan lòt vil ke li te vizite yo?

4. Vèsè 16 ak 30 yo pèmèt nou wè kòman Pòl te viv nan lavil Wòm. Malgre yo te pèmèt li viv nan pwòp kay li epi resevwa vizitè yo, li te kontinye anba kontwòl (jodi a nou ta rele sa, "arestasyon domisilye"). Kòman Pòl te reyaji fas ak sitiyasyon sa?

5. De ane ke Pòl te pase nan lavil Wòm ap tan jijman an se te de zan byen okipe. Pandan tan sa, li te ekri lèt pou Filipyen yo, Kolosyen yo, Efezyen ak Filemon. Li referans sa yo nan kèk nan lèt sa yo: Efezyen 6: 19-22; Filipyen 1: 12-14; 4:18, 21-22; Kolosyen 4: 7-10; Filemon 1-25. Ki sa ou panse kounye a sou aktivite Pòl apre ou fin li vèsè sa yo?

2. Adye ak Travay

Felisitasyon! Ou fini li youn nan liv ki pi enteresan nan Nouvo Testaman an. Men, avan ou ale, pran yon ti moman pou reflechi sou sa ou te aprann yo. Vire paj liv Travay yo. Pran yon ti kanpe nan kèk nan pasaj ke ou pi renmen an. Retounen itilize gid etid sa a epi revize kèk nan bagay ou te ekri yo. Se pou Bondye pale avèk ou ankò nan liv Travay la. Pran yon ti moman pou reponn dènye kesyon sa yo:

1. Liv Travay la fini sibitman, san yo pa di nou sa ki te rive Pòl. Sonje ke objektif Lik nan ekri liv la se pa t pou ban nou biyografi Pòl (oswa nenpòt lòt moun). Li te di nou kijan Legliz la te pwolonje pwomès Jezi a atravè ti gwoup disip yo: "Men, lè Sentespri a va desann sou nou, n'a resevwa yon pouvwa. Lè sa a, n'a sèvi m' temwen nan Jerizalèm, nan tout peyi Jide ak nan tout peyi Samari, jouk nan dènye bout latè"(1: 8). Konbyen ou panse Lik reyalize objektif sa a?

2. Lè n ap panse avèk istwa legliz la ke Lik te ekri a (apati de yon ti gwoup kretyen nan Jerizalèm dirije pa Pyè jou te rive genyen plizyè gwo kongregasyon ki te gaye nan Tout Ti Lazi a ak Lès peyi Lewòp ke Pòl te fonde), ministè Sentespri a te klè epi san konfizyon. Kòman ou ta dekri ministè li a?

3. Ki leson ki pi enpòtan ke w te aprann nan liv Travay la?

AKTIVITE KI SIGJERE YO

- Kontinye avèk lis mo ki genyen rapò avèk lafwa nou yo.

- Ajoute nan lis la, pèsonaj yo, lye ak objè yo ki parèt nan leson sa a.

- Reyalize jwèt yo ki genyen rapò avèk leson sa, kòf souvni yo.

KESYON YO

TRAVAY 28:11-31

1. Daprè Travay 28:11, Konbyen tan yo te pase nan Malta?
   R/ Twa mwa.

2. Kisa ki te dènye kanpe a avan li te rive nan lavil Wòm? (28:13-14)
   R/ Pouzòl.

3. Kisa Pòl te fè lè li te kòmanse depi nan lalwa Moyiz ak pwofèt yo depi nan maten pou rive jouk nan aswè? (28:23)
   R/ Li t'ap eksplike yo epi temwaye ba yo sou wayòm Bondye a epi eseye konvenk yo osijè de Jezi.

4. Daprè Travay 28:28, Kilès moun ke yo pral koute?
   R/ Moun lòt nasyon yo.

5. Kimoun sa yo ke Pòl te konn resevwa pandan de ane yo li te pase ap viv nan kay kote li te anfème a? (28:30)
   R/ Tout moun ki te vin wè li yo epi preche wayòm Bondye a epi anseye osijè Seyè a Jezi ki se Kris la.

AKTIVITE POU ANSEYE VÈSÈ POU APRANN NAN

YON APRANTISAJ ENTERESAN

Mande timoun yo pou yo chita pandan ke y'ap fòme yon liy dwat. Di yo ke, premye timoun nan dwe kanpe epi di premye mo nan vèsè a, souke men l yo anlè byen vit epi chita. Aprè sa, dezyèm timoun nan dwe leve kanpe pou di dezyèm mo ki nan vèsè a epi souke de men l anlè epi chita. Se konsa pou l fèt jouskaske yo fin di tout vèsè a. Si yon moun bliye yon mo oubyen twonpe li, kite pou lòt timoun yo di mo a konplèt. Ankouraje yo di vèsè a byen vit yon fason pou ke mouvman an sanble yon lanm lanmè.

PASE BIB LA DE MEN AN MEN

W'ap bezwen yon Bib ak yon radyo oubyen CD mizik.

Mande ti moun yo pou yo chita pandan ke y'ap fòme yon sèk. Bay yon ti moun Bib la. Lè mizik la kòmanse, di ti moun nan pou l pase Bib la bay youn nan yo pou fè li fè wonn sèk la. Lè mizik la kanpe, ti moun ki rete ak Bib la nan menm l lan ap resite vèsè biblik la. Kanpe mizik la yon fason pou ke chak ti moun kapab jwenn opòtinite pou di vèsè a.

YON KONKOU POU APRANTISAJ

Ekri chak mo oubyen fraz vèsè a nan yon moso papye. Fè de lo papye ki gen plizyè mo, youn pou chak ekip. Mete yon pil mo devan chak ekip. Melanje papye yo pou yo kapab gaye epi an dezòd. Lè w bay siyal la, premye ti moun nan chak ekip dwe jwenn premye mo ki nan vèsè a epi kouri ale nan direksyon w te bay la. Ti moun nan ap mete papye a atè a epi kouri tounen kote dezyèm jwè a ye a. Dezyèm jwè sa ap pran dezyèm mo a epi kouri al nan direksyon ki endike a avèk li. Nou dwe kontinye konsa jouskaske yo fin mete tout vèsè a nan lòd. Bay tan pou ke dezyèm ekip la konplete vèsè pa l la. Aprè sa, mande pou chak ekip resite vèsè pa yo a.

VÈSÈ BIBLIK LA SOU LIY

Ekri chak mo oubyen fraz ki nan vèsè a nan yon moso papye. Bay chak ti moun yo youn nan papye sa yo. Montre ti moun yo pou yo kanpe toupatou nan sal la avèk papye yo anlè. Chwazi yon lòt elèv ki pou fè ti moun yo kanpe ak vèsè a nan lòd kòrèk. Aprè sa, mande yo pou yo tout li vèsè a ansanm.

JWÈT KACHE POU APRANN

Prepare plizyè papye epi kache yo depi davans pou aktivite sa. Ekri chak mo ki nan vèsè a nan plizyè papye diferan pou w fè aprantisaj la. Kache chak mo nan plizyè kote nan sal la. Mande ti moun yo pou yo chèche mo yo epi mete yo nan lòd kòrèk. Resite vèsè memwa a ansanm.

LEVE KANPE EPI PALE

Mande ti moun yo pou yo chita sou fòm yon sèk. Endike premye ti moun nan pou l leve kanpe pou l di premye mo vèsè a epi chita. Dezyèm ti moun nan ap di dezyèm mo ki nan vèsè a epi chita. Kontinye konsa jouskaske yo fin di tout vèsè a. Ankouraje yo repete jwèt la, men pandan y'ap fè l pi vit ke premye fwa a. Montre ti moun yo kijan yo kapab fè sa pi rapid.

MO KI DISPARÈT YO

W'ap bezwen yon tablo, tablo blan oubyen papye pou aktivite sa. Ekri vèsè memwa a nan yon tablo oubyen tablo blan. Mande ti moun yo pou yo repete vèsè a (anplis de mo ki disparèt la). Kontinye konsa jouskaske tout mo yo fin disparèt epi fè ti moun yo di vèsè memwa a. Si w pa genyen tablo oubyen tablo blan, ekri chak mo separeman nan plizyè ti moso papye, epi mande ti moun yo pou yo retire mo yo youn aprè lòt.

LIS VÈSÈ POU APRANN YO

Men, lè Sentespri a va desann sou nou, n'a resevwa yon pouvwa. Lè sa a, n'a sèvi m' temwen nan Jerizalèm, nan tout peyi Jide ak nan tout peyi Samari, jouk nan dènye bout latè.	Travay 1:8
Yo pase tout tan yo ap koute sa apòt yo t'ap moutre yo, yo t'ap viv ansanm tankou frè yonn ak lòt, yo reyini pou separe pen an bay tout moun, epi yo t'ap lapriyè.	Travay 2:42
Yo vann tè yo ak tout byen yo, yo separe lajan an pami yo tout, dapre nesesite chak moun.	Travay 2:45
Lè sa a, Pyè di li: Mwen pa gen ni lajan ni lò. Men, sa m' genyen an, m'ap ba ou li. Nan non Jezikri, moun Nazarèt la, leve ou mache.	Travay 3:6
Se li menm sèl ki ka bay delivrans paske Bondye pa bay non okenn lòt moun sou latè ki kapab delivre nou.	Travay 4:12
Tout moun ki te kwè yo te fè yon sèl kò, yo te gen menm santiman yonn pou lòt, yo te gen yon sèl lide yonn anvè lòt. Pesonn pa t' di byen li yo te pou tèt pa l' ase, men tou sa yonn te genyen te pou tout moun.	Travay 4:32
Tout moun ki te kwè yo te fè yon sèl kò, yo te gen menm santiman yonn pou lòt, yo te gen yon sèl lide yonn anvè lòt. Pesonn pa t' di byen li yo te pou tèt pa l' ase, men tou sa yonn te genyen te pou tout moun.	Travay 6:7
Disip ki te gaye nan peyi a t'ap anonse bon nouvèl la toupatou. Se konsa Filip al nan yon lavil peyi Samari. Rive la li tanmen pale sou Kris la bay moun yo.	Travay 8:4-5
Men, Seyè a di li: Ale. Paske nonm sa a, mwen chwazi l' pou sèvis mwen, pou l' fè tout moun konnen non mwen, moun lòt nasyon yo ak tout wa yo ansanm ak pèp Izrayèl la.	Travay 9:15
Kònèy te yon nonm ki t'ap sèvi Bondye jwif yo. Li menm ak tout fanmi l', yo te gen krentif pou Bondye. Li te fè anpil pou pòv yo pami pèp jwif la. Epi se tout tan li t'ap lapriyè Bondye.	Travay 10:2
Pyè pran lapawòl, li di: Wi, koulye a, mwen konprann sa se vre: Bondye pa gade sou figi moun.	Travay 10:34
Se lè sa a Pyè vin konprann sak te rive li a. Li di: Koulye a, mwen wè se tout bon. Bondye voye zanj li delivre m' anba men Ewòd. Li sove m' anba tout bagay pèp jwif la t'ap pare pou mwen an.	Travay 12:11
Yo t'ap bay disip yo fòs, yo t'ap ankouraje yo pou yo rete fèm nan konfyans yo. Yo t'ap di yo: Nou gen pou nou soufri anpil anvan pou n' antre nan peyi kote Bondye wa a.	Travay 14:22
Enben, Bondye ki konnen sa ki nan kè moun, li moutre nou ki jan li menm li asepte yo: li ba yo Sentespri menm jan li te fè l' pou nou an.	Travay 15:8
Yo reponn li: Mete konfyans ou nan Seyè Jezi, epi wa va delivre, ou menm ansanm ak tout fanmi ou.	Travay 16:31
Bondye ki fè lemonn antye ak tou sa ki ladan l', se li menm ki Mèt syèl la ak tè a. Li pa rete nan kay moun bati ak men yo.	Travay 17:24
Se konsa pawòl Bondye a t'ap gaye avèk pouvwa, li t'ap moutre fòs li.	Travay 19:20
Mwen pa pran lavi m' pou anyen, li pa gen okenn valè pou mwen. Men, mwen vle ale jouk nan bout nan sèvis mwen, mwen vle fini nèt ak travay Seyè Jezi ban mwen an, pou m' anonse bon nouvèl favè Bondye fè nou an.	Travay 20:24
Ou pral sèvi l' temwen, ou pral fè tout moun konnen sa ou te wè ak sa ou te tande.	Travay 22:15
Jou lannwit sa a, Pòl wè Seyè a ki di li: Kouraj! Menm jan ou kanpe bay verite a pou mwen isit la lavil Jerizalèm, se konsa tou ou gen pou ou al kanpe bay verite a pou mwen lavil Wòm.	Travay 23:11
Se konsa m'ap fè posib mwen pou m' toujou kenbe konsyans mwen san repwòch devan Bondye ak devan moun.	Travay 24:16
Yè oswa, Bondye m'ap sèvi a, li menm ki mèt mwen, li voye yon zanj li bò kote m', li di mwen: Pa pè, Pòl. Fòk ou konparèt devan Seza.	Travay 27:23-24a

SÈTIFIKA FEN ETID SA

Se pou:

_____

NON

Konpliman dèske w akonpli Etid Biblik pou
Timoun yo avèk siksè: TRAVAY

Antrenè

Dat: _____

Kote: _____

PRIM EKSELANS SA

Se pou:

Trè byen! Nou rekonèt rekonèt gwo travay san parèy ke w te fè nan Etid Biblik pou Timoun yo: TRAVAY

Kote:

Antrenè

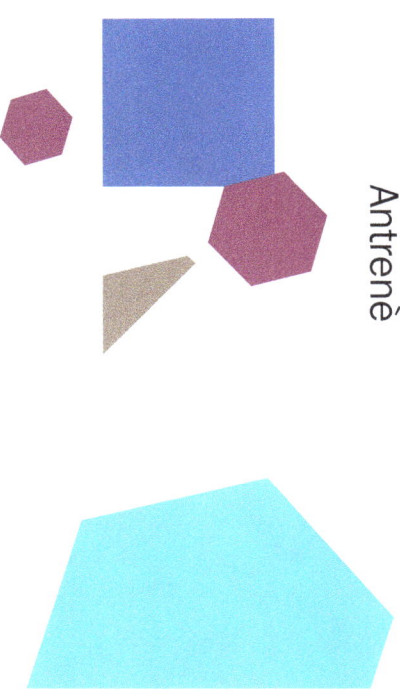

GID POU MODALITE KONKOU BIBLIK AVÈK JWÈT AK AKTIVITE YO

KISA MKBT?

Misyon	Vizyon	Valè
Jezi yo k'ap etidye epi aprann	evanjelizasyon ak yon zouti	Tolerans

Baze sou yon prensip ki klè (aprann pandan w'ap jwe), Ministè Konkou Biblik pou Timoun yo oubyen MKBT daprè sig li yo, se yon pati nan travay Lekòl Dominikal kòm yon zouti pou fòmasyon disip nan legliz lokal yo; nou envite ou vin konnen plan dinamik ak enteresan ministè sa ki pèmèt ke timoun yo ak lòt moun ki patisipe yo aprann ansèyman biblik ki etidye yo avèk plis fòs.

Nou kwè avèk tout fòs nou ke "enstwi timoun nan nan chemen li" (Pwovèb 22 :6) se yon kòmandman ki gen rekonpans ke Seyè a mande nou, espesyalman nan sosyete nou yo ki tèlman ranpli avèk konfli, kote ke timoun nou yo ap mouri—literal epi espirityèlman. Nou rete kwè ke daprè eksperyans ansèyman KBPT nan, timoun yo "pap abandone bon chemen an" menm si yo kite anfans yo dèyè.

KI ÒGANIZASYON LI?

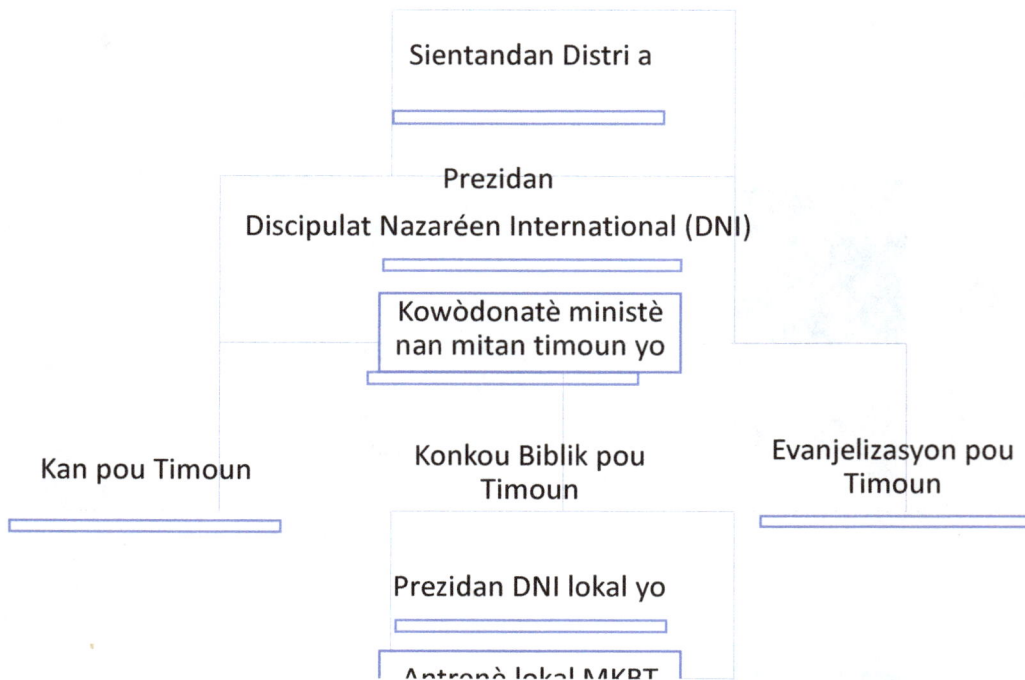

Sientandan Distri a

Prezidan
Discipulat Nazaréen International (DNI)

Kowòdonatè ministè nan mitan timoun yo

Kan pou Timoun

Konkou Biblik pou Timoun

Evanjelizasyon pou Timoun

Prezidan DNI lokal yo

Antrenè lokal MKBT

KI RESOUS KI DISPONIB POU MKBT?

Bib la, se resous ki plis enpòtan, fòk nou siyale vèsyon an, pou ane sa a, yo chwazi Nouvo Vèsyon Entènasyonal, paske langaj li senp ak fasilite konpreyansyon timoun yo. Li pral itilize pou fè lekti, aprann vèsè, pawòl espesifik yo, elatriye.	Ou menm tou, ou kapab vizite paj rejyon an kote w ap jwenn sa ak plizyè lòt resous pou travay avèk timoun yo ak lòt ministè ki nan legliz la. www.DNIRessources.MesoamericaRegion.org	**Gid antrenè a, Leson Etid Biblik yo, Jwet ak Aktivite yo, Keyson ak Repons yo** se yon liv ki genyen plizyè leson liv etid, nan ka liv travay apot yo pa egzanp. Li bay lide pou devlope leson yo avèk timoun yo, dinamik apratisaj yo, zouti pou aprann vèsè yo, kesyon ki genyen yon dimansyon de baz ak avanse.
	Kat jewografik, kat sa ap pèmèt pwosesis ansèyman-aprantisaj la, l'ap fè timoun yo genyen yon pi gwo konpreyansyon sou evènman yo.	

KÒMAN POU M FÒME YON EKIP LOKAL?

Prezidan DNI lokal la, dwe jwenn materyèl ki disponib pou KBPT, chwazi yon frè oubyen yon sè ki renmen rann sèvis, dinamik epi ki renmen travay avèk timoun tankou antrenè ekip.	**Antrenè** — wòl li se prepare ekip la, ankouraje yo etidye Pawòl la, bay oubyen kowòdone leson biblik, aktivite aprantisaj jwèt yo, li dwe akonpanye ekip la nan tout demonstrasyon ke distri a ap òganize, elatriye.	**Ekip** — li gen pou l fòme avèk 10 timoun pou pi plis nan laj 7 a 11 ane (yo kapab pi piti, menm si sa ki pi enpòtan se pou yo ta konn li ak ekri)

KÒMAN POU M PREPARE TIMOUN YO?

Ou dwe etabli yon tan pou repetisyon avèk etid ak ekip la. Ekip la dwe konsidere tèm ke yo bay pou konkou biblik la.

Pou etidye sijè a pi byen, ou kapab divize li an chapit oswa evènman espesifik, pou sa a itilize leson gid antrenè a ak kesyon ki pral gide ou nan pwosesis sa a. Kòmanse ak lekti evènman, diskite sou yo pa mande kesyon memwa sou sitiyasyon, pèsonaj, kote ak non. Eksplike done ki motive kiryozite ekip la an tèm de koutim, siyifikasyon objè oswa rit ak lòt karakteristik enteresan ki konplete epi klarifye tèks la ak kontèks li. Kreye lis mo yo, non, kote, objè, bèt yo. Chèche konnen nan ki lòt liv nan Bib la pèsonaj prensipal yo mansyone. Fè timoun yo memorize tèks prensipal yo egzakteman. Ede timoun yo memorize evènman ak sekans istwa yo, nan yon fòm ki pa tèks, pou yo kapab genyen rapò li konplètman posib. Li nesesè pou ede yo sonje done enpòtan yo. Gid yo dekouvri endividyèlman ak kòm yon ekip ansèyman Bondye a pou lavi yo epi fè jwèt yo ki gen rapò ak leson ki etidye a.

GID ETID SA A KAPAB EDE NAN TÈM SA YO:

- Kijan Pèsonaj sa (a) yo vini?
- Avèk kiyès li lye?
- Ki kote istwa a devlope?
- Kijan Bondye travay nan lavi yo?
- Ki rezon ki fè istwa sa a nan Bib la?
- Kijan pasaj sa a gen rapò ak Kris la epi anfen avèk lavi ki pap janm fini an?
- Pran chak istwa epi pote yo nan moman aktyèl la. Ki jan ou ta fè li?
- Ki valè istwa genyen ladan li?
- Ki kote ki mansyone? Mete yo sou yon kat.
- Kijan pèsonaj yo ye?
- Ki karakteristik yo genyen?
- Ki bagay ki kanpe nan kilti a epi bezwen rechèch (bèt, atizana, mès oswa koutim)?

ANPLIS:

- Envite antrenè Lekòl Dominikal avèk/oubyen moun ki fè plizyè etid teyolojik yo pou ke yo kapab pataje leson yo ki gen pou wè avèk tèm nan epi eklèsi dout yo.
- Ankouraje frè yo nan legliz la pou ke yo sipòte ekip la, nan konpozisyon lèt la ak mizik chan an, klèb, powèm, badj epi nan repetisyon yo.
- Pratike chak jwèt sèlman apre w fin etidye e klarifye sijè a konsiderableman.
- Sonje ke li enpòtan pou w etabli kapasite kote timoun nan kapab devlope.

CHAK EKIP DWE PREPARE:

- Yon non pou ekip la, li menm ki dwe baze sou tèm etid la, li dwe prezante sou fòm kreyativ epi l'ap genyen yon valè de 10 pwen.
- Yon badj se yon bagay ki idantifye ekip la, li kapab yon peyizay plaj, kepi, yon inifòm, elatriye., prezantasyon badj la ak badj la jan li ye a ap genyen yon valè de 10 pwen.
- Yon animal, prefere dwe yon animal ki dwe genyen relasyon avèk tèm etid la epi ki genyen yon ansèyman biblik, degizman an dwe trè enteresan ak prezantasyon animal la ki genyen yon valè de 20 pwen.
- Yon klèb, dwe baze sou etid ak non ekip la, li pa dwe genyen pawòl ni lide ofansiv anvè lòt ekip yo, plis tan li se 1 minit, epi prezantasyon kreyativ li dwe genyen yon valè de 20 pwen.

SERI ETID PA MWA A

- TRAVAY - 2019
- GENÈZ - 2020
- EGZÒD - 2021
- JOZYE, JIJ ak RIT - 2022
- 1 ak 2 SAMYÈL – 2023
- MATYE – 2024

OFISYÈL YO NAN YON DEMONSTRASYON

Abit — kòm preferans, li dwe yon moun ki san patipri, li kapab yon envite ki soti nan lòt distri oubyen ki genyen legliz lokal li ki pa patisipe.	**Jij yo** — dwe san patipri, yo kapab resevwa envitasyon pou soti nan lòt distri oubyen ki genyen legliz li ki pa patisipe.	**Jij ki kontwole tan an** — li dwe bay tan pou chak moman demonstrasyon yo, pandan l'ap bay siyal pou kòmanse ak fen an.
• Se li menm ki chwazi jwèt yo ak prepare materyèl pou yo.	Ou kapab chwazi yon jij pou chak ekip k'ap patisipe, sa vle di, si genyen 5 ekip k'ap patisipe, dwe genyen 5 jij.	
• Dirije demonstrasyon an	• Veye pou ke règ jwèt yo kapab respekte.	
• Li enstriksyon chak kategori oubyen jwè.	• Pote mak ekip ki koresponn nan.	
• Ranje ekip jwèt yo.	• Fè abit la konnen kilè pou li aplike règ yo.	

NÒT YO

Si w te déjà travay avèk MKBT deja, w ap remake kèk chanjman, pa egzanp, nou te chanje pawòl ankourajman an pa antrenè, donk, nou kwè ke li plis apwopriye.

Genyen kèk jwèt ki chanje, genyen plizyè lòt ki retire epi genyen anpil nouvo jwèt ki ajoute dirèkteman nan rapò avèk tèm etid la.

Sonje ke yon rankont se yon demonstrasyon, chak ekip ap demontre konbyen yo te aprann sou Pawòl Bondye a, li enpòtan pou konkou a san erè epi kreye plizyè lyen zanmitay ant ekip k ap patisipe yo.

Nan kèk jwèt, sipozisyon demonstrasyon an fèt ant de oubyen twa ekip, sa yo se sèl egzanp pou yon pi gwo konpreyansyon nan jwèt la.

KATEGORI

MEMORIZASYON

Memorizasyon ak rezònman yo fondamantal pou aprantisaj la, repetisyon se youn nan kle memorizasyon an; Objektif kategori sa a se ede timoun yo memorize ak konprann Bib la nan yon fason dinamik ak enteresan.

MEN KÈK TEKNIK MEMORIZASYON:
- Konekte epi relye
- Asosye objè yo avèk zòn yo
- Kreye plizyè istwa
- Relye mo yo avèk nimewo pou sonje sekans yo
- Trase kat mantal yo
- Sig, pandan l'ap sèvi avèk premye lèt chak mo
- Repete mo kle yo
- Itilize tout sans yo

Pou yon demonstrasyon lokal, distrital, zòn, elatriye., abit la pral chwazi:

3 Jwèt Memorizasyon

Ekip yo pral konnen jwèt ke yo pral reyalize yo sèlman jous nan jou demonstrasyon an.

RANJE MO

DEVLOPMAN:

1. Moderatè a bay chak ekip yon fèy ak yon lis 10 konsòn pou yo jwe, chak ekip gen libète pou chwazi 3 vwayèl ki dwe ekri nan menm fèy la.

2. Lè yo bay siyal pou kòmanse, yo dwe rasanble pi gwo kantite mo ak lis lèt yò genyen, tout mo yo dwe gen rapò ak sijè etid la.

3. Nan fen TAN an, jij la dwe fè revizyon an epi konte, epi bay 5 pwen pou chak mo ki kòrèk.

KONSILTASYON YO:

Konsiltasyon yo otorize sèlman ant 3 PATISIPAN YO nan chak ekip.

VYOLASYON:

Si PATISIPAN an konsilte antrenè a oswa ak ti moun yo ki nan ekip li a, jij la dwe endike li epi retire pwen yon mo.

Si piblik la di yon mo byen fò, yo dwe retire valè pwen yon mo sou tout ekip yo.

EGZANP:

PWEN
5 pwen pou repons ki kòrèk la

TAN
2 minit

PATISIPAN YO
3 pa ekip

MODALITE
Tout gwoup yo yon sèl kou

MATERYÈL YO
• Yon fèy pou chak ekip avèk konsòn ki pou yo jwe yo.
• Yon plim pa ekip

KONSÒN POU JWE YO: B D F J K L M P R S	Pol Papa Jakob Akeldama	Dokas Mak Deb Pafos Damas
TIMOUN EKIP YO "PÒL" YO TE CHWAZI VWAYÈL SA YO: A E O		

Patisipan ekip pa Pòl yo te reyalize yon lis ki genyen 15 mo, wa a te revize epi tout mo yo te kòrèk, poutèt sa, yo pran 75 pwen pou kòm nòt ekip yo a.

AVANSE

DEVLOPMAN:

1. Abit la fè tiraj nan lòd ke ekip yo ap patisipe epi kòmanse ap kanpe devan twa sèk yo (oula oula).

2. Premye patisipan an dwe di yon tèks nan lis sa ki la pou aprann yo, li dwe fè sa nan yon fason ki literal; si se kòrèk, abit la endike li epi patisipan an avanse nan sèk la.

3. Pwochen patisipan an dwe site lòt tèks; difikilte a se paske okenn patisipan pa dwe site yon tèks ke lòt patisipan te gen tan site, nan ka ke sa rive, timoun nan pap kapab avanse.

Si pandan 30 premye segond yo, timoun nan pa kòmanse di tèks la, li pèdi chans la epi li pap avanse.

Toudepann de kantite pa ke yo atenn, se kantite pwen ke y'ap resevwa.

KONSILTASYON YO:
Pa genyen pèmisyon.

VYOLASYON:
Si piblik la di yon pati nan tèks la oubyen site li byen fò oswa
Si timoun nan konsilte antrenè li oubyen ekip li a, y'ap retire pwen sou li epi anile patisipasyon li nan jwèt sa.

SIGJESYON:
Si se ta anpil ekip k ap patisipe, li kapab vin redwi an 2 sèk pa ekip.

PWEN
10 pwen pa tèks ki kòrèk

TAN
30 segond pou kòmanse,
1 minit pou fini

PATISIPAN YO
1 pa ekip

MODALITE
Yon ekip alafwa youn aprè lòt

MATERYÈL YO
- Twa sèk (oula oula) pa ekip.
- Jij la dwe genyen lis vèsè ki pou aprann nan.

EGZANP:

Izabèl ki nan ekip "Pòl" te resite yon vèsè kòrèkteman, li pran 10 pwen pou ekip li a. Javier ki nan ekip "misyonè Jezi yo" yo te resite yon lòt vèsè byen kòrèk epi li te jwenn 10 pwen pou ekip li. Camila ki nan ekip "aksyon ki transfòme yo" te avanse 1 sèk, li pran 10 pwen pou ekip li a.

Izabèl ki nan ekip "Pòl" la rive avanse 2 kazye, li fè 20 pwen pou mwen ekip li a. Javier ki nan ekip "misyonè Jezi yo" te avanse 3 kazye, sa pèmèt ke li fè 30 pwen pou ekip li a. Camila ki nan ekip "aksyon ki transfòme yo" te avanse 3 kazye, li pran 30 pwen pou ekip li a.

ASE BIBLIK

DEVLOPMAN:

1. Moderatè a ap prezante yon papye ki genyen tit sa yo: LÈ, NON MOUN, OBJÈ, ANIMAL OUBYEN PLANT, KOTE AK TOTAL.

2. Abit la ap rele byen fò pandan l'ap kòmanse avèk lèt "A" epi aprè sa l'ap kontinye pou l di abc a avèk vwa li byen ba; yon wa ap di: ASE! Yon lè konsa (li kapab itilize yon woulèt tou). Abit la pral di lèt pou yo jwe a, epi se la l'ap kòmanse konte sou 2 minit pou moun nan reponn.

3. Timoun ki fini papye pa l la avan an dwe rele di: ASE!; patisipan nan lòt ekip yo pap kapab kontinye ranpli plis kazye.

4. Apre de lèt ki te sigjere yo fin jwe, timoun yo ap remèt fèy yo a; si gen mo ki repete pa mwayen lòt patisipan, l'ap jwenn yon valè de 5 pwen, si yo kòrèk epi san repetisyon, ap genyen yon valè de 10 pwen.

KONSILTASYON YO:
Pa gen pèmisyon.

VYOLASYON:
Si jij la wè yon moun ap ranpli bilten l lan aprè yon patisipan fin di, ASE! Li dwe anile tout kazye li yo.

SIGJESYON:
Jwe de lèt.

PWEN
60 pwen

TAN
2 minit

PATISIPAN YO
1 pa ekip

MODALITE
Similtane

MATERYÈL YO
• Yon sèl papye ekipman
• Yon plim pa ekip

NON: Evens Pierre				EKIP: Pòl			
LÈT	NON MOUN	PWEN	OBJÈ, ANIMAL OUBYEN PLANT	PWEN	ZÒN	PWEN	TOTAL
P	Pòl	10	Pòt	5	Pafos	10	25
M	Matyas	10	Manto	10	Misi	10	30
						TOTAL FINAL	55

NAME: Ana Baptiste				EKIP: Aksyon ki pote chanjman yo			
LÈT	NON MOUN	PWEN	OBJÈ, ANIMAL OUBYEN PLANT	PWEN	ZÒN	PWEN	TOTAL
P	Priscil	10	Pòt	5	Panfilia	10	25
M	Mari	10	Makak	10	------	0	20
						TOTAL FINAL	45

ZO A

DEVLOPMAN:

Se pou yo deja prepare yon gwo katèl demann, nan de kote yo li dwe di: CHANTE, nan de lòt yo: DI TÈKS LA, epi nan de dènye yo: KARAKTERISTIK YON MOUN.

1. Abit la bay lòt patisipasyon an.

2. Timoun nan ap voye Zo a epi li dwe fè aksyon ki bon pou li a, si li byen fè li, jij la ap ba li 20 pwen pou ekip li a. Si pandan 30 minit patisipan an pa fè aksyon an oubyen li rete an silans, jij la pa dwe ba l' pwen.

KONSILTASYON YO:

Pa gen pèmisyon.

VYOLASYON:

Si timoun nan konsilte avèk antrenè l oubyen ekip li a, oubyen piblik la bay èd li, jij la ap fè abit la konn sa epi l'ap ba li yon lòt chans pou li lanse Zo a, nan ka ke li ta tonbe nan menm erè a, patisipasyon li ap elimine sèlman nan jwèt sa.

EGZANP ZO:

PWEN
20 pwen

TAN
1 minit

PATISIPAN YO
1 pa ekip

MODALITE
Yon ekip alafwa youn aprè lòt

MATERYÈL YO
• Yon gwo ZO (swiv egzanp lan)

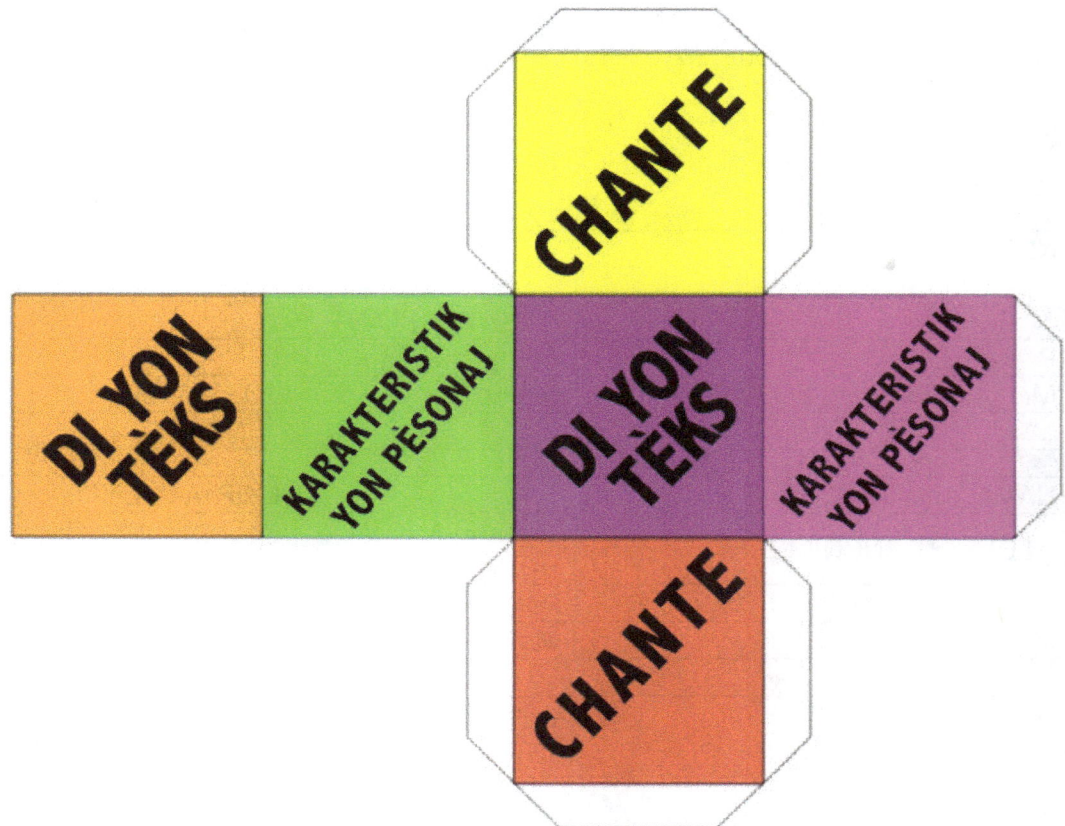

KONPLETE

DEVLOPMAN: (jwèt sa a baze sou jwèt "pann")

1. Abit la fè siyal lòd patisipasyon an.

2. Premye patisipan an ap chwazi pandan l'ap leve anvlòp pa li a, moderate a ap sèlman li kategori ki gen rapò avèk pawòl la, pa egzanp: Pèsonaj yo, zòn yo, ansèyman yo, objè yo, pwofesyon yo, karakteristik yo, elatriye.

3. Se pou nan yon tablo oubyen yon papye bristòl, genyen menm kantite espas avèk lèt ki pou dekri a genyen.

4. Patisipan an dwe mansyone lèt ki pou konplete mo a. Li gen 5 segonn pou li bay yon lèt. Si li pase tan sa a san li pa di lèt la, sa konsidere kòm yon erè. Si sa pa kòrèk, li ekri plizyè fwa jan li parèt nan mo a. Si li pa kòrèk, li dwe konsidere kòm yon erè epi lèt la ap anote nan opinyon patisipan an kòm yon èd pou evite repete li. Si, lè l'ap ranpli kèk espas, li kapab dekouvri mo a, li kapab di li; si li pa kòrèk, li konsidere kòm yon erè. Patisipan an gen 5 opòtinite erè. Opòtinite sa yo vizyalize ak desen an nan 5 moso yo rasanble, ke yo mete youn pa youn chak fwa se yon erè te fè. Si patisipan an pa dekouvri mo a, nan fen opòtinite sa yo, desen an fini epi abit la di mo a, ekip la pa jwenn pwen yo.

KONSILTASYON YO:
Pa gen pèmisyon.

VYOLASYON:
Si timoun nan mande antrenè a oubyen ekip la, oubyen piblik la prezante pou di lèt la oubyen mo a byen fò, jij la ap fè abit la siy epi li menm l'ap anile mo ki pou konplete a, ba li youn lòt si se te yon premye fwa. Si nan dezyèm opòtinite a menm vyolans la repete, epi repetisyon an repete ankò epi pawòl ki pou konplete a anile, sèlman patisipasyon yo nan jwèt sa ki dwe elimine.

SIGJESYON:
Nan yon konkou, li ta bon pou itilize yon sèl kategori epi pou tout mo yo genyen menm nimewo lèt.

PWEN
20 pwen

TAN
5 minit

PATISIPAN YO
1 pa ekip

MODALITE
Yon ekip alafwa youn aprè lòt

MATERYÈL YO

- Tablo oswa papye bristòl ak makè
- Plizyè anvlòp avèk non kategori a ak mo ki pou konplete a.
- Youn pa ekip epi kèk lòt kòm rezèv.
- Yon figi ki divize fè 5 mòso.

EGZANP: Kategori a se "KOTE" epi mo ki pou konplete a se "SALAMINA": _ _ _ _ _ _ _ _

Patisipan an ap mansyone vwayèl "A" ki nan mo a, lè sa a, abit la ap mete lèt la kantite fwa ke li parèt nan mo a.

_ A _ A _ _ _ A

Patisipan an ap mansyone konsòn "M" ki nan mo a, lè sa a, abit la ap mete lèt la kantite fwa ke li parèt nan mo a.

_ A _ A M _ _ A

Patisipan an ap mansyone konsòn "R" ki pa nan mo a, lè sa a, abit la ap mete lèt sou kote mo a pou ke patisipan an pa repete li; ajoute yon pyès nan desen an tou.

_ A _ A M _ _ A   R

Jwèt la ap fini lè timoun nan fin konplete mo a, konsa, l'ap resevwa 20 pwen pou ekip li a, oubyen si li konplete desen an an avan (5 erè yo) ebyen, li pap resevwa okenn pwen.

Egzanp Sijè Ak Pawol:

PÈSONAJ YO					
1	2	3	4	5	6
P	Y	E			
P	Ò	L			
L	I	D	I		
E	N	E	A	S	
S	I	L	A	S	
E	L	I	M	A	
F	I	L	I	P	E
D	Ò	K	A	S	
A	K	I	L	A	
M	A	T	Y	A	S
M	A	K			

KOTE							
1	2	3	4	5	6	7	8
S	E	Z	A	R	E		
F	I	L	I	P			
D	A	M	A	S	C	O	
G	A	L	A	S	I	A	
B	I	T	I	N	I	A	
K	O	R	E	N	T	O	
P	È	G	A	M	M	O	
S	I	L	I	S	I	A	
N	E	A	P	O	L	I	S
P	A	N	F	I	L	I	A
S	I	L	I	S	I	I	A

OBJÈ AK ANIMAL YO						
1	2	3	4	5	6	7
L	A	N	K	A		
K	A	N	N	Ò	T	
N	Y	A	J	Y	O	
P	A	N	Y	O		
T	W	A	L	Y	O	
F	A	B	R	I	C	S
P	L	A	T	A		
T	A	N	T	Y	O	S
F	E	N	È	T	Y	O
C	H	È	N	N	A	S
M	O	N	N	E	N	S

KASTÈT

DEVLOPMAN:

1. Yo dwe remèt chak elèv yon kastèt ki genyen 6 oubyen 8 kesyon (menm kastèt la pou tout ekip yo).

2. Lè siyal pou kòmanse a lanse, ekip yo ap genyen senk minit pou ke yo reponn li. Ekip yo kapab remèt kastèt yo a nan tan sa. Lè senk minit yo fin pase, l'ap jwenn pwen pou repons kòrèk yo. Sa mande 10 pwen pou repons ki kòrèk la.

KONSILTASYON YO:
Konsiltasyon an pèmèt pou ant 3 patisipan ekip yo sèlman.

VYOLASYON:
Si gen konsiltasyon avèk antrenè a oubyen ak lòt timoun nan ekip la ki pa patisipe yo, jij la ap fè abit la anile kastèt ekip la, pandan l'ap elimine sèlman patisipasyon jwèt sa.

EGZANP 1:
Li baze sou "Pyè sove kite prizon an pa mirak"
(Travay 12:1-19)

PWEN
10 pwen pou repons ki kòrèk la

TAN
5 minit

PATISIPAN YO
3 pa ekip

MODALITE
Tout gwoup yo yon sèl kou

MATERYÈL YO

- Yon fèy ki genyen menm kastèt la pou chak ekip
- Yon kreyon pa ekip

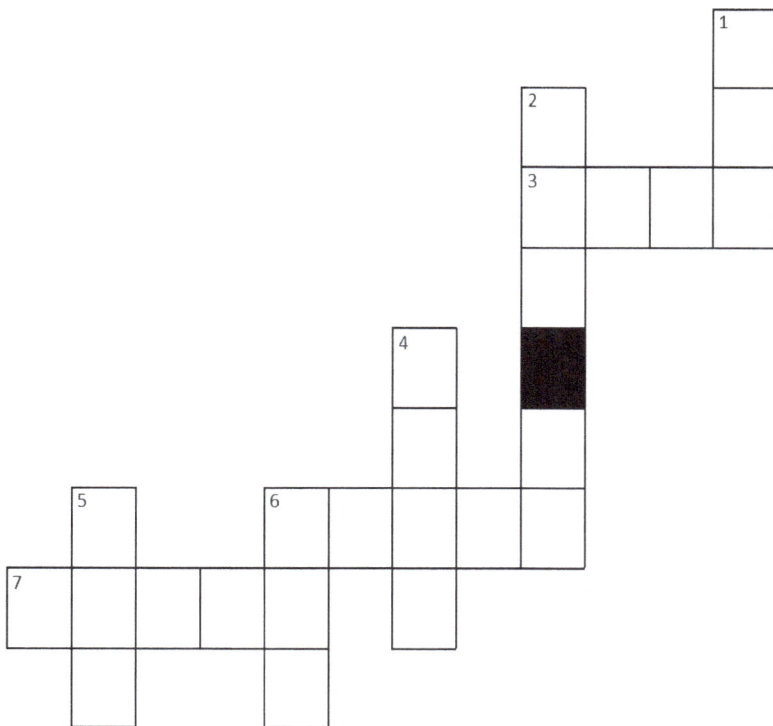

Vètikal:

1. Ki jan sèvant ki te rekonèt vwa Pyè a te rele? **WOD**

2. Nan ki fèt Ewòd te bay lòd pou yo arete Pyè? **PEN YO**

4. Kiyès ki te parèt devan Pyè nan selil la? **ZANJ**

5. Ki ti non Jan, pitit Mari a? **MAK**

6. Ak ki sa Pyè te fè yo siyal pou yo rete trankil? **MEN**

Orizontal:

3. Kiyès ki te bay lòd pou yo arete Pyè? **EWÒD**

6. Ki sa zanj lan di Pyè pou l te mete sou li? **MANTO**

7. Ki sa ki louvri pou kont li? **BARYÈ**

EGZANP 2:

Baze sou "Jezi te monte nan syèl" Travay 1:1-11

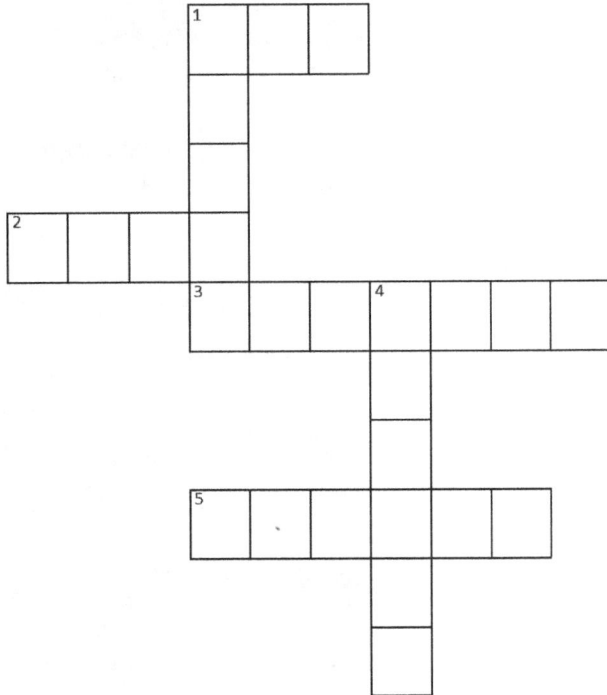

Orizontal:

1. Avèk kisa Jan te konn batize? **DLO**

2. Kimoun k'ap retounen yon lòt fwa ankò? **JEZI**

3. Kisa yo ta gen pou resevwa lè yo resevwa Sentespri a? **PWISANS**

5. Pandan konbyen jou li te parèt devan yo pou pale yo de peyi Wa ki nan syèl la? **KARANT**

Vètikal:

1. Kimoun sa yo li ta gen pou bay enstriksyon pa mwayen Sentespri a? **DISIP**

4. Ki youn nan kote ke yo ta genyen pou sèvi kòm temwen? **SAMARI**

EGZANP 3:

Baze sou "Konvèsyon Sòl" Travay 9:1-19

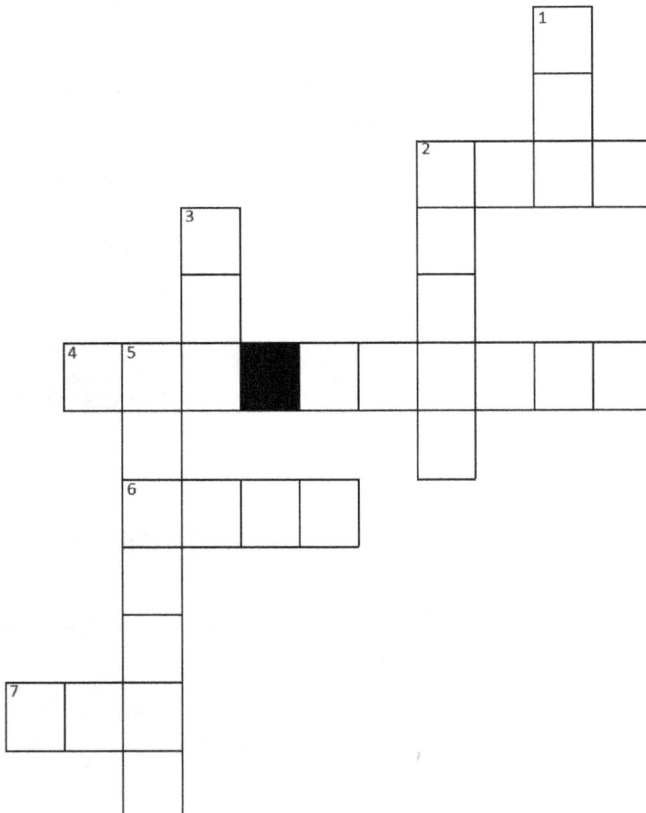

Orizontal:

2. Kòman lari kote kay Jida te rete a te rele? **DWAT**

4. Kisa sa ki te tonbe nan zye Sòl la te sanble? **KAL PWASON**

6. Kòman Sòl te rete? **AVÈG**

7. Kisa Sòl te tande? **VWA**

Vètikal:

1. Konbyen jou li pase avèg? **TWA**

2. Ki kote Sòl ta prale? **DAMAS**

3. Kimoun ki te tonbe atè? **SÒL**

5. Kimoun Seyè a te rele nan yon vizyon? **ANANYAS**

DI M PÈSONAJ LA

DEVLOPMAN:

Sa se yon jwèt devinèt ki baze sou pèsonaj yo; chak devinèt dwe genyen de twa oubyen kat karakteristik sou yon pèsonaj nan liv ke n'ap etidye a.

1. Abit la dwe bay lòd patisipasyon an k'ap pèmèt ke chak patisipan chwazi yon anvlòp sou chans.

2. Antrenè a ap li devinèt patisipan premye ekip la epi timoun nan genyen 1 minit pou bay repons san mande kamarad li yo, si li kòrèk, abit la ap fè jij la siy pou bay ekip timoun sa a 20 pwen. Si repons lan pa bon oubyen li pa reponn nan tan ki detèmine a, li pèdi chans lan epi abit la ap bay repons ki kòrèk la, ekip la pap jwenn pwen.

3. Apre sa, jwèt la dwe kontinye avèk pwochen patisipan lòt ekip la jouskaske yo tout fin pase (sa vle di ke chak ekip yo gen pou pase youn aprè lòt).

KONSILTASYON YO:

Pa gen pèmisyon.

VYOLASYON:

Si yon jij obsève ke genyen youn nan patisipan yo ki mande ekip li a poul oubyen piblik la prezante pou bay kèk repons byen fò, se pou li fè abit la konn sa menm kote a pou ke li elimine kesyon an epi poze yon lòt. Si nan menm konkou sa, si menm moun sa te resevwa obsèvasyon, fòk kesyon an elimine epi pèdi chans lan.

PWEN
20 pwen pou chak repons kòrèk

TAN
1 minit

PATISIPAN YO
2 pa ekip

MODALITE
Yon ekip alafwa youn aprè lòt

MATERYÈL YO
• Plizyè anvlòp ki genyen devinèt, de pa ekip avèk kèk lòt de rezèv.

EGZANP DEVINÈT YO:

Mwen mete tèt mwen ansanm avèk Jan, yo te voye mwen bay Samariten yo pou priye pou yo pou ke yo te kapab resevwa Sentespri a, yo te kritike m anpil paske yo t'ap defann sikonsizyon an avèk fason mwen te sove nan prizon pa mirak la. Kilès mwen ye? **PYÈ**	Mwen te rete avèg pandan twa jou, mwen te vwayaje plizyè kote avèk Banabas, youn nan disip mwen yo te rele Timote, epi mwen te nan prizon an ansanm avèk Silas. Kilès mwen ye? **PÒL**	M ap viv nan lid, mwen se yon kokobe epi mwen gen 8 lane nan kabann, yon jou, Pyè te vin vizite mwen epi li te di mwen konsa "Jezikris geri ou, leve kanpe epi fè kabann ou". Kilès mwen ye? **ENE (Travay 9)**
M ap viv Sezare epi yo konnen mwen kòm Italyen, fanmi m avèk mwen responsab anpil epi nou genyen krent pou Bondye, mwen te bay Pyè lonè, men li te di mwen piga mwen te fè sa. Kilès mwen ye? **KÒNÈY (Travay 10)**	Mwen renmen adore Bondye, mwen se moun lavil Tiyati epi mwen se machann twal len, mwen te bay Pòl ladesant lakay mwen. Kilès mwen ye? **LIDI (Travay 16)**	Nou se moun ki genyen santiman ki byen senp, nou konsilte Pawòl la chak jou, nou te voye Pòl ale nan zile a lè jwif yo te vin fè yon eskandal. Kilès nou ye? **MOUN BERE YO (Travay 17)**
Nou te konn abitye fè tant pou kan, nou akonpanye Pòl nan vwayaj li a pou peyi Lasiri, nou enstwi Apolòs nan chemen Bondye a. Kilès nou ye? **AKILA AK PRISIL (Travay 18)**	Mwen kon byen touche akoz de pwofesyon mwen, mwen bati tanp Atemiz, mwen sanble lòt travayè yo ki nan branch ki opoze ak Pòl la. Ki moun mwen ye? **DEMETRIYIS LÒFÈB LA (Travay 19)**	Li te chita nan yon fenèt ap koute diskou Pòl la ki te dire jous nan douvanjou, dòmi te pran mwen epi mwen te tonbe depi yon twazyèm etaj. Kilès mwen ye? **ETIK (Travay 20)**
Ak madanm mwen Drisil, nou te voye chèche Pòl epi nou tande l 'pale sou lafwa li nan Jezi ki se Kris la, siksesè mwen te Postis Festis, men kòm li te vle fè jwif yo plezi, li te kite Pòl nan prizon. Ki moun mwen ye? **FELIX (Travay 24)**	Nou antre nan sal tribinal la ak sal lodyans lan, akonpaye pa ofisyèl wo-plase ak moun ki enpòtan nan lavil la. Mwen konkli ke Pòl pa t 'merite lanmò epi voye l' nan lavil Wòm. Ki moun mwen ye? **WA AGRIPA (Travay 25)**	Yo te remèt mwen plizyè prizonye, tankou Pòl, nou te vwayaje epi nou te ale nan yon gwo tanpèt, lè bato a te kraze sòlda yo te vle touye prizonye yo, men mwen anpeche li pou konsève lavi Pòl. Kilès mwen ye? **KÒMANDAN JILIYIS (Travay 27)**

KI KOTE PÒL TE YE?

DEVLOPMAN:

Jwèt sa genyen pou li prezante sou fòm yon papye ki genyen de kolòn, nan youn ladan yo ap genyen twa kesyon enpòtan sou kote Pòl te ye a, nan lòt kolòn nan, ap genyen non zòn yo, patisipan yo dwe relye kesyon kle avèk kote a atravè yon flèch.

1. Abit la remèt yon kreyon ak yon papye (menm nan pou tout moun) yo menm k'ap plase fas anba.

2. Lè siyal kòmansman an bay, yo dwe vire li pou yo tout kòmanse ansanm epi relye kazye yo avèk flèch.

3. Lè yo fin relye kazye yo oubyen lè tan ki detèmine a fini etabli, y ap remèt jij la fèy yo, l'ap bay chak ekip 10 pwen pou chak repons ki kòrèk.

KONSILTASYON YO:

Pa gen pèmisyon.

VYOLASYON:

Si yon jij obsève ke youn nan patisipan yo ap eseye wè tras nan papye lòt patisipan yo, yo dwe obsève li, si menm vyolasyon an repete, se pou yo pran bilten an nan men li epi li se patisipasyon li nan jwèt sa a anile.

EGZANP YO:

PWEN
10 pwen pou chak repons kòrèk

TAN
3 minit

PATISIPAN YO
1 pa ekip

MODALITE
Tout gwoup yo yon sèl kou

MATERYÈL YO
• Yon sèl papye pa ekip
• Yon plim pa ekip

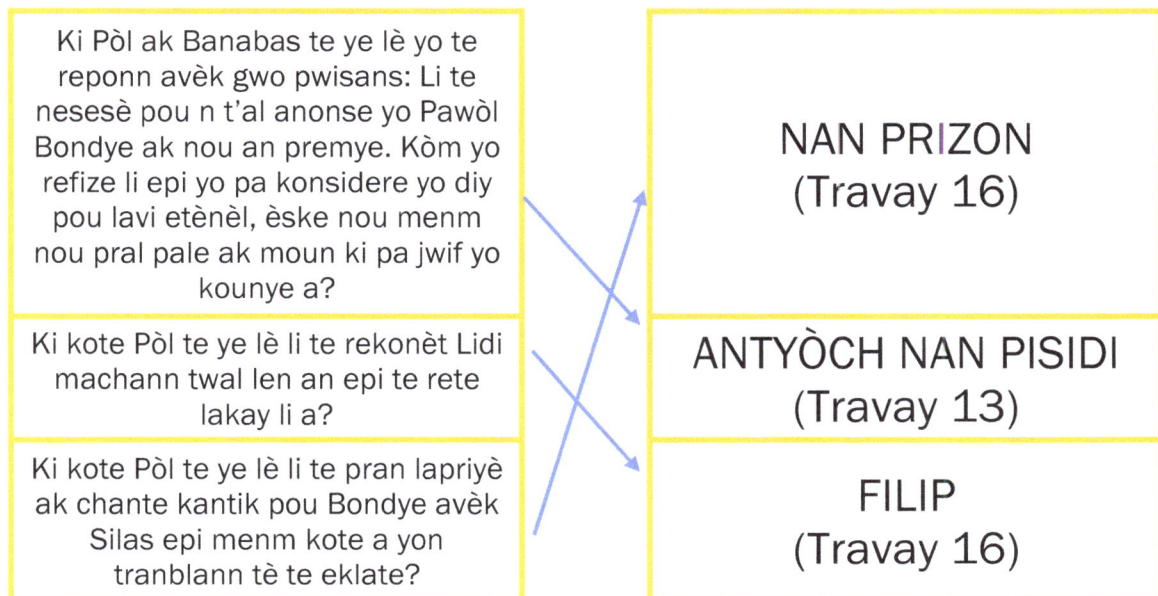

Ki Pòl ak Banabas te ye lè yo te reponn avèk gwo pwisans: Li te nesesè pou n t'al anonse yo Pawòl Bondye ak nou an premye. Kòm yo refize li epi yo pa konsidere yo diy pou lavi etènèl, èske nou menm nou pral pale ak moun ki pa jwif yo kounye a?

Ki kote Pòl te ye lè li te rekonèt Lidi machann twal len an epi te rete lakay li a?

Ki kote Pòl te ye lè li te pran lapriyè ak chante kantik pou Bondye avèk Silas epi menm kote a yon tranblann tè te eklate?

NAN PRIZON
(Travay 16)

ANTYÒCH NAN PISIDI
(Travay 13)

FILIP
(Travay 16)

Ki kote Pòl te ye lè li te rankontre ak yon majisyen, yon fo pwofèt jwif ki rele Bajezi.	**ZILE PAFÒS** (Travay 13)
Pèp la ki abite nan vil la te divize: youn te bò kote jwif yo, epi lòt yo bò kote apot yo.	**NAN LIS** (Travay 14)
Ki kote Pòl te ye lè Seyè a te di li nan yon vizyon "Ou pa bezwen pè; kontinye pale epi pa fèmen bouch ou, mwen ansanm avèk ou…"	**NAN KORENT** (Travay 18)

Ki kote Pòl te ye lè li te di yon nonm kokobe depi tou piti, Kanpe sou pye w epi drese kò w! Nonm nan te vole epi li te kòmanse mache.	**NAN TESALONIK** (Travay 17)
Ki kote Pòl te ye lè li te di jwif yo nan sinagòg la: "Jezi m'ap anonse nou an se li menm ki Kris la".	**NAN ATÈN** (Travay 17)
Ki kote Pòl te ye lè li t'ap anonse Bon Nouvèl Jezi a ak rezireksyon an epi sa te lakòz ke yo te mennen li devan gran konsèy la.	**NAN IKÒN** (Travay 14)

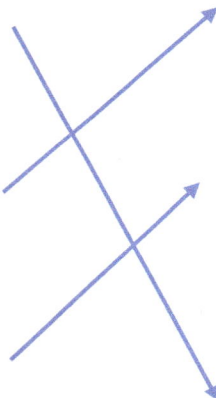

JEWOGRAFI BIBLIK

DEVLOPMAN:

1. Abit la ap remèt yon makè oubyen yon plim ak yon kat bay chak ekip (menm jan pou tout moun) epi plase li fas anba.

2. Yo dwe resevwa lòd pou yo vire yo nan moman ke lekti biblik la kòmanse a.

3. Ekip la dwe idantifye epi ekri non kote ki site nan lekti yo.

4. Lekti a pa dwe repete, ni nou pa dwe aksepte kesyon oubyen entèripsyon. Lè lekti a fini, jij yo dwe revize kat jewografik yo. Yo dwe bay 5 pwen pou chak zòn ki siyale nan kat la ki kòrèk.

KONSILTASYON YO:

Patisipan ki nan menm ekip yo kapab pale avèk youn lòt avèk vwa yo byen ba.

VYOLASYON:

Entèripsyon lekti a avèk kesyon, demann, chanjman plas oubyen pale youn ak lòt byen fò oubyen ak lòt moun andeyò de lòt 3 patisipan yo konsidere kòm vyolasyon. Si kèk pami erè sa a yo ta rive, jij la ap fè abit la konn sa pou li kapab obsève li yon sèl fwa epi l'ap retire nan nòt li yo sou yon mo, si menm ekip la tonbe nan youn nan erè sa yo, konsa, l'ap elimine nan jwèt sa.

SIGJESYON LEKTI YO:

Travay 13:4-14

Travay 16:1-12

Travay 27:3-12

PWEN
5 pwen pou chak non ki bon

TAN
Kantite ke lekti a dire

PATISIPAN YO
3 pa ekip

MODALITE
Tout gwoup yo yon sèl kou

MATERYÈL YO
• Yon kat ki apwopriye ak tèm etid la.
• Yon makè oubyen plim pa ekip
• Pasaj biblik ki chwazi a depi davans

NÒT

Pi devan, nou pral prezante kat de baz etid liv Travay yo, fabrike youn ki byen gwo pou w devlope klas ou yo ak lè w ap antrene ekip la, w ap kapab fè blad tèks tou epi plase yo kote ki te genyen evènman enpòtan, pa egzanp, lyetnan Sèjyo Paulo te konvèti nan Pafòs, nan Atèn. Pòl te pale nan Aewopaj la epi nan Twoas Pòl te resisite Etik.

MEMWA

DEVLOPMAN:

1. Abit la dwe bay lòd jwèt pou ekip yo respekte a.

2. Yo dwe plase fich yo atè a fas anba oubyen sou yon tab byen gaye.

3. Lè siyal pou kòmanse a lanse, patisipan premye ekip yo ap vire fich yo epi yo genyen 5 minit pou yo ranje 8 koup, pandan y ap mete chak tèks biblik avèk sit yo kòrèkteman.

4. Lè yo fini oubyen lè tan an fini, jij la ap revize epi bay 10 pwen pou koup ki kòrèk la.

5. Se pou fich yo rebwase epi retounen plase fas anba atè a oubyen sou yon tab pou pwochen ekip la.

6. E tou, jij la dwe make tan an kote ke chak ekip relye 8 koup yo, ekip ki fè l nan mwens tan an, l'ap jwenn yon bonis 10 pwen.

Tèks yo dwe soti nan lis vèsè pou aprann yo.

KONSILTASYON YO:

Patisipan yo pa kapab konsilte antrenè yo oubyen manm ekip yo a; se sèlman ant yo menm.

VYOLASYON:

Si piblik la fè entèvansyon li epi di kèk tèks oubyen referans byen fò, jij la ap retire pwen yon koup sou yo.

EGZANP:

PWEN
10 pwen pou koup ki bon an

TAN
5 minit

PATISIPAN YO
2 pa ekip

MODALITE
Tout gwoup yo yon sèl kou

MATERYÈL YO
• 16 kat (8 avèk tèks biblik yo avèk 8 referans ki apwopriye.

Men, lè Sentespri a va desann sou nou, n'a resevwa yon pouvwa. Lè sa a, n'a sèvi m' temwen nan Jerizalèm, nan tout peyi Jide ak nan tout peyi Samari, jouk nan dènye bout latè.	TRAVAY 1:8
Yo pase tout tan yo ap koute sa apòt yo t'ap moutre yo, yo t'ap viv ansanm tankou frè yonn ak lòt, yo reyini pou separe pen an bay tout moun, epi yo t'ap lapriyè.	TRAVAY 2:42

MO MAJIK

DEVLOPMAN:

Mo pou dechifre a diferan pou chak ekip, sèlman yo tout dwe genyen menm kantite lèt (9 pou pi plis), ou kapab pran mo jwèt pou konplete a.

1. Abit la dwe distribye bilten yo epi plase yo fas anba sou yon tab oubyen atè a devan chak patisipan.

2. Lè siyal pou kòmanse a bay, timoun nan dwe vire bilten l lan, rechèch la ap kòmanse kote flèch endike a epi patisipan an dwe trase yon liy nan nenpòt sans, menm dyagonal, pou relye lèt yo epi jwenn mo a.

3. Lè li jwenn li, se pou li ekri l nan pati anba a.

4. Se premye ekip ki jwenn li byen epi konplete l la, jij la dwe make tan nan bilten an. Si ta genyen match nil, yo dwe bay tout ekip yo menm kantite pwen. Si yon ekip dekouvri li, men li pa kòrèk, jij k'ap revize a ap endike li epi ekip sa dwe pèdi menm kote a epi jwèt la dwe kontinye avèk lòt patisipan yo.

Si pa genyen okenn ekip ki rive dekouvri li, y ap rete san pwen.

KONSILTASYON YO:
Pa gen pèmisyon.

VYOLASYON:
Si moun ki prezan yo di mo a byen fò, jij la ap fè abit la konn sa. Jwèt sa ap elimine, epi okenn ekip pap jwenn pwen.

EGZANP:

PWEN
10 pwen

TAN
1 minit

PATISIPAN YO
1 pa ekip

MODALITE
Tout gwoup yo yon sèl kou

MATERYÈL YO
• Yon bilten avèk mo ki pou dechifre pa chak ekip yo.
• Yon makè oubyen plim pa chak ekip

Neapolis

Selesi

KASTÈT YO

DEVLOPMAN:

1. Se pou chak patisipan nan chak ekip kanpe youn dèyè lòt ak yon distans de 3 mèt de kastèt yo.

2. Pyès kastèt yo dwe plase atè a, bouch anba, lè sa fin konplèt, li dwe fòme youn nan tèks biblik ke timoun yo te aprann yo.

3. Premye patisipan nan chak ekip ap pran yon kiyè epi mete li nan bouch yo pou kenbe sitwon an oubyen balón nan avèk kiyè a nan bouch li. Lè li rive nan kastèt yo, l ap kite kiyè a avèk sitwon oubyen balón nan sou kote epi vire yon pyès nan kastèt yo.

4. Timoun nan ap tounen pran kiyè a ankò ak sitwon an pou mache rive jwenn pwochen patisipan an epi remèt li sitwon an oubyen balón nan pandan l'ap pase l avèk kiyè a nan kiyè kamarad li a; sa dwe repete menm aksyon an, epi se konsa pou sa kontinye jouskaske kastèt yo fini. (Si timoun nan jete kiyè a oubyen sitwon an, li dwe retounen kote li te kòmanse a epi rekòmanse trajè a).

Ekip ki fini avan an detèmine tan an; si tèks la kòrèk, li kapab make 30 pwen. Si ta genyen match nil ante kip yo, ap genyen 30 pwen pou chak patisipan yo.

KONSILTASYON YO:

Genyen pèmisyon pou konsiltasyon, men se sèlman ant 3 patisipan yo.

VYOLASYON

Si kèk jij remake ke genyen kèk nan timoun yo ki kenbe sitwon an oubyen kiyè a avèk men oubyen jete kiyè a oubyen sitwon an epi kontinye san retounen kote li te kòmanse a, li dwe fè abit la konnen sa menm kote a, epi abit la ap fè timoun nan retounen al rekòmanse depi nan kòmansman pou li fè trajè a. Si kèk nan patisipan yo plase yon pyès kastèt an plis, jij la ap fè abit la konn sa, epi li menm abit la ap retire pyès kastèt yo pou remete yo nan menm plas avèk lòt yo pou timoun nan vin chwazi.

PWEN
30 pwen

TAN
Daprè moun ki fini avan an

PATISIPAN YO
3 pa ekip

MODALITE
Tout gwoup yo yon sèl kou

MATERYÈL YO

- Yon tèks biblik ki divize an 9 pyès pou chak ekip (menm tèks la pou chak ekip)

- 3 kiyè pa ekip

- 3 sitwon oubyen balón pa ekip

- NÒT: Tèks la dwe soti nan lis tèks ki pou aprann yo.

EGZANP:

LI T'AP VIV AVÈK

LI T'AP RESEVWA ANPIL MOUN TOUJOU

KRENTIF POU BONDYE.

LÈ SA A,

LI T'AP DEVLOPE,

LEGLIZ LA TE GEN REPO TOUPATOU

NAN JIDE, NAN GALILE AK NAN SAMARI.

AVÈK KONKOU SENTESPRI,

TRAVAY 9:31

SEKANS LÈT YO

DEVLOPMAN:

1. Abit la distribye anvlòp yo pami ekip yo.

2. Kat yo dwe plase nan tablo a oubyen mi a twa mèt de chak ekip, epi bay chak elèv yon nòt.

3. Ekip yo ap patisipe youn aprè lòt pandan y'ap ekri yon lis mo ki genyen rapò ak kategori ki seleksyone a, avèk difikilte de ke vwayèl ki bay la dwe fòme yon liy an vètikal jan sa montre nan egzanp lan.

4. Twa patisipan chak ekip yo pral fòme yon liy, premye patisipan an ap pran direksyon tablo a epi ekri yon pawòl, aprè sa, li dwe retounen nan liy lan epi remèt pwochen patisipan an makè a. Ekri dezyèm pawòl la epi konsa youn aprè lòt jouskaske tan yon minit la fini.

Patisipan yo kapab kouri oubyen mache pou y'al sou tablo a.

KONSILTASYON YO:
Pa gen pèmisyon.

VYOLASYON:
Si jij la obsève ke y'ap pale ant twa patisipan yo nan chak ekip, valè a nan yon mo rabè, oswa si piblik la rive soti nan di yon mo, jij la endike li epi valè a nan yon mo rabè. tout ekipman an.

EGZANP:
Ekip "Pòl" la jwenn, Pèsonaj ki genyen vwayèl A yo.
Pandan ke ekip "Misyonè Jezi yo" jwenn kote ki vwayèl E.

PWEN
5 pwen pa mo ki kòrèk

TAN
1 minit

PATISIPAN YO
3 pa ekip

MODALITE
Tout gwoup yo yon sèl kou

MATERYÈL YO

- Plizyè anvlòp ki fèmen avèk kategori (pèsonaj, kote, animal oubyen po pouri) ak vwayèl de baz la pou chak ekip.

- Tablo oubyen papye bristòl

- Yon makè pa ekip

PÈSONAJ "A"

```
        a
    M a t i a s
S i l a s
D ò k a s
B a n a b a s
```

KOTE "E"

```
        e
        E f è z
    A t è n
      S e l i s i
J i d e
L a z e
```

FINI ISTWA A

DEVLOPMAN:

1. Abit la dwe lanse lòd patisipasyon an, l ap mete twa chèz kote ke patisipan chak ekip yo dwe chita.

2. Abit la kòmanse lekti pasaj biblik la (youn pa ekip). Nan moman kote ke youn nan twa patisipan ekip yo dekouvri ak ki pasaj ke abit la fè referans, l'ap fè abit la siy (pandan l ap leve kanpe) pou kontinye avèk istwa a.

3. Tan an ap kòmanse nan menm moman kote ke abit la kòmanse fè lekti a epi sispann li lè yon patisipan leve kanpe. Jij yo dwe siyale tan sa a. Abit la ap endike patisipan an ke istwa a fini; li genyen yon minit pou l fè sa.

4. Lè jij yo fin anonse si se kòrèk ak tan ki pase a. Si li pa kòrèk, li pa dwe di ke li PA KÒRÈK.

5. Si tou 2 oubyen 3 patisipan ekip la leve men yo nan menm tan, menm kote a yo tout dwe chita epi kite pou yon sèl nan mitan yo patisipe.

Abit la dwe repete pwosesis la avèk lòt pasaj pou pwochen ekip la. Ekip ki chanpyon an se sa ki rive di tout istwa nan mwens tan pandan abit la ap fè lekti a.

Konsa, patisipan an ap kapab bay plis enfòmasyon sou istwa a. Jij k ap kontwole lè a dwe fè anpil atansyon fas ak chak patisipan pou make minit ak segond kote lè timoun nan kòmanse ak fini.

KONSILTASYON YO:

Genyen pèmisyon pou twa patisipan nan menm ekip yo fè konsiltasyon ant yo, men fòk se ak vwa yo tou ba.

VYOLASYON:

Si youn nan patisipan yo leve kanpe kote l te chita a, men li bliye kontinye avèk istwa a, ba li 15 segond pou l kòmanse repons lan. Si li rete san pale oubyen li tounen chita ankò, jij la ap fè abit la siy pou di li ke entèvansyon an PA KÒRÈK, pandan l'ap mete fen avèk patisipasyon ekip sa nan konkou sa.

SIGJESYON PASAJ BIBLIK YO:
- Jezi monte nan syèl la, Travay 1:1-11
- Sentespri a desann nan jou Lapannkòt la, Travay 2:1-12
- Ananyas ak Safira, Travay 5 :1-11
- Konvèsyon Sòl la, Travay 9:1-19
- Prisil, Akila ak Apolòs, Travay 18:18-28

PWEN
30 pwen

TAN
1 minit

PATISIPAN YO
3 pa ekip

MODALITE
Yon ekip alafwa youn aprè lòt

MATERYÈL YO
• Yon pasaj biblik pou chak ekip, yo pa dwe menm, men yo dwe sanble nan ekstansyon yo.
• Twa chèz

SOUP LÈT YO

DEVLOPMAN:

1. Abit la ap plase bilten yo (menm bagay la pou tout moun) fas anba sou tab la oubyen atè devan chak ekip; bilten yo dwe genyen tit yon tèm ki gen pou wè avèk rechèch la, pa egzanp: Kolaboratè Pòl yo, kote Pòl te ye yo, Objè yo, elatriye.

2. Lè siyal pou kòmanse a fin lanse, chak ekip dwe vire bilten an epi dekri ki mo ki parèt nan fòm orizontal, vètikal, dyagonal, depi anwo pou desann anba, de agoch pou travèse a dwat oubyen visevèsa. Mo yo dwe fèmen oubyen vizib epi yo dwe note sou menm liy.

3. Ekip ki fini avan an dwe kouri al jwenn jij ki la pou sa a epi prezante pou revizyon (se pou abit la fikse kantite tan an). Si jij la remake ke li kòrèk, l'ap fè abit la konn sa. Abit la ap kanpe konkou a epi youn nan patisipan yo ap li lis la byen fò epi resevwa 50 pwen yo.

4. Si bilten ke ekip la pote bay jij la pou revizyon an pa kòrèk nan kèk mo, jij la pap di si l pa kòrèk epi ekip la ap kontinye chèche mo yo.

Pi plis tan ki pou bay pou konkou sa se 7 minit. Si pandan tan ki etabli a pa genyen okenn ekip ki fini, y'ap jwenn pwen daprè kantite repons ki kòrèk yo (sa vle di 5 pwen pa repons kòrèk).

KONSILTASYON YO:

Konsiltasyon yo dwe sèlman ant de patisipan ki nan menm ekip yo.

VYOLASYON:

Si yo mande lòt moun ki pa nan koup k'ap patisipe a, jij la ap fè abit la konn sa epi l'ap ba yo yon sanksyon k'ap dire 30 segond, li pap ba li tan pou l repran pozisyon li.

PWEN
50 pwen or
5 pwen pa mo ki kòrèk

TAN
7 minit

PATISIPAN YO
2 pa ekip

MODALITE
Tout gwoup yo yon sèl kou

MATERYÈL YO
• Yon bilten avèk dis mo pou dekouvri pa ekip.
• Yon makè ki klere oubyen yon plim pou chak ekip.

EGZANP YO:

Soup lèt yo sou "Kolaboratè Pòl yo".

S	R	T	L	A	O	C	K	I	K	I	T
A	R	J	I	E	R	O	P	T	P	A	M
K	F	T	D	T	F	S	I	L	A	S	E
I	T	G	I	R	V	R	F	R	M	Ò	L
L	E	N	R	K	O	S	A	V	R	L	S
A	T	M	N	T	R	T	Y	M	T	O	V
J	O	B	A	N	A	B	A	S	N	P	C
T	M	O	V	B	N	M	L	A	L	A	S
Y	I	Q	W	E	R	T	Y	U	O	F	N
U	T	H	Y	P	R	I	S	I	L	È	A
I	H	C	V	A	R	T	Y	I	O	E	J
S	O	P	A	T	È	R	B	G	A	S	L

AKILA

LIDI

APOLÒS

TIKIK

SILAS

BANABAS

PRISIL

SOPATÈ

TIMOTE

JAN

KATEGORI REFLEKSYON AN

Antrenè a fasilite leson an pandan l'ap konsidere objektif oubyen pwopozisyon ansèyman ak dyalòg la avèk timoun yo ki nan ekip la k'ap pèmèt yo fòmile dout yo. Objektif kategori sa se motive timoun nan fè lekti biblik ki gen refleksyon, pou sa ki gen pou wè avèk eksperyans espirityèl ki genyen kontèks (istorik, kiltirèl, idyomatik, elatriye.) ke l ap devlope a.

Fè timoun yo konnen ke aprann se fwi yon efò pèsonèl.

KÈK TEKNIK REFLEKSYON:

- Dyalòg
- Kesyon ki dirije yo
- Bon atansyon ak bon patisipasyon
- Vize sa ki esansyèl
- Melanje teyori avèk pratik

Pou yon demonstrasyon lokal, distrital, zòn, nasyonal, elatriye., abit la ap chwazi

2 jwèt pou refleksyon

Ekip yo gen pou konnen jwèt yo pral reyalize yo sèlman jous nan jou demonstrasyon an.

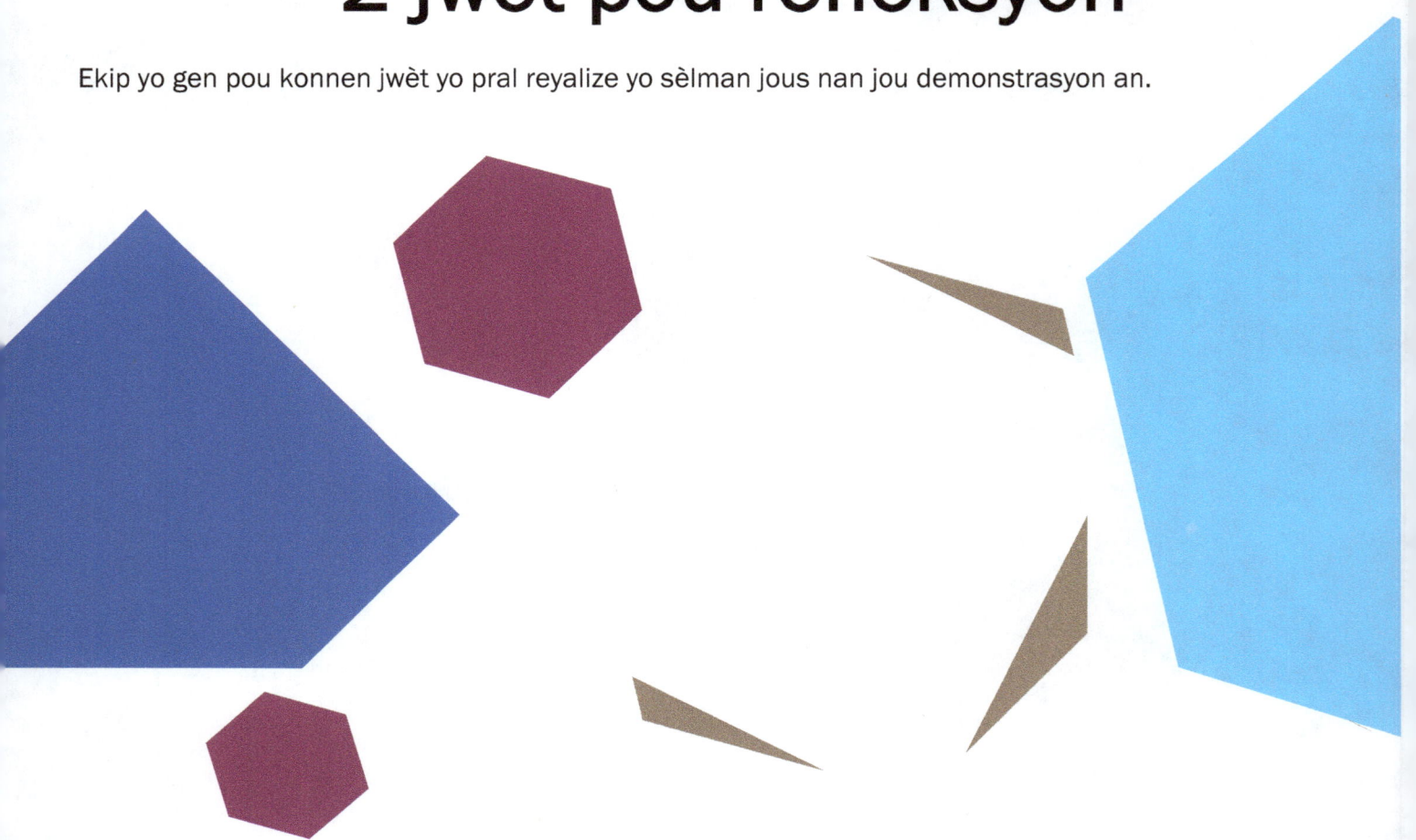

ÈD POU MISYONÈ YO

DEVLOPMAN:

1. Abit la dwe lanse lòd patisipasyon an.

2. Patisipan an dwe chwazi yon anvlòp, chak anvlòp genyen yon ka avèk de tèks; abit la dwe plase 2 tèks biblik nan tablo a nan yon distans de 3 mèt de patisipan an.

3. Abit la pral li ka a byen fò epi aprè sa, l'ap li tèks yo.

4. Patisipan an dwe chwazi ki tèks li konsidere apwopriye avèk ka a. Li dwe bay rezon ki fè se sa ke li chwazi. Li genyen yon minit pou l bay repons lan.

5. Si repons lan kòrèk, jij la ap kalifye li ak 20 pwen, si repons lan pa kòrèk, abit la ap dire repons ki kòrèk la an relasyon avèk ka a.

Si patisipan an chwazi vèsè ki kòrèk la, epi eksplikasyon an pa kòrèk, li dwe resevwa sèlman 10 pwen.

VYOLASYON:

Si piblik la di repons lan byen fò oubyen tante ede patisipan an, jij la ap fè abit la konn sa epi l'ap retire 10 pwen sou ekip ki tonbe nan sitiyasyon sa.

EGZANP:

Mwen genyen zanmi mwen an ki rele Silvia ki fenk soti pou l'ale nan misyon nan peyi Meksik, li te pase yon ti tan ki pat long epi li te pote anpil lide pou l te travay lòtbò a, men, pastè legliz la pat kite l reyalize yo, sa te lakòz ke li te santi l dekouraje.

Repons yo:

1. "Jou lannwit sa a, Pòl wè Seyè a ki di li: 'Kouraj! Menm jan ou kanpe bay verite a pou mwen isit la lavil Jerizalèm, se konsa tou ou gen pou ou al kanpe bay verite a pou mwen lavil Wòm'". Travay 23 :11

2. "Ala moun gen tèt di! Tankou moun lòt nasyon yo, nou fèmen kè nou, nou fèmen zòrèy nou bay Bondye, n'ap kenbe tèt ak Sentespri toujou. Nou tankou zansèt nou yo!" (Travay 7:51)

PWEN
20 pwen

TAN
1 minit

PATISIPAN YO
1 pa ekip

MODALITE
Yon ekip alafwa youn aprè lòt

MATERYÈL YO

- Plizyè anvlòp avèk plizyè ka misyonè ki ta dwe reyèl. Yon anvlòp pou chak ekip.

- De tèks biblik pou chak ka, youn dwe gen relasyon avèk ka a epi lòt la non, yo dwe enprime nan gwosè yon kat.

KÒF SOUVNI YO

DEVLOPMAN:

1. Abit la dwe bay lòd kote ke ekip yo pase devan.

2. Patisipan yo ap kòmanse pase devan youn aprè lòt pou al foure men nan kòf la san gade, lè li genyen objè a oubyen imaj la nan men l, l ap genyen 2 minit pou li kòmanse rakonte kisa imaj sa raple li ki gen pou wè avèk tèks etid la.

3. Patisipan an dwe relye istwa li a byen avèk imaj la, si li kòrèk, chak patisipan ap resevwa 10 pou ekip yo a.

Objè ke yo retire nan kòf la ap rete deyò epi li pa dwe retounen nan kòf la ankò.

KONSILTASYON YO:

Pa gen pèmisyon.

VYOLASYON:

Si timoun nan konsilte kamarad li oubyen piblik la di yon bagay byen fò, jij la ap retire 10 pwen sou ekip ki tonbe nan sitiyasyon sa.

PWEN
10 pwen pou chak istwa ki kòrèk

TAN
2 minit

PATISIPAN YO
2 pa ekip

MODALITE
Yon ekip alafwa youn aprè lòt

MATERYÈL YO

*   Yon kòf, menm si se an bwa oubyen fèt an katon.

*   Imaj ki fèt avèk nenpòt materyèl oubyen enpresyon pou plase andedan kòf la.

EGZANP:

Batiman	20:38, Cap. 27	Pen	12:3, 20:6
Chenn	12:6-7, 16:26	Planch	27:44
Fennèt	20:09	Pòt	3:2, 3:10 12:13-16
Kabann	5:15, 9:33-34	Sentiwon	21:11
Kay	2:2, 2:46, 9:11, 9:43	Twal	16:14
Lank	27:13, 29, 30, 40	Tant	18:03
Nepe	12:2, 16:27	Towo	14:13
Nwaj	1:9 2:19	Zwezo	10:12, 11:6

KÒMAN W IMAJINE LI?

DEVLOPMAN:

1. Abit la dwe lanse lòd patisipasyon an epi pèmèt pou patisipan yo chwazi yon anvlòp sou chans.

2. Abit la dwe ouvri anvlòp premye patisipan an epi kite yo fè lekti a, timoun nan ap gen yon minit pou l bay non evènman ki te pase nan kote sa epi bay yon deskripsyon sou kòman li imajine li de kote sa.

3. Jij la dwe byen konsidere pou ke non evènman menm jan avèk deskripsyon kote a byen akòde ak liv etid la.

4. Si patisipan an pa reponn pandan minit la, li pa dwe resevwa pwen epi abit la dwe site non evènman an.

Si patisipan an sèlman di ki evènman ki te pase kote a, li gen 10 pwen.

KONSILTASYON YO:

Pa gen pèmisyon.

VYOLASYON:

Si timoun nan mande antrenè li oubyen lòt man ki nan ekip li yo oubyen si piblik ki prezan an di yon bagay byen fò, jij la ap fè abit la konn sa epi patisipasyon li ap anile nan jwèt sa sèlman.

PWEN
30 pwen

TAN
1 minit

PATISIPAN YO
1 pa ekip

MODALITE
Yon ekip alafwa youn aprè lòt

MATERYÈL YO
• Yon anvlòp pou chak ekip avèk non kèk zòn kote yon evènman enpòtan te pase.

SIGJESYON KOTE YO:

KOTE	EVÈNMAN	DESKRIPSYON
Pòt ki rele Bèl Pòt la, Travay 3:1-10	Pyè geri yon mandyan kokobe	Pèmèt ke timoun yo itilize imajinasyon yo pou dekri kijan lye sa yo te ye.
Galeri Salomon an, Travay 3:11-26	Pyè te pale avèk moun ki t'ap gade yo	
Chemen nan dezè a ki desann Jerizalèm pou Gaza, Travay 8:26-40	Rankont Filip avèk nonm peyi Etyopi a.	
Bò kote larivyè lavil Filip la, Travay 16:11-15	Konvèsyon Lidi a	
Aewopaj la, Travay 17:16-28	Pòl defann levanjil la devan moun peyi Atèn yo.	

KATON RANPLI

DEVLOPMAN:

1. Abit la dwe pran kat yo epi plase yo fas anba sou yon tab oubyen atè a devan chak patisipan, bay chak patisipan yon bato ki genyen mayi, pwa, bouton oubyen plizyè ti bouchon.

2. Abit la bay endikasyon an pou ke yo bwase kat yo a epi kòmanse lekti pasaj biblik la, pa mwens pase 10 vèsè.

3. Timoun nan dwe byen koute lekti a epi kòmanse make mo ke l'ap tande yo. Moun ki fin ranpli katon l lan avan ap rele di "KATON RANPLI". Epi se la kwonomèt la ap tou kanpe.

4. Si ta genyen match nil ant ekip yo, yo chak dwe resevwa 30 pwen. Si lè pasaj lekti a fini, pa genyen okenn patisipan ki fin ranpli katon an, pèsòn pap jwenn pwen. Si ta genyen match nil ant 2 patisipan ki nan menm ekip yo dwe resevwa 20 pwen sèlman.

KONSILTASYON YO:
Pa gen pèmisyon.

VYOLASYON:
Si ekip la pran poz oubyen poze kesyon pandan lekti a, jij yo ap retire nan pwen yo.

SIGJESYON PASAJ BIBLIK YO:

- Nan Atèn, Travay 17 :16-34
- Sou wout pou Jerizalèm, Travay 21 :1-15
- Nofraj la, Travay 27:27-44

PWEN
30 pwen

TAN
Kantite ke lekti a dire

PATISIPAN YO
2 pa ekip

MODALITE
Tout gwoup yo yon sèl kou

MATERYÈL YO

- Pasaj biblik ki chwazi a
- Plizyè kat ki gen yon gwosè mwayen oubyen ¼ kat, avèk nèf mo ki soti andedan pasaj biblik la, yo dwe diferan pou chak patisipan, men yo tout dwe genyen mo kle a, ki ta dwe dènye nan lekti a.
- 9 mayi, pwa, bouton oubyen ti bouchon pou chak patisipan.

EGZANP KAT YO:

Kounye a nou pral wè yon egzanp kat ki prezante, yo baze sou pasaj biblik Nofraj la, nan ka sa a, mo kle a se "Malè" yo.

PASAJ BIBLIK KI SIGJERE A: "Nofraj la" (Travay 27:27-44)

Mediterane	Kraze	Bondye
Manje	Pòl	Koulye
Malè	Katòz	Kichòy

Kouraj	Marin	Lank
Chache	Malè	Pòl
Zaviwon	Gouvènay	Rekonèt

Marin	Lank	Lòd
Deleste	Pwoche	Lank
Jwenn	Prizonye	Malè

Kannòt	Bondye	Malè
Manje	Batiman	Prizonye
Women	Bezwen	Katòz

BIB LA NAN EPÒK PA NOU YO

DEVLOPMAN:

1. Abit la dwe bay lòd patisipasyon an epi pèmèt pou chak ekip chwazi yon anvlòp sou chans.

2. Chak ekip ap genyen 2 minit pou gade nan Bib la. Lè tan sa fini, pap gen plis pèmisyon pou tounen al gade nan Bib la ankò.

3. Se 3 patisipan yo ki pou mete tèt yo ansanm pou chwazi moun ki pral reprezante yo a. Ekip aprè ekip daprè kantite patisipasyon an, l'ap genyen sèlman yon minit pou l rakonte pasaj ke li pote a, ki dwe gen pou wè ak epòk ke n ap viv la (ane sa).

KONSILTASYON YO:

Yo tout 3 ki nan ekip la kapab konsilte Bib la pandan 2 minit.

VYOLASYON:

Si yo pale ant yo 3 patisipan yo oubyen avèk rès ekip la lè tan jij la endike a fini, epi abit la ap anile patisipasyon li nan jwèt sa.

SIGJESYON PASAJ BIBLIK YO:

- Ananyas ak Safira, Travay 5:1-11
- Konvèsyon Sòl, Travay 9:1-19
- Nan Antyòch Pisidi, Travay 13:13-25
- Pòl nan Aewopaj la, Travay 17:16-28
- Prisil, Akila ak Apolòs, Travay 18:18-28

PWEN
30 pwen

TAN
3 minit (2 pou konsilte Bib la, 1 pou rakonte istwa a)

PATISIPAN YO
3 pa ekip

MODALITE
Li similtane pou konsilte Bib la ak yon ekip nan yon moman pou rakonte istwa a.

MATERYÈL YO
- Plizyè anvlòp avèk plizyè pasaj biblik diferan pou chak ekip.

NOFRAJ LA

DEVLOPMAN:

1. Abit la dwe bay lòd patisipasyon an.

2. Fòk kòf la oubyen ti bato a atè a, li menm ki genyen plizyè mo, tout patisipan yo ap genyen 30 segond pou chèche yon mo ki gen relasyon ak nofraj la ki rakonte nan Travay 27:27-44, lè 30 segond yo fini, jij la revize mo a epi sètifye ke li gen pou wè avèk pasaj biblik la, si se kòrèk, yo dwe mete 10 pwen pou ekip la.

3. Yo dwe pase youn aprè lòt daprè lòd ki bay la epi abit la ap poze de kesyon ki gen pou wè avèk pawòl:

   - Nan ki vèsè nou jwenn li?

   - Kòman w ta itilize li ou menm, si w ta nan yon nofraj?

Ap genyen 10 pwen pou chak repons ki bon.

Si patisipan an note yon mo ki pa genyen okenn relasyon avèk pasaj la oubyen si lè tan ap fini an li pat rive jwenn okenn mo nan tèm nan, jij la ap endike li epi timoun nan ap pèdi patisipasyon li nan jwèt la.

VYOLASYON:

Si timoun nan touche lòt patisipan an pandan rechèch la, konsilte antrenè a oubyen lòt manm nan ekip li yo oubyen si piblik ki prezan an di yon bagay byen fò, jij la ap endike sa epi patisipasyon li ap elimine nan jwèt sa sèlman.

EGZANP:

Kèk mo ki kapab genyen nofraj ladan li yo se :
Sonèt, lank, bato, kòd, pen, ble, volan, planch.

Li dwe genyen plizyè mo ki pa genyen relasyon avèk tèm nan kòm pwopriyete, twal, fanm, lajan, lò, trivye, elatriye.

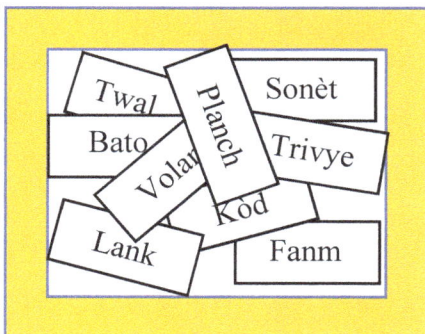

Marianita ki nan ekip "Misyonè Jezi yo", li te jwenn mo "kòd". Li te reponn ke li soti nan vèsè 32 epi di ke li ta itilize li pou mare yon planch epi naje rive jous sou plaj la. Jij la te konsidere sa kòrèk epi li te resevwa 30 pwen pou ekip li a.	Luis ki fè pati ekip "Pòl" te jwenn mo, "volan". Li pat di nan ki vèsè ke mo sa a te twouve li. Li te di ke li ta itilize li pou dirije bato a epi rive sove nan plaj la. Abit la ba li 20 pwen.

GWO EKLATMAN

DEVLOPMAN:

1. Abit la dwe lanse lòd patisipasyon an epi patisipan yo ap pran pozisyon yo anba nimewo blad ki pou yo a.

2. Abit la ap pike blad premye patisipan an epi li kalite ke li jwenn nan, patisipan an ap genyen 2 minit pou l bay yon kout eksplikasyon sou kalite a epi resite yon tèks biblik ki asosye ak kalite a.

3. Jij la ap veye pou eksplikasyon kalite a menm jan ak tèks biblik la kòrèk epi asosye ak tèm etid la.

4. Si timoun nan eksplike kisa valè a ye byen kòrèk, men li pa di okenn tèks (oubyen visevèsa), oubyen tèks la pa genyen relasyon avèk kalite a, li sèlman genyen 10 pwen.

KONSILTASYON YO:
Pa gen pèmisyon.

VYOLASYON:
Si timoun nan konsilte antrenè a oubyen lòt manm nan ekip li a oubyen si piblik ki prezan an di yon bagay byen fò, jij la ap fè abit la konn sa epi l'ap elimine patisipasyon li nan jwèt sa sèlman.

KISA KALITE YO YE?
Valè yo se prensip ki gide lavi nou (kondwit).

LIS KALITE YO:
Jenewozite, respè, rekonesans, amitye, responsablite, lapè, solidarite, tolerans, lonètete, jistis, libète, fòs, lwayote, entegrite, padon, bonte, imilite, pèseverans, lanmou, inite, konfyans.

PWEN
20 pwen

TAN
2 minit

PATISIPAN YO
1 pa ekip

MODALITE
Yon ekip alafwa

MATERYÈL YO

- Yon kòd oubyen fil.
- Yon blad pou chak ekip, andedan blad la fòk genyen yon papye avèk non yon kalite. Pou fè li plis enteresan tou, ou kapab plase ti moso papye.
- Yon egwi.

EGZANP:

Jenewozite	"Yo vann tè yo ak tout byen yo, yo separe lajan an pami yo tout, dapre nesesite chak moun." Travay 2:45
Rekonesans	"Lè li fin di sa, Pòl pran pen, li di Bondye mèsi devan yo tout, li kase pen an, epi l' kòmanse manje." Travay 27:35
Ospitalite	"Li resevwa batèm, li menm ansanm ak tout fanmi li. Apre sa, li envite nou vin lakay li. Li di nou: Se pou n' vini, se pou n' fè ladesant lakay mwen, si nou kwè mwen mete konfyans mwen tout bon nan Seyè a. Se konsa li fòse nou rete lakay li." Travay 16:15

SWIV TRAS YO

DEVLOPMAN:

1. Abit la dwe bay lòd patisipasyon an epi plizyè anvlòp avèk jwèt kesyon yo.

2. Atè a dwe genyen 12 tras epi timoun yo ap fè yon liy nan kòmansman, abit la ap li premye kesyon premye patisipan an epi pran 30 segond pou bay repons li a, si li kòrèk, plase sa ki idantifye l la nan tras # 1, si li pa reponn pandan 30 segond oubyen repons li a pa kòrèk, abit repons kòrèk epi timoun nan pap kapab avanse.

3. Aprè sa, kontinye avèk pwochen patisipan, nan fòm antre sòti.

Fòk ou byen kontwole pou ke yo kapab poze chak patisipan yo 12 kesyon pou chak patisipan, nan jwèt sa, y'ap resevwa 5 minit pou chak tras ke yo avanse.

KONSILTASYON YO:
Pa gen pèmisyon.

VYOLASYON:
Si odyans lan te di repons lan awotvwa, 10 pwen yo pral dedwi nan ekip la ki antrene sa a vyolasyon.

PWEN
5 pwen pou chak repons ki kòrèk.

TAN
30 segond pou bay repons lan

PATISIPAN YO
1 pa ekip

MODALITE
Yon ekip alafwa youn aprè lòt

MATERYÈL YO

- 12 tras papye oubyen nenpòt lòt materyèl.
- Yon anvlòp avèk yon je de 12 kesyon diferan pou chak ekip.
- De tit, youn pou kòmansman epi lòt la pou fen an.
- Makè pou chak ekip, yo kapab plizyè sèk an koulè.

EGZANP:

Izabèl ki nan ekip "Pòl" li te reponn 9 kesyon, epi resevwa 45 pwen.

Kamila ki nan ekip "Aksyon ki transfòme yo" te reponn 6 kesyon pou resevwa 30 pwen pou ekip li.

KATEGORI ATIZANA MANYÈL

Atizana yo kapab itilize tou kòm zouti ansèyman an, anjeneral chèche avansman pèsonèl, devlope kreyativite epi yo se yon fòm de rekreyasyon. Atizana yo te itilize nan etap nan bonè nan aprann paske yo pèmèt devlopman nan ladrès brit ak amann motè.

Kategori sa a pral pèmèt timoun yo reprezante konesans biblik nan ekspresyon manyèl ki diferan.

KÈK LIDE:

- Mande prezidan nan DNI pou ba ou materyèl pedagojik, papye diferan koulè ak tèks, sizo, lakòl, lenn, ti klere, chalimo, penti dwèt, bwòs, elatriye.

- Fè aktivite ki pèmèt timoun yo devlope kreyativite yo.

Pou yon lokal, distri, zòn, demonstrasyon nasyonal, elatriye., abit la pral chwazi:

1 jwèt atizana manyèl

Ekip yo pral konnen ki jwèt yo pral jwe sèlman jouk jou demonstrasyon an rive.

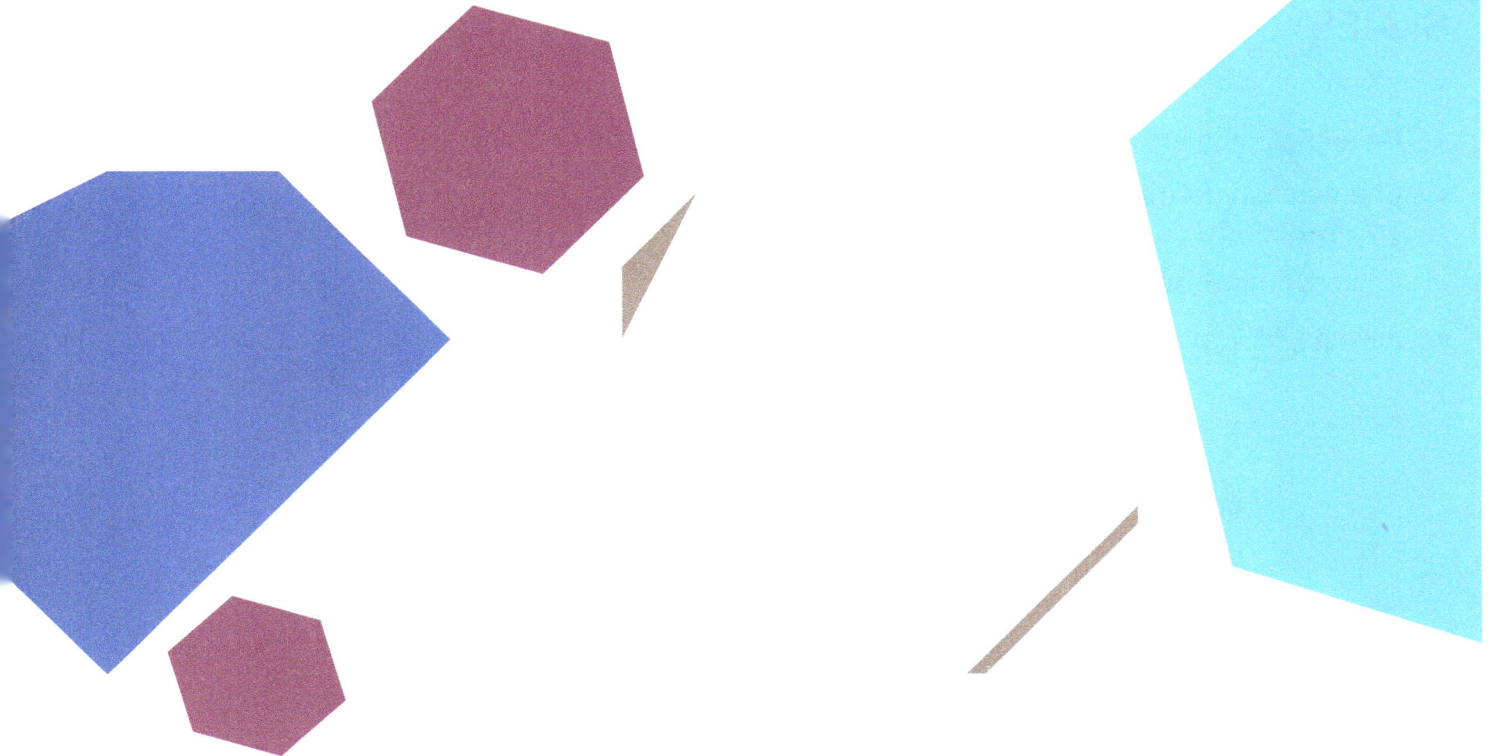

DRAPO YO

DEVLOPMAN:

1. Abit la dwe bay lòd patisipasyon an avèk plizyè anvlòp avèk non kote dewoulman evènman enpòtan yo te fèt la.

2. Chak ekip pral dispoze 5 minit pou reyalize yon drapo avèk plizyè eleman ki idantifye kote li jwenn nan.

3. Lè 5 minit yo fin pase, chak ekip ap genyen 1 minit pou bay eksplikasyon l lan.

4. Pou jwèt sa, men echèl evalyasyon ki dwe pran:

   - Adaptasyon materyèl yo: 5-10 pwen

   - Kreyativite ak lapwòpte: 5-10 pwen

   - Eksplikasyon: 5-10 pwen

KONSILTASYON YO:

Se sèlman ant de patisipan ki nan menm ekip yo.

VYOLASYON:

Si pandan eksplikasyon an, piblik la oubyen kèk manm nan ekip la ta di yon bagay, abit la ap obsève moun nan, si sa retounen pase ankò, l'ap retire 10 pwen sou ekip la.

SIGJESYON KOTE YO:

- Pòt ki rele Bèl Pòt la, Travay 3:1-10

- Galeri Salomon an, Travay 3:11-26

- Chemen nan dezè a ki desann Jerizalèm pou Gaza, Travay 8:26-40

- Bò kote larivyè lavil Filip la, Travay 16:11-15

- Aewopaj la, Travay 17:16-28

PWEN
30 pwen

TAN
5 minit pou fè drapo a epi 1 minit pou eksplike

PATISIPAN YO
2 pa ekip

MODALITE
Yo tout ansanm pou fè drapo a epi yon ekip a lafwa ki pou eksplike.

MATERYÈL YO
- Plizyè anvlòp avèk lye yo
- Mwatye bwat oswa planchèt
- Papye an koulè diferan ak tèks
- Kreyon, makè
- Baton an bwa oswa moun ki gen balón
- Lakòl, sizo, lenn, elatriye.

KOLAJ

DEVLOPMAN:

1. Abit la dwe bay lòd patisipasyon an pou eksplikasyon ak anvlòp yo ansanm ak tèm pou elaborasyon kolaj la.

2. Chak ekip ap pran 5 minit pou elabore kolaj pa yo a avèk plizyè eleman ki dwe idantifye tèm ke yo jwenn nan.

3. Lè 5 minit yo fin pase, chak ekip ap genyen 1 minit pou bay eksplikasyon yo a.

4. Pou jwèt sa, men echèl evalyasyon ki dwe pran.

   - Adaptasyon materyèl yo   5-10 pwen

   - Kreyativite ak lapwòpte   5-10 pwen

   - Eksplikasyon   5-10 pwen

KONSILTASYON YO:

Se sèlman ant patisipan ki nan menm ekip yo.

VYOLASYON:

Si pandan eksplikasyon an, piblik la oubyen yon manm nan ekip la fè entèvansyon, l'ap fè l pa fè sa ankò, si sa retounen fèt ankò, y'ap retire10 pwen sou ekip la.

SIGJESYON TÈM YO:

- Jezi monte nan syèl la, Travay 1:1-11

- Sentespri a desann nan jou Lapannkòt la, Travay 2:1-12

- Ananyas ak Safira, Travay 5:1-11

- Konvèsyon Sòl la, Travay 9:1-19

- Prisil, Akila ak Apolòs, Travay 18:18-28

PWEN
30 pwen

TAN
5 minit pou elaborasyon kolaj la epi 1 minit pou eksplike

PATISIPAN YO
3 pa ekip

MODALITE
Yo tout ansanm pou fè kolaj la epi yon ekip a lafwa ki pou eksplike.

MATERYÈL YO

- Plizyè anvlòp avèk tèm yo

- Plizyè fèy

- Papye an koulè diferan ak tèks

- Kreyon, makè

- Bwòs pip, zye, koton, elatriye.

- Lakòl, sizo, lenn, elatriye.

REPONN EPI DESINE

DEVLOPMAN:

1. Abit la dwe lanse lòt patisipasyon an avèk anvlòp yo ki genyen senk kesyon (se pou desen an menm jan avèk kesyon yo diferan pou chak ekip yo).

2. Patisipan yo dwe fè yon liy de 3 mèt distans ak tablo a oubyen mi kote desen an kole a.

3. Abit dwe li premye kesyon an pou premye patisipan an (aprè li fin premye kesyon an, l'ap kòmanse kontwole kwonomèt la), si li reponn byen, I ap gen chans pou I pase yon desen sou lòt desen de baz la. Si I pa reponn, li pap kapab pase desen sou lòt desen an.

4. Lè senk kesyon yo fin poze, abit la ap mande pou yon sèl patisipan di li ki tèm oubyen evènman ki te desine a.

5. Pou jwèt sa, se echèl evalyasyon sa k'ap evalye:

   - Eklèsisman ak lapwòpte desen yo   5-10 pwen
   - Kowòdinasyon nan gwosè ak espas   5-10 pwen
   - Desen yo asosye avèk tèm nan   5-10 pwen

KONSILTASYON YO:

Pa gen pèmisyon, chak patisipan dwe reponn kesyon pa I la san mande kamarad li yo.

VYOLASYON:

Si yon lòt patisipan reponn kesyon ke yo te poze youn nan patnè yo oswa si yon moun nan odyans lan di repons lan byen fò, patisipasyon ekip sa a anile sèlman nan jwèt sa a.

SIGJESYON TÈM YO:

- Jezi monte nan syèl la, Travay 1:1-11
- Sentespri a desann nan jou Lapannkòt la, Travay 2:1-12
- Ananyas ak Safira, Travay 5:1-11
- Bò kote larivyè lavil Filip la: Travay 16:11-15
- Nofraj la: Travay 27:27-44

PWEN
30 pwen

TAN
3 minit

PATISIPAN YO
5 pa ekip

MODALITE
Yon ekip alafwa

MATERYÈL YO

- Plizyè goumèt ki genyen desen de baz la ak kesyonè ki genyen senk kesyon. (desen an ak kesyon yo dwe diferan pou chak ekip)
- Marèk kasèt oswa selan
- Makè

DI LI PANDAN W AP DESINE

DEVLOPMAN:

1. Abit la dwe lanse lòd patisipasyon an ak anvlòp yo avèk de tèm yo oubyen pèsonaj yo pa ekip.

2. De patisipan ki soti nan menm ekip ap kanpe nan yon distans de 2 mèt de tablo a oubyen mi an.

3. Abit la pral di patisipan an A sijè a nan zòrèy oswa pèsonaj ki pou li a, li ta dwe fè desen an sou bò kote l' nan papye a oswa tablo a nan yon maksimòm de 1 minit.

4. Apre minit la fin pase nan fè desen, patnè li a, ki se, patisipan B a, ta dwe dekri ki tèm oswa pèsonaj ke kamarad li a te desine a.

5. Si l fè siksè, jij yo ap ba li 15 pwen.

6. Lè sa a, wòl yo envèse, patisipan B a pral trase sijè a ki fè pati li oswa li ak patisipan A yo ta dwe dekri li. Si deskripsyon l lan kòrèk, y ap ajoute yon lòt 15 pwen.

KONSILTASYON YO:

Pa gen pèmisyon.

VYOLASYON:

Si yon moun nan piblik la rele bay kèk repons byen fò, ekip la ap sanksyone lè yo anile patisipasyon li nan jwèt sa a sèlman.

SIGJESYON TÈM YO:

- Ou kapab itilize menm tèm kolaj la.
- Ou kapab itilize menm pèsonaj maryonèt yo.

PWEN
30 pwen (15 pa patisipan)

TAN
1 minit pou desine, 1 minit pou dekri

PATISIPAN YO
2 pa ekip

MODALITE
Yon ekip alafwa

MATERYÈL YO
• Plizyè anvlòp ak de tèm oswa pèsonaj pou chak ekip.
• Gwo moso papye debaz oswa tablo
• Makè

EMOSYON-ATIZANA

DEVLOPMAN:

Jwèt sa te trase nan panse kote antrenè chak ekip dwe anseye timoun yo sou emosyon ak kijan yo kapab jere yo.

1. Abit la dwe lanse lòd ekspozisyon an.

2. Yo dwe bay chak patisipan yon fèy avèk de imaj figi (gason/fanm) ak yon makè.

3. Abit la ap di non youn nan pèsonaj yo ak yon evènman kote ke pèsonaj la te santi kèk emosyon, pa egzanp: "Pòl nan Nofraj la"

4. Chak patisipan dwe trase ekspresyon vizaj ki koresponn nan ak emosyon ke pèsonaj la te santi a, nan ka sa a, desen an ap fè sou silwèt gason an. Pou sa, yo pral gen 1 minit. (Nan ka yo pale sou plizyè karaktè tankou gad, legliz, elatriye., tou de silwèt yo kapab itilize).

5. Apre minit nan desen an, selon lòd ki te bay la, chak patisipan pral bay jij yo yon eksplikasyon sou emosyon an ak poukisa yo panse ke pèsonaj la te santi l.

6. Pou jwèt sa, men echèl evalyasyon ki dwe pran:

   - Eklèsisman ak lapwòpte   5-10 pwen

   - Eksplikasyon   5-10 pwen

PWEN
20 pwen

TAN
1 minit pou desine, 1 minit pou ekspoze

PATISIPAN YO
1 pa ekip

MODALITE
Yo tout ansanm dwe fè desen epi youn nan yo a lafwa ki pou kanpe pran la pawòl

MATERYÈL YO
• Fèy avèk imaj vizaj (gason/fanm)   • Makè

KONSILTASYON YO:

Pa gen pèmisyon.

VYOLASYON:

Si kèk patisipan tante gade oubyen repete sa lòt ekip ap fè, jij la ap endike li epi elimine patisipasyon li nan jwèt sa.

SIGJESYON TÈM YO:

- Moun Galile yo ap gade nan syèl la, Travay 1:9-10

- Kominote kwayan yo, Travay 2:41-47

- Legliz la ak tout moun te tande pale de lanmò Ananyas ak Safira, Travay 5:10-11

- Defansè sikonsizyon yo te tande ke Sentespri a te vide sou moun lòt nasyon yo, Travay 10:45

- Gad yo te aprann ke Pòl ak Silas te sitwayen women, Travay 16:38

malèz	konfizyon	desepsyon	degou
lawont	lajwa	fwistrasyon	kolè
felisite	inosans	iritasyon	solitid
nève	kè poze	lògèy	tristès
pèrèz	chòk	malad	fawouchè
sezisman	sispèk	fatig	prewokipasyon

MARYONÈT

DEVLOPMAN:

1. Abit la dwe livre pèsonaj yo ak fason ke ekip yo dwe bay eksplikasyon an.

2. Abit la dwe dispoze menm kantite materyèl yo pou chak ekip sou yon tab oubyen atè a.

3. Y'ap genyen 5 minit pou elaborasyon maryonèt la.

4. Lè 5 minit yo fin pase, konfòm ak lòd ki bay la, chak ekip ap fè yon prezantasyon ki enteresan osijè de maryonèt li a.

5. Pou jwèt sa, se echèl evalyasyon sa ki dwe pran an konsiderasyon:

   - Lapwòpte nan elaborasyon maryonèt la   5-10 pwen
   - Adaptasyon materyèl yo   5-10 pwen
   - Kreyativite ak lapwòpte   5-10 pwen

KONSILTASYON YO:

Genyen pèmisyon pou sèlman de moun sa yo ki fòme ekip la.

VYOLASYON:

Y'ap retire 5 pwen sou ekip k'ap pale ant yo lè genyen yon ekip k'ap fè prezantasyon.

SIGJESYON PÈSONAJ YO:

- Pòl
- Pyè
- Dòkas
- Silas
- Banabas
- Filip
- Lidi
- Timote
- Akila
- Prisil

PWEN

30 pwen

TAN

5 pou elabore maryonèt la,
1 minit pou prezantasyon an

PATISIPAN YO

2 pa ekip

MODALITE

Yc tout ansanm dwe fè elaborasyon an, yon ekip a lafwa pou prezantasyon an

MATERYÈL YO

- Plizyè anvlòp ki genyen non pèsonaj yo.
- Plizyè ti sakit mwayèn ki fèt ak papye siman
- Papye ki genyen plizyè koulè ak tèks diferan.
- Makè, sizo, lakòl, lènn, zye ki kapab fè mounvman, elatriye.

AKSYON KATEGORI

Pèfòmans sa a konsiste pou reprezante yon pèsonaj nan yon fason entegral, poutèt sa, li nesesè ke aktè a, timoun nan, konnen pèsonaj la epi yo ka sisite li ak ekspresyon kòporèl li yo ak vwa.

Nan kategori sa a, objektif la se devlope nan timoun nan kapasite nan eksprime avèk kò yo yon mesaj espirityèl ki enplike nan etid Pawòl Bondye a.

KÈK LIDE:

- Kreye yon atmosfè respè ak yon lespri pozitif nan timoun yo pou ke yo pa pran plezi oswa ri lè youn nan kamarad klas yo ap patisipe nan kategori sa a.

- Fè egzèsis ki pèmèt timoun nan jwenn konfyans nan tèt yo epi pèdi timidite.

Pou yon demonstrasyon lokal, distri, zòn, nasyonal, elatriye, abit la ap chwazi:

1 jwèt nan pèfòmans

Ekip yo pral konnen ki jwèt yo pral jwe sèlman jouk nan jou demonstrasyon an .

AKWOSTICH

DEVLOPMAN:

1. Abit la dwe livre pèsonaj yo ak fason ke ekip yo dwe bay eksplikasyon an.

2. Abit la ap remèt chak ekip yon papye bristòl.

3. Y ap genyen 5 minit pou yo ekri akwostic yo a.

4. Lè 5 minit yo fin pase, daprè lòd yo te resevwa a, chak ekip ap fè yon prezantasyon enteresan sou akwostich yo a.

5. Pou jwèt sa, se echèl evalyasyon sa ki dwe pran an konsiderasyon:

   - Jès   5-10 pwen
   - Kowòdinasyon ant 2 manm ekip yo   5-10 pwen
   - Entonasyon   5-10 pwen
   - Kreyativite   5-10 pwen
   - Kontni ki gen pou wè avèk tèm etid la   5-10 pwen

KONSILTASYON YO:

Gen pèmisyon sèlman ant manm ki nan menm ekip yo.

VYOLASYON:

Y ap retire 5 pwen sou ekip k ap pale ant yo menm lè genyen yon ekip ap fè prezantasyon.

SIGJESYON PÈSONAJ YO:

- Pòl
- Pyè
- Dòkas
- Filip
- Timote
- Akila
- Prisil
- Jezi

PWEN

50 pwen

TAN

5 minit pou elabore akwostich la epi 1 minit pou prezantasyon an.

PATISIPAN YO

2 pa ekip

MODALITE

Yo tout ansanm dwe fè elaborasyon an, yon ekip a lafwa pou prezantasyon an

MATERYÈL YO

- Plizyè anvlòp avèk non pèsonaj yo.
- Papye bristòl
- Makè.

DEKLAMASYON

DEVLOPMAN:

1. Abit la dwe livre pèsonaj yo ak fason ke ekip yo dwe bay eksplikasyon an.

2. Chak ekip ap genyen pou pi plis 1 minit pou prezante powèm yo a.

3. Pou jwèt sa, se echèl evalyasyon sa ki dwe pran an konsiderasyon:

   - Jès   5-10 pwen
   - Kowòdinasyon ant 2 manm ekip yo   5-10 pwen
   - Entonasyon   5-10 pwen
   - Lèt nouvo   5-10 pwen
   - Kontni ki gen pou wè avèk tèm etid la   5-10 pwen

KONSILTASYON YO:
Pa gen pèmisyon.

VYOLASYON:
Y ap retire 5 pwen sou ekip k ap pale ant yo menm lè genyen yon ekip ap fè prezantasyon.

EGZANP:

Te genyen anpil kal ki te tonbe soti nan je li,
se te transfòmasyon ke Jezi te ba li.
Li te resevwa vizyon avèk nouvo je,
li te preche levanjil la nan tout nasyon.
Li te konprann ke se pa sèlman pou jwif yo,
pou moun lòt nasyon yo tou.
Alelouya Kris la te chanje li!

Li te ale nan tout ti bouk yo,
lari yo ak sinagòg yo
ak pouvwa pou bay pawòl la.
Gen kèk moun ki koute l ',
gen lòt ki te kwè e te gen moun ki te pèsekite l,
li te soufri sou sa li menm li te fè.
Alelouya Kris la te chanje li!

Nan fen jou li yo,
li te pèsiste nan predikasyon ak ansèyman,
nan prizon nan kay li a,
li te voye disip li yo,
swiv egzanp antrenè a,
ranpli misyon li pa t 'kawotchou.
Alelouya Kris la te chanje li!

PWEN
50 pwen

TAN
1 minit

PATISIPAN YO
2 pa ekip

MODALITE
Yon ekip alafwa

MATERYÈL YO

DYALÒG AVÈG JÈS

DEVLOPMAN:

1. Abit la dwe bay lòd patisipasyon an ak tèm yo.

2. Ekip la ap chwazi yon patisipan ki pou fè jès la, lòt kat yo gen pou devine tèm ke kamarad yo a fè a, pou sa fèt, y ap genyen 2 minit pou pi plis.

3. Lè yo fin asire yo de repons lan, yo dwe di l,si li kòrèk, ekip li a ap resevwa pwen, si l pa kòrèk, abit la ap bay repons lan epi kontinye avèk lòt ekip la.

KONSILTASYON YO:
Dwe genyen ti pale sèlman ant 4 patisipan yo.

VYOLASYON:
Si piblik ki prezan an oubyen lòt manm ekip yo entèwonp nan bay yon repons ki posib, jij la ap endike li epi Abit la ap elimine patisipasyon ekip la nan jwèt sa sèlman.

SIGJESYON TÈM YO:

- Jezi monte nan syèl la, Travay 1:1-11
- Sentespri a desann nan jou Lapannkòt la, Travay 2:1-12
- Ananyas ak Safira, Travay 5:1-11
- Bò larivyè Filip la, Travay 16:11-15
- Nofraj la: Travay 27:27-44

PWEN
25 pwen

TAN
2 minit

PATISIPAN YO
5 pa ekip

MODALITE
Yon ekip alafwa

MATERYÈL YO
• Plizyè anvlòp avèk plizyè tèm (diferan pou chak ekip).

DRAMATIZASYON

DEVLOPMAN:

1. Abit la dwe bay lòd patisipasyon an ak tèm yo.

2. Chak ekip ap genyen 5 minit pou prepare yo avèk sipò antrenè yo a, li enpòtan pou ke vestyè yo, teyat, dekorasyon, elatriye, yo dwe atenn moman sa, pandan y ap itilize sa ki nan men yo epi tèm nan dwe gen pou wè avèk aktyalite a.

3. Lè 5 minit yo fin pase, abit la ap mande antrenè yo pou yo soti epi chak ekip ap genyen 5 minit pou pi piti pou prezante dram yo a.

4. Pou jwèt sa, se echèl evalyasyon sa ki dwe pran an konsiderasyon:

   - Patisipasyon tout ekip la   5-10 pwen
   - Kapasite reprezantasyon an   5-10 pwen
   - Fasilite dyalòg   5-10 pwen
   - Itilizasyon resous disponib yo   5-10 pwen
   - Konvèsasyon ansèyman an   5-10 pwen

KONSILTASYON YO:

Pandan 5 premye minit yo, y ap kapab konsilte antrenè a epi pale ant yo, pandan prezantasyon an yo pap kapab pale ant yo.

VYOLASYON:

Y ap retire 10 pwen sou ekip k'ap plede pale lè gen ekip ap fè prezantasyon.

SIGJESYON TÈM YO:

- Ananyas ak Safira, Travay 5:1-11
- Konvèsyon Sòl la, Travay 9:1-19
- Nan Antyòch peyi Pisidi, Travay 13:13-25
- Pòl nan Aewopaj la, Travay 17:16-28
- Prisil, Akila ak Apolòs, Travay 18:18-28
- Nofraj la, Travay 27:27-44

PWEN
50 pwen maksimòm

TAN
5 minit

PATISIPAN YO
Tout ekip la

MODALITE
Yon ekip alafwa

MATERYÈL YO
- Plizyè anvlòp avèk plizyè tèm (diferan pou chak ekip).
- Plizyè fèy
- Kreyon al plim.

DÈNYE LÈ

DEVLOPMAN:

1. Abit la dwe bay lòd patisipasyon an ak tèm yo.

2. Chak ekip ap genyen 3 minit pou elabore yon nouvèl ki byen enteresan ki baze sou tèm ke li jwenn nan.

3. Lè 3 minit yo fin pase, sèlman yon patisipan nan chak ekip ap gen dwa li nouvèl la nan yon minit pou pi plis.

4. Pou jwèt sa, se echèl evalyasyon sa ki dwe pran an konsiderasyon:

   - Kreyativite   5-10 pwen
   - Kontni ki gen relasyon avèk tèm etid la   5-10 pwen
   - Fasilite dyalòg la   5-10 pwen

KONSILTASYON YO:

Yo bay pèmisyon ant 4 patisipan yo pandan 4 premye minit yo, anplis de sa, yo kapab gade nan Bib la.

VYOLASYON:

Y ap retire 10 pwen sou ekip k'ap plede pale lè gen ekip ap fè prezantasyon.

SIGJESYON TÈM YO:

- Ananyas ak Safira, Travay 5:1-11
- Konvèsyon Sòl la, Travay 9:1-19
- Pòl nan Aewopaj la, Travay 17:16-28
- Vizit Pòl nan Twoas, Travay 20:7-12
- Konplo pou touye Pòl, Travay 23:12-22
- Pòl devan Agripa, Travay 25:23-27
- Nofraj la, Travay 27:27-44

PWEN
30 pwen maksimòm

TAN
4 minit

PATISIPAN YO
4 pa ekip

MODALITE
Yon ekip alafwa

MATERYÈL YO

- Fèy
- Plim

KATEGORI MIZIK

Mizik se kapasite pou òganize son nan yon fason sansib ak aderan, ak amoni, melodi ak ritm; objektif kategori sa a se pou anseye timoun nan fè lwanj Bondye nan yon fason ki entèlijan, yo pral fè sa ak konesans Pawòl la, ak yon fondasyon biblik ak konesans espirityèl.

KÈK LIDE:

- Mande èd nan men ministè kè adorasyon an.

- Ankouraje ti tan pou fè lwanj nan reyinyon li yo avèk ekip la.

- Idantifye si nenpòt timoun gen kapasite pou jwe enstriman oswa yon bèl vwa.

- Pèmèt timoun yo patisipe nan kreyasyon nouvo chante, konsa devlope kreyativite yo.

Pou yon demonstrasyon lokal, distri, zòn, nasyonal, elatriye., abit la ap chwazi:

1 jwèt mizik

Ekip yo pral konnen ki jwèt yo pral jwe sèlman jouk jou demonstrasyon an rive.

Kanta pou nouvo chan an, li dwe prezante nan demonstrasyon final la.

CHANTE TÈKS LA

DEVLOPMAN:

1. Abit la dwe bay lòd patisipasyon an ak tèks yo.

2. Chak ekip ap genyen 1 minit pou li tèks la epi aranje yo.

3. Lè premye minit la pase epi konfòm ak lòd patisipasyon an, chak ekip ap prezante tèks yo a pandan y'ap chante li nan yon fason ki enteresan.

4. Pou jwèt sa, se echèl evalyasyon sa ki dwe pran an konsiderasyon:

   - Kreyativite prezantasyon an   5-10 pwen
   - Entonasyon ak amoni   5-10 pwen

KONSILTASYON YO:

Pandan premye minit la, yo kapab konsilte antrenè yo a.

VYOLASYON:

Y ap retire 10 pwen sou ekip k'ap plede pale lè gen ekip ap fè prezantasyon.

SIGJESYON TÈKS:

Itilize tèks ke nou jwenn nan lis tèks ki pou aprann yo.

PWEN
20 pwen maksimòm

TAN
3 minit

PATISIPAN YO
Tout ekip la

MODALITE
Yon ekip alafwa

MATERYÈL YO
• 1 Tèks nan lis vèsè ki pou aprann yo pou chak ekip.

CHAN NOUVO

DEVLOPMAN:

Chak ekip dwe ekri yon chan ki gen rapò avèk tèm etid la, yo dwe fè sa depi davans ak sipò antrenè a, yo kapab mande sipò avèk manm gwoup kè adorasyon yo tou.

Yo dwe konsidere bagay sa a yo:

- Lèt nouvo (envante pa ekip la)
- Lèt ki genyen rapò avèk tèm etid la.
- Mizik ki pa nesesèman nouvo, (ki itilize nan mitan kretyen yo)
- De estwòf pou pi piti, kat pou pi plis.
- Pi plis tan se twa minit.

1. Abit la dwe lanse lòd patisipasyon an.
2. Chak ekip ap genyen 3 minit pou pi plis pou li prezante chan li a, avèk mizik, jès ak/oubyen desen.
3. Pou jwèt sa, se echèl evalyasyon sa ki dwe pran an konsiderasyon:

• Lèt nouvo	5-10 pwen
• Lèt ki gen rapò avèk tèm etid la	5-10 pwen
• Mizik (antonasyon, amoni)	5-10 pwen
• Kreyativite prezantasyon an	5-10 pwen
• Patisipasyon tout ekip la	5-10 pwen

KONSILTASYON YO:
Pa gen pèmisyon.

VYOLASYON:
Y ap retire 20 pwen sou ekip k'ap plede pale lè gen ekip ap fè prezantasyon.

PWEN
50 pwen maksimòm

TAN
3 minit

PATISIPAN YO
Tout ekip la

MODALITE
Yon ekip alafwa

MATERYÈL YO

WOULÈT MIZIKAL

DEVLOPMAN:

1. Abit la dwe lanse lòd patisipasyon an epi woulèt la fas ak piblik la.

2. Patisipan yo dwe fè yon liy nan lòd patisipasyon a twa mèt de distans de woulèt la.

3. Chak timoun ap vire woulèt la pandan yon minit pou pi plis pou chante yon jeng mizikal. (jeng mizikal sa yo dwe prepare depi davans avèk sipò antrenè a).

4. Pou jwèt sa, se echèl evalyasyon sa ki dwe pran an konsiderasyon:

   - Kreyativite prezantasyon an   5-10 pwen
   - Entonasyon ak amoni   5-10 pwen

KONSILTASYON YO:
Pa gen pèmisyon

VYOLASYON:
Y ap retire 10 pwen sou ekip k ap pale ant yo menm lè genyen yon ekip ap fè prezantasyon.

SIGJESYONS PÈSONAJ YO:
- Pòl
- Pyè
- Dòkas
- Filip
- Timote
- Akila
- Prisil

PWEN
20 pwen maksimòm

TAN
1 minit

PATISIPAN YO
1 pa ekip

MODALITE
Yon ekip alafwa

MATERYÈL YO
• Woulèt Pèsonaj

Gid Pou Modalite Konkou Biblik Avèk Kesyon ak Repons yo

KONKOU BIBLIK POU TI MOUN YO

Konkou Biblik pou Ti moun yo se yon pati opsyonèl nan Etid Biblik pou Ti moun chak Legliz yo, epi chak ti fi oubyen ti gason ap deside si li pral patisipe nan yon seri de evènman ki gen pou wè ak konkou yo. Paryaj Konkou yo ap swiv règ ki dekri nan liv sa. Ti moun yo pa fè pari youn ak lòt pou yo detèmine yon chanpyon.

Legliz yo pa mete tèt yo ansanm pou detèmine kilès ki chanpyon.

Objektif konkou biblik la se ede ti moun yo rekonèt ke yo te aprann anpil bagay osijè de Bib la, pou yo apresye evènman konkou yo epi grandi nan kapasite yo lè yo demontre atitid ak kondwit kretyen pandan tout dewoulman evènman yo.

Nan pwogram konkou biblik la, chak ti moun ap fas ak yon defi pou li atenn yon nivo rekonpans. Avèk apwòch sa a, ti moun yo ap efòse yo pou yo genyen yon bon baz de konesans, men se pa pou ke youn leve kont lòt. Konkou biblik la itilize kèk kesyonè ki genyen anpil chwa k'ap pèmèt chak ti moun reponn chak kesyon. Kesyonè ki genyen plizyè chwa yo bay plizyè repons epi ti moun nan ap chwazi bon repons lan. Konsa, li posib pou ke tout ti moun genyen.

DETAY YO POU KONKOU BIBLIK LA

Chak ti moun bezwen plizyè chif pou konkou biblik la yon fason pou ke yo reponn ak kesyon yo. Chif sa yo se plizyè kare k'ap an katon ki genyen plizyè ti fich sou tèt yo avèk nimewo 1, 2, 3 ak 4 byen ranje. Chif yo ap andedan yon bwat katon, ilistre la, y'ap disponib sou depi nan Kay Piblikasyon Nazareyen yo nan Kansas City nan leta Missouri nan peyi Etazini.

Si bwat katon avèk chif yo pou konkou biblik yo pa disponib nan rejyon pa w la, ou kapab fè pwòp chif pa ou yo an papye, tankou asyèt an papye, an bwa, oubyen sa ke w genyen an rezèv. Chak ti moun ap bezwen yon kantite chif pou konkou biblik la.

Chak gwoup ti moun pral bezwen yon moun ki pou ekri repons yo bay yo.

Genyen yon fèy pou mete pwen yo nan paj 154. Itilize fèy sa pou w kapab ekri nòt chak ti moun.

Si l'ap posib, bay yon rekonpans pou ti moun ki fini chak eprèv konkou biblik.

Prim ki sigjere yo se: plizyè sètifika, otokolan, riban, Prim ak meday. N'ap jwenn model sètifika yo nan paj 58-59.

Swiv règ sa yo byen. Ti moun sa yo ki pa swiv règ sa yo ak pwogramasyon ofisyèl konkou biblik la pap kapab pase lòt nivo konkou yo).

LAJ AK KATEGORI YO

Ti moun ki nan laj sis a douzan kapab patisipe nan konkou biblik la.

Pou anpil lòt peyi ki pa Etazini, klas elemantè yo se kou preparatwa jouska kou mwayen 2, sa ki jeneralman anglobe laj sis a douzan.

KONKOU BIBLIK NAN NIVO BAZ YO

Nivo konkou sa se pou jèn k'ap fè konkou yo oubyen debitan yo. Jwè ki plis ansyen yo ki prefere yon konkou ki plis fasil kapab pran pa nan nivo de baz tou. Nan nivo sa a, kesyon yo senp. Genyen twa repons pou chak kesyon epi genyen kenz kesyon nan chak manch. Responsab distri a oubyen rejyon konkou biblik pou ti moun yo ap determine kesyon yo ak kantite manch pou chak konkou yo. Laplipa de konpetisyon konkou biblik yo genyen de oubyen twa manch.

KONKOU BIBLIK NAN NIVO KI AVANSE

Nivo konkou sa se pou jwè ki plis aje yo oubyen genyen plis eksperyans yo. Jwè ki plis jèn yo ki ta renmen jwenn yon konkou ki plis difisil kapab chwazi nivo ki plis avanse a. Nan nivo sa a, kesyon yo plis konplèt. Genyen kat repons pou chak kesyon epi genyen ven kesyon nan chak manch. Responsab distri a oubyen rejyon konkou biblik pou ti moun yo ap detèmine kesyon yo ak kantite manch chak evènman.

KALITE KONKOU YO

Konkou a travè Envitasyon Yon konkou atravè Envitasyon kapab reyalize ant de oubyen plis legliz. Direktè lokal Konkou Ti moun yo, direktè konkou ti moun yo, direktè zòn/sektè Konkou Ti moun yo, oubyen direktè distri konkou Ti moun yo kapab òganize plizyè konkou atravè Envitasyon. Moun sa yo ki pran inisyativ pou yo òganize yon konkou ap genyen kòm responsablite pou yo prepare kesyon konkou yo.

DIRIJAN DISTRI KONKOU BIBLIK LA

Dirijan distri konkou biblik la ap jere tout konkou yo selon règ ak pwogram ofisyèl konkou biblik pou ti moun yo. Li otorize pou ke li ajoute pwogram adisyonèl pou konkou biblik ki nan distri pa l la, yon fwa ke li pa nan dezakò avèk rèk e pwogramasyon ofisyèl konkou biblik ti moun yo. Dirijan distri a ap kontakte biwo jeneral konkou biblik pou ti moun yo, lè sa nesesè, pou mande yon chanjman patikilye nan règ ak pwogramasyon ofisyèl konkou biblik pou ti moun nan pou distri pa l la. Dirijan distri konkou biblik la ap pran plizyè desisyon pou ke li rezoud pwoblèm yo selon sa ki nan règ ak pwogramasyon ofisyèl sou konkou biblik pou ti moun. L'ap kapab kontakte Biwo jeneral konkou

biblik pou ti moun yo pou ke li pran yon desizyon ofisyèl yon bagay kèlkonk, si bezwen an mande sa.

DIRIJAN REJYON KONKOU BIBLIK LA

Dirijan rejyon konkou biblik la ap fòme yon ekip rejyonal pou konkou biblik pou ti moun yo, l'ap genyen ladan li tout dirijan konkou biblik ki fè pati rejyon l lan tou. Li menm l'ap rete an kontak avèk ekip sa yon fason pou ke li kapab asire li ke pwogramasyon yo pa diferan. L'ap jere oubyen òganize konkou rejyon yo selon règleman ak pwogramasyon ofisyèl konkou biblik pou ti moun yo. L'ap kapab kontakte Biwo jeneral la pou mande yon chanjman patikilye nan règleman ak pwogramasyon ofisyèl konkou biblik pou ti moun yo pou rejyon pa l la. L'ap rezoud tout konfli ki gen pou prezante seloy liy kondwit règleman ak pwogramasyon ofisyèl konkou biblik pou ti moun yo. L'ap kapab kontakte Biwo jeneral konkou biblik pou ti moun yo pou ke li pran yon desizyon ofisyèl yon bagay kèlkonk, si bezwen an mande sa.

L'ap kapab kontakte Biwo jeneral konkou biblik pou ti moun yo yon fason pou dat konkou rejyonal la kapab note nan kalandriye legliz jeneral la.

Nan peyi Etazini ak Kanada, dirijan rejyon konkou biblik genyen yon wòl pou fè devlopman. Nan moman kote n'ap pale a, moun sa pap dirije rejyon konkou biblik distri ki sou rejyon an ankò.

ABIT LA

Abit la ap li kesyon konkou biblik yo. Moun sa ap li kesyon yo ak tout repons kote y'ap gen pou chwazi sa ki bon yo de fwa avan ke ti moun yo reponn kesyon an. L'ap swiv règleman ak pwogramasyon ofisyèl konkou biblik pou ti moun yo ke Biwo jeneral konkou biblik pou ti moun yo avèk dirijan distri oubyen rejyon konkou biblik la te déjà etabli. Nan ka kote genyen kèk diskisyon, otorite ki plase pou sa a ap rete lakay dirijan distri oubyen rejyon konkou biblik la pou ke li konsilte règleman ak pwogramasyon ofisyèl konkou biblik pou ti moun yo. Abit la kapab diskite avèk moun k'ap konte pwen ak dirijan distri a oubyen rejyon an konsènan yon replik. Abit la kapab anonse yon moman de poz.

MOUN K'AP KONTE PWEN YO

Moun k'ap konte pwen yo ap make repons yon gwoup ti moun. Li kapab diskite avèk lòt kontwolè pwen yo ak dirijan distri oubyen rejyon konkou biblik konsènan yon replik. Tout kontwolè pwen dwe itilize menm metòd ak menm senbòl pou yo kapab asire yon konbinezon pwen ki kòrèk.

KESYON OFISYÈL KONKOU YO

Se sèlman dirijan konkou biblik la nan chak distri ki kapab genyen yon kopi kesyon ofisyèl konkou zòn/sektè ak distri a.

Se sèlman dirijan konkou biblik la nan rejyon an ki kapab genyen yon kopi kesyon ofisyèl konkou rejyon yo. Si pa genyen yon dirijan nan rejyon an, yon sèl dirijan distri a ki ladan li kapab genyen l nan men li.

Fòmilè pou mande kesyon ofisyèl yo dwe voye atravè mesaj elektwonik chak ane. Kontakte Biwo jeneral konkou biblik pou ti moun yo nan ChildQuiz@nazarene.org pou w kite adrès elektwonik ou a. Moun sa yo k'ap mande kesyon ofisyèl yo pral resevwa yo atravè e-mail.

METÒD POU KONKOU YO

Genyen de metòd pou konkou yo.

Metòd endividyèl la
Avèk metòd konkou endividyèl la, ti moun yo ap nan konkou antan ke moun. Pwen chak ti moun ap endepandan. Ti moun ki soti nan menm legliz yo kapab chita ansanm, men, pwen ti moun yo pa melanje ansanm pou konplete pwen legliz oubyen ekip la. Pa gen kesyon bonis pou moun k'ap jwe yo.

Metòd endividyèl la se sèl metòd ki kapab itilize nan konkou nivo de baz yo.

Metòd ki konbine a
Metòd ki konbine a gen pou wè ni avèk moun yo menm jan avèk ekip yo. Avèk metòd sa, legliz yo kapab voye plizyè jwè endividyèl, kèk ekip oubyen yon konbinezon nan de yo pou konkou a.

Dirijan konkou biblik la ap detèmine kantite ti moun ke y'ap bezwen pou fòme yon ekip. Chak ekip dwe genyen menm kantite jwè. Kantite yo mande a se kat oubyen senk.

Ti moun sa yo ki soti nan kèk legliz ki pa genyen kantite jwè ase yo kapab fòme yon ekip pou ke yo patisipe endividyèlman.

Avèk metòd konbine a, ekip yo ap gen dwa pou resevwa kesyon bonis yo. Pwen ke y'ap rive resevwa pou kesyon bonis yo prale sou pwen ekip yo, olye pou se sou pwen endividyèl la. Genyen de kesyon bonis avèk plizyè kesyon ofisyèl pou konkou zòn/sektè, nan distri ak rejyon. Nòmalman, kesyon bonis yo mande pou moun nan site yon vèsè ke li te aprann.

Se dirijan distri konkou biblik la k'ap chwazi metòd endividyèl la oubyen metòd konbine a pou nivo konkou ki plis avanse a.

MATCH NIL

Nou pa dwe janm mete Nou nan match nil yo, ni ant jwè konkou endividyèl yo, ni ant ekip yo. Tout jwè endividyèl oubyen ekip avèk yon match nil resevwa menm rekonpans, menm pri ak menm dwa pou jwe lòt konkou k'ap vini an.

KESYON BONIS YO

Kesyon bonis yo anplwaye nan nivo siperyè yo, men se sèlman avèk ekip yo, yo pa janm fè yo avèk jwè endividyèl yo. Ekip yo dwe gen menm dwa pou kesyon bonis yo. Kesyon bonis yo pwodwi aprè kesyon 5, 10, 15 ak 20.

Pou ke yon ekip rive genyen aksè ak kesyon bonis yo, li pa dwe genyen plis repons ki pa bon pase kantite manm ke li genyen yo. Pa egzanp, yon ekip ki genyen kat moun kapab genyen kat repons ki pa bon oubyen pi piti. Yon ekip ki genyen senk moun kapab genyen senk repons ki pa bon oubyen pi piti.

Pwen ke y'ap rive resevwa pou kesyon bonis yo prale sou pwen ekip yo, olye pou se sou pwen endividyèl la.

Se dirijan konkou biblik yo k'ap detèmine kòman ti moun yo dwe reponn kesyon bonis yo. Nòmalman, ti moun yo konn toujou reponn moun k'ap kontwole pwen yo vèbalman.

Avan lekti kesyon bonis la, dirijan lokal konkou biblik la ap chwazi yon manm nan ekip la ki pou reponn kesyon bonis la. Menm ti moun sa kapab reponn tout kesyon bonis ki nan konkou a, oubyen yon lòt ti moun kapab reponn chak kesyon bonis.

MOMAN POZ YO
Se dirijan distri konkou biblik la k'ap detèmine kantite tan poz ke l'ap bay chak legliz. Chak legliz ap

resevwa menm kantite tan pou yo poze, san gade kantite jwè endividyèl ke yo genyen oubyen ekip nan legliz sa a. Pa egzanp, si dirijan distri a deside bay yon poz, chak legliz ap resevwa yon sèl poz.

Se dirijan distri konkou biblik la k'ap detèmine si ak kilè yon poz obligatwa ap rive bay pandan konkou a.

Se sèlman dirijan lokal la ki kapab anonse yon poz pou yon ekip nan legliz lokal la.

Dirijan distri konkou biblik la oubyen abit la kapab anonse yon poz nenpòt lè konsa.

Se depi avan konkou a kòmanse, dirijan distri konkou biblik la ap detèmine ki plis tan poz k'ap genyen pou konkou a.

PWEN

Genyen de metòd pou kesyon nòt la. Se dirijan distri konkou biblik la k'ap chwazi metòd la.

Senk pwen

Chwazi senk pwen pou chak bon repons. Pa egzanp, si yon ti moun reponn san ke li pa fè okenn fot nan ven kesyon yo pandan yon manch nivo avanse, li dwe resevwa san pwen.

Chwazi senk pwen pou tout bon repons bonis pandan yon mach nivo avance mache ekip yo. Pa egzanp, si tout manm nan yon ekip ki genyen kat moun reponn ven kesyon yo san fot nan yon match nivo avanse epi ekip la reponn kat kesyon bonis yo san fot, ekip sa pran 420 pwen.

Pwen nan nivo baz yo pi piti, kòm pa genyen plis pase 15 pa match, li dwe gen rapò avèk metòd endividyèl sèlman.

Yon pwen

Bay yon pwen pou tout bon repons. Pa egzanp, si yon ti moun reponn ven kesyon kòrèkteman pandan yon mantch nivo avanse, li gen ven pwen.

Bay yon pwen pou tout bon repons bonis pandan yon match nivo avanse avèk ekip yo. Pa egzanp, si tout manm eki ki genyen kat moun yo reponn ven kesyon yo byen nan yon match nivo avanse epi ekip la reponn kat kesyon bonis yo kòrèkteman, ekip la pran katreven kat pwen.

Pwen nan nivo baz yo pi piti, kòm pa genyen plis pase 15 pa match, li dwe gen rapò avèk metòd endividyèl sèlman.

REPLIK YO

Se eksepsyon replik yo dwe ye, epi yo dwe fèt raman nan yon konkou.

Fè yon replik sèlman si repons ki note kòm kòrèk la nan kesyon yo enkòrèk selon referans biblik kesyon sa. Tout replik ki fèt pou tout lòt rezon se bagay ki san enpòtans.

Okenn jwè, okenn dirijan konkou biblik, oubyen lòt patisipan konkou a pa kapab fè yon replik paske li pa renmen jan ke yo poze yon kesyon oubyen jan yon repons ye, oubyen paske li panse ke yon repons twò difisil oubyen pa tèlman klè.

Dirijan lokal konkou biblik la se sèl moun ki kapab fè yon replik sou yon kesyon ki nan konkou a.

Si yon moun ki pa dirijan lokal konkou biblik la eseye Siy on replik, replik sa ap deklare nil menm kote a.

Moun sa yo ki fè kèk replik nil yo nwi konkou a epi pwovoke distraksyon nan mitan ti moun yo. Moun sa yo ki kontinye fè replik ki nil oubyen ki lakoz anpil pwoblèm lè yo refize desizyon replik yo ap pèdi privilèj pou yo fè replik pou tout tan ke konkou a gen pou l dire a.

Dirijan distri konkou biblik la, oubyen abit jwèt la nan absans dirijan an genyen otorizasyon pou li retire privilèj pou fè replik la kont tout moun k'ap mal itilize privilèj sa.

Se dirijan distri konkou biblik la k'ap detèmine kòman pou yor moun fè replik a yon kesyon depi avan ke konkou a kòmanse.

Èske replik la dwe fèt pa ekri oubyen nan bouch?

Nan ki moman yon moun kapab fè yon replik (pandan yon match oubyen nan fen an)?

Dirijan konkou biblik la dwe eksplike dirijan lokal yo fason yo kapab fè yon replik nan kòmansman ane konkou biblik la.

Abit jwèt la avèk dirijan distri konkou biblik la ap swiv etap sa yo pou ke li kapab jije replik yo:

Detèmine si replik la gen sans oubyen non. Pou rive fè sa, koute rezon replik la. Si rezon an gen sans, sa vle di ke repons ki note pou kòrèk la pa kòrèk vre selon referans biblik la, swiv sa replik ke distri a te endike a.

Si rezon pou replik la pa kenbe, fè anons lan pase, epi konkou a ap kontinye.

Si plis pase yon moun fè replik pou yon menm kesyon, abit jwèt la oubyen dirijan distri a ap chwazi yon dirijan lokal ki pou eksplike rezon ki fè gen replik la. Aprè ke yon replik sou yon kesyon fin fèt, pèsòn lòt moun pa dwe fè yon lòt replik sou menm kesyon an.

Si replik la byen fonde, dirijan distri konkou biblik la, oubyen abit jwèt la ki nan absans moun sa a ap detèmine pou moun sa fè fas ak kesyon ki poze a. Chwazi youn nan opsyon sa yo:

Opsyon A: Elimine kesyon ki leve diskisyon an san ranplase li pa yon lòt. Konsa, yon match ki genyen ven kesyon vin yon match ki genyen diznèf kesyon.

Opsyon B: Bay chak ti moun tout pwen ke li ta resevwa pou yon bon repons fas ak kesyon ki te fè replik la.

Opsyon C: Ranplase kesyon ki koze replik la. Poze jwè yo yon lòt kesyon.

Opsyon D: Ti moun sa yo ki bay repons ki souliye kòm sa ki kòrèk la nan kesyon ofisyèl yo dwe jwenn pwen yo. Poze ti moun ki bay repons ki pa kòrèk yo yon lòt kesyon.

NIVO PRI YO

Entansyon konkou biblik pou ti moun yo se pou ke chak ti moun kapab reponn tout kesyon, se pou chak ti moun resevwa yon rekonpans pou tout bon repons ke yo bay. Kidonk, konkou biblik pou ti moun yo genyen ladan li yon konkou ki genyen plizyè chwa, epi nou pa dwe janm mete fen nan match ki nil yo.

Ti moun yo avèk legliz yo pa nan konkou youn avèk lòt. Y'ap fè konkou a pou ke yo kapab genyen yon nivo pri.

Tout ti moun ak tout legliz ki rive atenn menm nivo nan pri yo ap resevwa menm rekonpans.

Nou pa dwe janm mete fen ak match ki nil yo.

Nivo pri ki sigjere yo se:

- Pri bwonz = 70-79% nan repons ki kòrèk yo

- Pri ajan = 80-89% nan repons ki kòrèk yo

- Pri lò = 90-99% nan repons ki kòrèk yo

- Pri lò senk zetwal yo = 100% nan repons ki kòrèk yo

Jwenn yon solisyon pou tout kesyon ak replik depi menm avan prezantasyon pri yo. Abit k'ap mennen jwèt la avèk kontwolè pwen yo dwe sèten ke tout eskò yo egzat avan ke yo remèt pri yo.

Piga nou janm retire pri yon ti moun aprè ke nou te deja ba li l. Si genyen yon erè, yon ti moun kapab

resevwa yon pri ki plis chè, men li pa dwe yon pri ki mwen chè. Règ sa bon pou pri endividyèl yo menm jan avèk pri ekip yo.

PRENSIP KONKOU A

Se dirijan distri konkou biblik la ki anchaje pou jere konkou yo selon règ pwogramasyon ofisyèl konkou biblik pou ti moun yo.

- Fè total kesyon yo depi avan konkou a. Menm si ke konkou yo genyen menm kesyon yo, li pa bon pou ke ti moun yo oubyen moun k'ap ede yo swiv yon lòt konkou zòn/sektè nan distri a oubyen rejyon avan ke yo patisipe nan pwòp konkou pa yo a ki genyen menm nivo a. Si yon paran oubyen yon ti moun asiste yon lòt konkou, dirijan distri konkou biblik la kapab entèdi legliz la patisipe nan konkou pa yo a.

- Konpòtman ak atitid moun k'ap ede yo. Gran moun yo dwe aji nan yon mannyè ki pwofesyonèl ak kretyèn. Diskisyon ki gen pou wè avèk dezakò ant dirijan distri konkou biblik la, abit k'ap mennen jwèt la oubyen kontwolè pwen yo dwe fèt an prive. Moun k'ap bay èd nan konkou biblik yo pa dwe devwale okenn enfòmasyon osijè de dezakò devan ti moun yo. Yon lespri koperasyon ak sans fè-pley la enpòtan anpil. Desizyon ak jijman dirijan distri konkou biblik yo definitif. Transmèt desizyon sa yo bay ti moun ak gran moun yo avèk yon ton ki pozitif.

PRAN POUL

Pran poul la se yon vòl. Abòde tèm sa byen serye.

Dirijan distri konkou biblik la, nan tèt ansanm avèk komisyon Ministè bò kote ti moun yo, ap detèmine politik pou rete swiv nan ka kote yon ti moun oubyen yon gran moun pran poul pandan yon konkou.

Ou dwe sèten ke tout dirijan lokal ministè bò kote ti moun yo, tout pastè ti moun yo ak dirijan lokal konkou biblik yo resevwa politik ak pwogramasyon distri a.

Avan ke w akize yon gran moun oubyen yon ti moun kòm moun ki pran poul, ou dwe genyen plizyè prèv oubyen yon temwen ki te wè lè sa t'ap fèt la.

Ou dwe sèten ke konkou a pa kanpe nan wout, epi pou ke moun ki akize a pa santi l wont devan lòt yo.

Men yon sigjesyon kòm egzanp:

- Si w pran sipson ke genyen yon ti moun ki te pran poul, mande pou yon moun siveye li, men pa demontre ti moun nan si li anba kontwòl. Aprè kèk kesyon, mande moun ki t'ap veye a opinyon li. Si li pat wè anyen, kontinye avèk konkou a.

- Si moun k'ap siveye a jwenn yon ti moun ap pran poul, mande pou li demontre sa. Piga w aji toutotan tout moun pa fin sèten sou sa.

- Ekplike dirijan lokal konkou a pwoblèm nan yon fason pou ke li kapab pale avèk moun ki akize a an prive.

- Abit k'ap mennen jwèt la, moun ki t'ap siveye a avèk dirijan lokal konkou biblik yo dwe kontinye obsève si koze pran poul la kontinye.

- Si koze pran poul la kontinye, abit k'ap mennen jwèt la ak dirijan lokal konkou biblik yo dwe pale an prive avèk moun ki akize a.

- Si koze pran poul la pèsiste, abit k'ap mennen jwèt la dwe di dirijan lokal konkou biblik la ke total pwen ti moun nan ap elimine nan konpetisyon ofisyèl la.

- Nan ka kote yon kontwolè pwen ta pran pou l, dirijan distri konkou biblik la ap mande li pou ke li remèt plas li a. Yon nouvo kontwolè pwen dwe ranplase li.

Nan ka kote yon manm piblik ta pran poul, dirijan distri konkou biblik la ap fè fas ak sitiyasyon an yon fason ki byen apwopriye posib.

DESIZYON KI PA REZOUD YO

Konsilte Biwo jeneral konkou biblik pou ti moun yo sou desizyon ki pa rezoud yo.

KESYON POU KONPETISYON DEBAZ AK AVANSE YO

(repons an *lèt*)

Konpetisyon debaz

Pou prepare ti moun yo pou konkou sa,
li 1:1-11; 2:1-8, 12-21, 36-47.

1. Pou kilès moun ke liv Travay la te ekri? (1 :1)
1. Seza
2. Lik
3. *Teyofil*

2. Osijè de kisa ke Jezi te pale avèk disip li yo, lè li te parèt devan apot yo pandan karant jou? (1:3)
1. *Osijè de wayòm Bondye a.*
2. Osijè de rezireksyon li.
3. Osijè de mirak li yo.

3. Pandan ke Li t'ap manje avèk apot yo, èske Jezi te di yo piga yo fè yon bagay? (1:4)
1. Pa manje twòp.
2. *Piga yo te soti kite Jerizalèm.*
3. Piga yo te di pèsòn ke yo te wè li.

4. Avèk kisa Jan te konn batize? (1:5)
1. Avèk Lespri Sen an.
2. *Avèk lwil.*
3. *Avèk dlo.*

5. Jezi te di ke apot yo pral resevwa yon bagay aprè ke Sentespri a vini sou yo. Kisa li te ye? (1:8)
1. Lanmou.
2. *Yon pwisans.*
3. Plizyè don.

6. Jezi te di apot yo ke y'ap vin sèvi li temwen lè Sentespri a vini. Ki kote yo te genyen pou yo te sèvi li temwen? (1:8)
1. Nan Jerizalèm, nan tout peyi Jide a, nan Samari.
2. Jous nan dènye bout latè.
3. *Tout repons anlè yo kòrèk.*

7. Kilès moun ki va pwofetize lè Bondye va vide Lespri li sou tout chè? (2:27-28)
1. Pitit fi avèk pitit gason nou yo.
2. Sèvitè Bondye yo, gason avèk fanm yo.
3. *Tout repons anlè yo kòrèk.*

8. Ki kantite disip ki te ajoute nan jou Lapannkòt la? (2:41)
1. Anviwon mil nanm.
2. *Anviwon twa mil nanm.*
3. Anviwon senk mil nanm.

9. Nan kisa disip yo te konsakre? (2:42)
1. Nan kominyon fratènèl.
2. Nan kase pen ansanm.
3. *Tout repons anlè yo kòrèk.*

10. Konbyen fwa kwayan yo te konn rankontre? (2:46)
1. *Chak jou.*
2. Sèlman le dimanch.
3. Yon fwa pa semèn.

Konpetisyon avanse

1. Kisa Jezi te mande lè li te ansanm avèk apot yo? (1:4-5)
1. "Pou yo pat kite Jerizalèm".
2. "Pou yo te rete tann kado ke Papa a te pwomèt la".
3. "N'ap genyen pou nou batize".
4. *Tout repons ki anlè yo kòrèk.*

2. Jezi te di apot yo ke y'ap vin sèvi li temwen lè Sentespri a vini. Ki kote yo te genyen pou yo te sèvi li temwen? (1:8)
1. Nan Jerizalèm.
2. Nan tout peyi Jide ak nan tout peyi Samari.
3. Jous nan dènye bout latè.
4. *Tout repons anlè yo kòrèk.*

3. Kisa de mesye ki te abiye an blan yo te di (1:10-11)
1. "Nou pa bezwen pè".
2. *"Menm jan ke nou wè Jezi monte nan syèl la, se menm jan tou li gen pou l retounen".*
3. "Ale lakay nou paske pa genyen anyen pou nou wè la".
4. "Mwen pral prepare yon plas pou nou".

4. Kisa ki te pase lè jou Lapannkòt la te rive? (2:1-4)
1. Yo rete konsa, epi yon sèl bri sot nan syèl la tankou yon gwo van k'ap soufle.
2. Yo wè yon bann lang parèt tankou ti flanm dife ki separe yonn ak lòt epi ki al poze grenn pa grenn sou tèt yo chak.
3. Yo tout te vin anba pouvwa Sentespri, epi yo pran pale lòt lang dapre jan Lespri Bondye a t'ap fè yo pale.
4. *Tout repons anlè yo kòrèk.*

5. Kimoun sa yo ki te rete nan lavil Jerizalèm nan jou Lapannkòt la?

1. Kònèy avèk fanmi li.
2. *Kèk jwif, kèk jis ki te soti nan tout nasyon.*
3. Jezi avèk apot yo.
4. Twa fanm ki te rele Mari.

6. Kilès pwofèt nan Ansyen Testaman ke Pyè te site nan jou Lapannkòt la? (2:16-21)

1. Ezayi
2. Jeremi
3. *Joyèl*
4. Samyèl

7. Kisa Pyè te di ke tout peyi Izrayèl te dwe konnen avèk sekirite? (Travay 2:36)

1. *"Ke Jezi sa a ke yo te klouwe sou kwa a, Bondye fè li Seyè ak Kris".*
2. "Se sèl Jan ki dwe batize moun yo".
3. "Jezi pral pale ak nou osijè de retou li".
4. "Nou menm, apot yo, nou te wè Jezi".

8. Pou ki moun pwomès Sentespri a ye? (2:38-39)

1. Pou nou menm avèk pitit nou yo.
2. Pou tout moun ki rete lwen.
3. Pou tout gran nèg ke Seyè a va rele.
4. *Tout repons anlè yo kòrèk.*

9. Kisa kwayan yo te konn fè, aprè yo fin vann tèren yo? (2:45).

1. *Yo te bay yo pou selon nesesite chak moun.*
2. Yo te konsève lajan pou yo menm.
3. Yo te bay legliz la lajan an.
4. Yo te konn achte anpil lòt bagay.

10. Konplete vèsè sa: "Se li menm sèl ki ka bay delivrans paske Bondye pa bay non okenn lòt moun sou latè..." (Travay 4:12)

1. "... ki obeyi li yo".
2. "... ki envoke non li".
3. "... ki mande".
4. *"... ki kapab delivre nou".*

Konpetisyon debaz

Pou prepare ti moun yo pou konkou sa,
li Travay 3:1-16; 4:1-22.

1. Nan ki moman ke Pyè avèk Jan t'al nan tanp lan? (3:1)

1. Nan lè lapriyè a.
2. Vè twazè nan apremidi.
3. *Tout repons ki anlè yo kòrèk.*

2. Ki non pòt tanp lan te pote? (3:2)

1. Mayifik
2. *La bèl*
3. Bèl

3. Kisa ki te pase lè pyè te pran men nonm ki t'ap mande charite a?

1. *Nonm ki t'ap mande charite a te leve kanpe epi kòmanse mache.*
2. Nonm ki t'ap mande a te tonbe atè epi kòmanse kriye.
3. Pyè te pote nonm ki t'ap mande a nan lakou tanp lan.

4. Kisa ki te pase nonm ki t'ap mande charite a akoz de lafwa ke li te genyen nan non Jezi? (3 :16)

1. Li te vin tounen yon predikatè.
2. *Li te vin geri.*
3. Li te resevwa anpil lajan.

5. Kisa sakrifikatè yo te fè, chèf tanp lan, sadiseyen yo avèk Pyè ak Jan? (4 :1-3)

1. Yo te tante touye yo.
2. Yo te peye pou gerizon nonm ki t'ap mande a.
3. *Yo te mete men sou yo epi mete yo nan prizon.*

6. Konbyen moun ki te vin konvèti aprè ke Pyè avèk Jan te fin geri nonm ki t'ap mande charite a? (4:4)

1. *Anviwon senk mil.*
2. Anviwon sèt mil.
3. Anviwon dis mil.

7. Kòman liv Travay la dekri Pyè lè li te pran pale avèk Chèf pèp la avèk ansíen nan mitan pèp Izrayèl yo? (4:8)

1. Pyè te eksite.
2. *Pyè te ranpli avèk Sentespri a.*
3. Pyè te pè.

8. Ki wòch ke yo te jete ki vin tounen gwo wòch ki pou bati kay la? (4:10-11)
1. Pyè
2. *Jezi*
3. Jan

9. Kisa ki te pase lè chèf tanp yo avèk ansyen nan peyi Izrayèl yo te wè asirans Pyè avèk Jan? (4:13)
1. La pèrèz te pran yo.
2. Yo te vrèman fache.
3. *Yo te sezi anpil.*

10. Aprè ke Pyè avèk Jan te fin geri nonm ki t'ap mande charite a, ki lòd Chèf ki nan tanp yo ak ansyen nan peyi Izrayèl yo te pase yo? (4:18)
1. "Ale lakay nou epi repose".
2. "Pataje sa ke nou te tande epi tande bay tout moun".
3. *"Piga nou janm pale ni anseye nan non Jezi".*

Konpetisyon avanse

1. Kisa mandyan ki te chita devan pòt tanp labèl la t'ap fè la? (3:2)
1. Li t'ap manje la.
2. Li t'ap vann kèk fwi avèk legim la.
3. *Li t'ap mande charite chak jou.*
4. Li t'ap repoze la pandan ke lòt moun menm t'ap adore.

2. Konbyen Pyè avèk Jan te bay nonm ki t'ap mande a? (3:6)
1. *Okenn*
2. 2,03 ewo
3. 1, 015 ewo
4. 20,30 ewo

3. Aprè mandyan te fin leve mache, kisa li te fè? (3:8)
1. Li te antre nan tanp lan avèk Pyè e Jan.
2. Li t'ap mache epi vole anlè.
3. Li te louwe Bondye.
4. *Tout repons ki anlè yo kòrèk.*

4. De kisa Pyè ak Jan te temwen? (3:15)
1. Mandyan te fè pòz li bwate.
2. Mandyan te yon vòlè.
3. *Bondye te fè Jezi leve byen vivan nan lanmò.*
4. Ke Jezi gen pou I retounen menm jan ke li te monte nan syèl la.

5. Kisa ki te geri nonm nan? (3:16)
1. Maji a
2. Medsin
3. *La fwa*
4. Pwòp pwisans Pyè a.

6. Yo te mete Pyè avèk Jan nan prizon. Kisa k' te pase aprè sa? (4:3-4)
1. *Anpil nan moun ki te tande pawòl la yo te kwè, epi te genyen anviwon senk mil moun ki te kwè san konte fanm ak ti moun.*
2. Mandyan ki te geri a te leve l'ale san kontrent.
3. Pyè avèk Jan te chape poul yo.
4. Tout repons ki anlè yo kòrèk.

7. Nan ki non ke Pyè te di nonm nan ke li geri? (4:9-10)
1. Nan non Pyè.
2. Nan non Bondye.
3. Nan non sitwayen nan lavil Jerizalèm yo.
4. *Nan non Jezi ki se Kris la, nonm Nazarèt la.*

8. *Pyè avèk Jan te di ke yo pa kapab rete san yo pa pale de yon bagay. Ki bagay ke li te ye? (4 :19-20)*
1. Osijè de nonm ki te geri a.
2. Osijè de Jezi ki te monte nan syèl la.
3. *Osijè de sa ke yo te tande ak wè.*
4. Osijè de fason ke yo te sibi move tretman nan prizon an.

9. Poukisa Chèf tanp yo te kite yo lage Pyè avèk Jan? (4:21)
1. Paske Pyè avèk Jan te peye amann.
2. *Paske pèp la t'ap di Bondye mèsi pou sa ki te pase a.*
3. Paske prizon an te plen moun.
4. Paske yon moun te defann yo.

10. Konplete vèsè sa: "Se li menm sèl ki ka bay delivrans paske Bondye pa bay non okenn lòt moun sou latè ..." (Travay 4:12).
1. "...ke nou dwe obeyi".
2. "...ki fò menm jan avèk non Jezi".
3. "...ki fè nou pè".
4. *"...ki kapab delivre nou".*

Konpetisyon debaz

Pou prepare ti moun yo pou konkou sa,
li Travay 4:23-5:11.

1. Aprè ke Pyè avèk Jan te fin bay rapò de sa ki te pase a, moun yo te priye. Kisa ki te vin pase touswit aprè? (4:31)

1. Plas kote yo te rasanble a te tranble anpil.
2. Yo tout te ranpli ak Sentespri a epi anonse Pawòl Bondye a avèk asirans.
3. *Tout repons anlè yo kòrèk.*

2. Kimoun ki te genyen yon sèl kè ak yon sèl nanm? (4:32).

1. Jwif yo.
2. *Foul moun yo.*
3. Grèk yo.

3. Kisa moun ki te kwè yo te fè avèk byen ke yo te posede yo? (4:32)

1. *Yo te pataje tout youn avèk lòt.*
2. Yo te vin egoyis epi konsève tout bagay yo pou yo menm.
3. Yo pat genyen okenn byen.

4. Konbyen moun ki pòv ki te egziste nan mitan kwayan yo? (4:34)

1. Kèk
2. San
3. *Okenn*

5. Kisa non Banabas la vle di?

1. Pitit Bondye.
2. *Pitit egzòtasyon.*
3. Pitit pyè loray.

6. Kilès moun sa, ki te vann byen yo epi konsève yon pati nan lajan pou yo? (5:1-2)

1. *Ananyas ak Safira*
2. Banabas ak Jozèf
3. Tout repons anlè yo kòrèk.

7. Pyè te di Ananyas ke li te bay manti. Kilès moun li te bay manti a menm? (5:3-4)

1. Pyè
2. Madanm li, Safira.
3. *Sentespri a.*

8. Pyè te di Safira konsa: "Èske se pou pri sa nou te vann tè a?" Ki repons ke Safira te bay? (5:7-8)

1. *"Wi, se te pou pri sa wi".*
2. "Kisa Ananyas te di?"
3. "Non, nou te resevwa plis ke sa".

9. Kisa ki te rive Safira? (5:10).

1. Li te tonbe devan pye Pyè a epi li mouri.
2. Li te antere bò kote mari li.
3. *Tout repons anlè yo kòrèk.*

10. Konplete vèsè sa: "Pa bliye, se pou nou fè sa ki byen, se pou nou yonn ede lòt. Se ofrann konsa ..." (Ebre 13:16).

1. "...n'ap jwenn rekonpans nou".
2. *"...ke Bondye pran plezi".*
3. "...ke anpil gwo bagay gen pou pase".

Konpetisyon avanse

1. Kisa moun yo te fè lè ke Pyè avèk Jan te rapòte yo sa Chèf prèt ak Ansyen yo te di yo? (4:23-24)

1. *Yo te leve vwa yo devan Bondye yo tout ansanm.*
2. Yo te rele byen fò pou montre ke yo enkredil.
3. Yo te chire rad sou yo epi tonbe rele.
4. Yo te fè fèt.

2. Aprè Pyè ak Jan te fin lage nan prizon an, moun yo te priye. Kisa ki te pase yon ti tan aprè? (4:31)

1. Plas kote yo te rasanble a te tranble anpil.
2. Yo tout te ranpli ak Sentespri a.
3. Yo anonse Pawòl Bondye a avèk asirans.
4. *Tout repons anlè yo kòrèk.*

3. Ki moun sa yo, ki te pataje tout sa yo te posede? (4:32)

1. Sèlman Pyè avèk Jan.
2. Sèlman Fanm avèk ti moun yo.
3. *Foul moun yo.*
4. Pèsòn.

4. Ki moun ki te pote non Banabas? (4:36)

1. Pyè, youn nan apot yo.
2. *Jozèf, yon levit ki te moun rejyon Chip.*
3. Gran chèf prèt la.
4. Apot ki te ranplase Jida Iskaryòt la.

5. Kisa Banabas te fè ak lajan tè li te vann nan? (4:36-37)

1. Li te pran tout lajan yo pou li.
2. Li te pran yon pati nan lajan an.
3. Li te achte yon kay pou apot yo.
4. *Li te depoze li nan pye apot yo.*

6.Selon Pyè, ki moun Ananyas te bay manti a menm? (5:3)

1. Apot yo.
2. Mandanm li, Safira.
3. *Sentespri a.*
4. Tout repons anlè yo kòrèk.

7. Nan ki moman Ananyas te tonbe atè epi mouri a? (5:3-5)

1. Lè li te wè Pyè.
2. Lè Safira te di l ke Pyè te wè sa l te fè a.
3. *Aprè ke Pyè te fin di Ananyas li te bay Bondye manti.*
4. Lè ke apot yo te poze Pyè kesyon sou koze lajan an.

8. Ki kantite lajan Safira te di li te resevwa pou tè a? (5:7-8)

1. Pat tout sa.
2. *Kantite ke Ananyas te bay apot yo.*
3. Plis pase sa ke Ananyas te bay apot yo.
4. Li pat konnen konbyen kòb ke yo te resevwa pou tè a.

9. Kisa ki te pran foul moun yo, ak tout lòt moun ki te pran nouvèl de sa ki te rive Ananyas ak Safira a? (5:11)

1. Yon gran kè poze.
2. *Yon gwo la pèrèz.*
3. Yon gran kòlè.
4. Yon santiman ògèy.

10. Selon Ebre 13:16, kisa ke 10. Spa dwe bliye?

1. Resite priyè nou chak swa avan n'al dòmi.
2. Bay pòv yo tout lajan nou yo.
3. *Pratike byenfè san pran souf.*
4. Li Labib epi ale legliz souvan.

Konpetisyon debaz

Pou prepare ti moun yo pou konkou sa, li Travay 6:1-15; 7:51—8:3.

1. De kisa moun ki te pale grèk yo te plenyen? (6:1)

1. Gason yo pat gen travay ase.
2. *Vèv yo pat jwenn ase de atansyon.*
3. Tout repons ki anlè yo kòrèk.

2. Ki moun sa ki te ranpli avèk Lespri ak la fwa? (6:5).

1. *Etyèn*
2. Nikola
3. Filip

3. Fas avèk kisa manm nan sinagòg yo, yo menm ki konsidere tèt yo afranchi pat kapab reziste? (6:9-10)

1. Sajès Etyèn.
2. Lespri ki t'ap fè l pale a.
3. *Tout repons ki anlè yo kòrèk.*

4. Lè Sanedren an te kale je sou Etyèn, yo te remake yon bagay. Kisa li te ye? (6:15)

1. Vizaj la te ranpli ak lapèrèz.
2. *Vizaj li te sanble ak vizaj yon zanj.*
3. Vizaj li pat montre okenn emosyon.

5. Kijan eta dam manm sanedren yo te ye, menm jan avèk papa yo? (7:51)

1. *Yo te toujou kanpe kont Sentespri a.*
2. Yo pat bay vèv yo manje pou yo te manje.
3. Yo te toujou swiv Sentespri a.

6. Kisa Etyèn te wè lè li te leve je li gade syèl la? (7:55-56)

1. Li te wè zanj yo ki mete ajenou nan pye Bondye.
2. *Li te wè Pitit lòm nan ki te kanpe sou bò dwat Bondye.*
3. Li te wè apot yo bò kote Jezi.

7. Kisa ki te lapriyè Etyèn lè yo t'ap kraze li anba wòch? (7:59)

1. "Seyè Jezi, ou pa bezwen fè yo peye pou peche sa".
2. "Seyè Jezi, pini moun sa yo".
3. *"Seyè Jezi, resevwa lespri mwen".*

8. Kimoun ki te apwouve lanmò Etyèn nan? (8:1).

1. *Sòl*
2. Pyè
3. Jan

9. Kisa ki te pase jou lanmò Etyèn nan? (8:1)

1. Anpil moun te tonbe malad epi yo mouri.
2. Sentespri a te ranpli tout kwayan yo.
3. *Yon gwo pèsekisyon te leve kont Legliz la nan lavil Jerizalèm.*

10. Aprè lanmò Etyèn, kisa Sòl te fè? (8:3)

1. Li te kòmanse pèsekite legliz la.
2. Li te kòmanse antre nan chak kay, mache pran fanm ak gason epi mete yo nan prizon.
3. *Tout repons ki anlè yo kòrèk.*

Konpetisyon avanse

1. Kòman liv Travay dekri Etyèn? (6:5)

1. *Yon nonm ki ranpli lafwa ak Lespri.*
2. Yon nonm avèk anpil byen.
3. Yon nonm ki genyen yon travay enpòtan.
4. Tout repons ki anlè yo kòrèk.

2. Kisa ki te pase lè manm sanedren yo, yo menm ki konsidere tèt yo afranchi pat kapab reziste? (6:9-10)

1. Plen avèk agiman.
2. *Yo pat kapab reziste ak sajès li ak Lespri ki te pèmèt li pale a.*
3. Etyèn te tonbe fè kolè epi li te declare yon bann agiman kont yo.
4. Seyè a touye yo.

3. Kisa mesye yo te bay lajan yo te di osijè de Etyèn? (6:11)

1. *"Nou te tande l'ap di yon bann move pawòl kont Moyiz epi kont Bondye tou".*
2. "Etyèn pat fè anyen ki mal; kite l kontinye travay nan mitan nou".
3. "Pran Etyèn ak manti li l wen nou".
4. "Chak pawòl ke Etyèn di se verite".

4. Kisa moun ki te chita nan sanedren yo te wè yo te fikse je yo sou Etyèn? (6:15)

5. Yo te wè je l yo fèmen.
6. Yo te wè l'ap ri.
7. Yo te wè anpil zanj te antoure li.
8. *Yo te wè vizaj li tankou vizaj yon zanj.*

5. Kisa Etyèn te fè lè li te ranpli ak Sentespri a? (7:55)

1. Li te fikse je li nan syèl la.
2. Li te wè glwa Bondye.
3. Li te wè Jezi ki kanpe sou bò dwat Bondye.
4. *Tout repons ki anlè yo kòrèk.*

6. Kisa temwen kote yo t'ap lapide Etyèn yo te fè? (7:58)

1. Yo te priye pou Etyèn.
2. Yo te kriye akoz de tristès yo.
3. Yo te bat bravo pou moun ki t'ap lapide li yo.
4. *Yo te pote rad li yo al depoze nan pye Sòl.*

7. Kisa Etyèn te rele di lè li te tonbe ajenou? (7:60)

1. "Seyè, pa pini yo pou peche yo komèt kont mwen an".
2. "Seyè, ede m tanpri".
3. *"Seyè, ou pa bezwen pini yo pou peche sa".*
4. "Seyè, pwoteje lòt kwayan yo".

8. Kilès moun sa yo ki t'al kache nan tout ti zòn Jide ak Samari paske yon gwo pèsekisyon te leve kont legliz la nan lavil Jerizalèm? (8:1)

1. *Yo tout, sof apot yo.*
2. Sèlman Filip avèk Etyèn.
3. Tout jwif yo.
4. Pèsòn.

9. Aprè lanmò Etyèn, kisa Sòl te fè? (8:3)

1. Li te ravaje legliz la.
2. Li te antre nan chak kay.
3. Li te mete fanm kou gason anba kòd epi fèmen yo nan prizon.
4. *Tout repons ki anlè yo kòrèk.*

10. Konplete vèsè sa: "benediksyon pou moun ki sipòte eprèv li ak pasyans. Lè la fin pase anba eprèv yo, la resevwa ..." (Jak 1:12)

1. "... rekonpans ki pa kapab mezire ak lavi ki pap janm fini an".
2. *"... rekonpans lavi Bondye te pwomèt tout moun ki renmen li yo".*
3. "... tout sa ou vle".
4. "... dis fwa plis de sakrifis li te fè a".

Travay 8:4-40

Konpetisyon debaz

Pou prepare ti moun yo pou konkou sa,
li Travay 8:4-40.

1. Kisa Filip te fè nan lavil Samari? (8:5)

1. Li te travay pou vil la.
2. *Li te preche Kris la.*
3. Li te pratike maji.

2. Kilès moun ki te konn pratike maji nan vil Samari? (8:9)

1. *Simon*
2. Filip
3. Sòl

3. Poukisa pèp la te konn mache dèyè simon, majisyen an? (8:9-11)

1. Paske li te geri yo.
2. *Paske depi lontan li te konn pèmèt yo sezi ak koze maji li a.*
3. Paske li te konn ba yo anpil lajan.

4. Kisa ki te pase lè Pyè avèk Jan te poze men yo sou nouvo kwayan nan Samari yo? (8:17)

1. *Yo te resevwa Sentespri a.*
2. Yo te tande bri yon gwo van.
3. Anyen ditou.

5. Kisa Simon te fè lè l te wè kijan moun te resevwa Sentespri a avèk enpozisyon men sèlman? (8:18)

1. Li te ofri tèt li pou l te vin tounen disip Pyè avèk Jan.
2. *Li te ofri Pyè ak Jan lajan.*
3. Li te poze men li sou Pyè avèk Jan.

6. Kisa Pyè te di Simon majisyen an pou li te fè aprè li te fin ofri yo lajan pou l te resevwa Sentespri a? (8:20-22)

1. "Repanti de peche w la".
2. "Priye Seyè a".
3. *"Tout repons ki anlè yo kòrèk".*

7. Kisa Etyopyen an t'ap fè lè Filip te rankontre l la? (8:28)

1. Li t'ap dòmi.
2. *Li t'ap li liv pwofèt Ezayi a.*
3. Li t'ap mande charite, pou yo ba li lajan.

8. Kilès ki te mande Filip pou l te avance tou pre charyo Etyopyen an pou rejwenn li? (8:29)

1. Yon zanj Seyè a.
2. *Sentespri a*
3. Pyè

9. Kilès moun ki te batize Etyopyen an? (8:38)

1. Jan
2. Simon
3. *Filip*

10. Kisa Etyopyen an te fè aprè li te fin batize? (8:39)

1. *Li te kontan, li te kontinye wout li.*
2. Li te ale tou tris.
3. Tout repons ki anlè yo kòrèk.

Konpetisyon avanse

1. Kisa moun ki te gaye toupatou yo te fè kote yo t'ale yo? (8:4)

1. *Yo te anonse Pawòl la.*
2. Yo te kache andedan kay yo.
3. Yo te priye pou Bondye detwi lènmi yo.
4. Tout repons ki anlè yo kòrèk.

2. Pou kisa pèp la te konn mache dèyè Simon, majisyen an? (8:11)

1. *Yo te nan etònman depi lontan avèk koze maji l la.*
2. Li te peye yo pou yo te swiv li.
3. Li te konn preche yo osijè de Kris la.
4. Tout repons ki anlè yo kòrèk.

3. Kisa fanm avèk gason yo te fè lè yo te kwè nan Filip ak mesaj li a? (8:12)

1. Yo te kraze Simon anba wòch.
2. Yo te bay pòv yo tout lajan ke yo te genyen.
3. Yo te konsakre tout pitit yo bay Bondye.
4. *Yo te batize.*

4. Kisa Simon te vle pou apot yo te ba li? (8:18-19)

1. *Kapasite a pou ke tout moun ke li te mete men li 'sou ta resevwa Lespri Sen an.*
2. Kapasite pou preche tankou apot yo.
3. Sekrè apot yo.
4. Sentespri a

5. Kisa Pyè te di Simon, majisyen an lè li te ofri lajan pou I te achte don Bondye a? (8:20-23)

5. "Ou pa genyen pou w wè anyen nan koze sila a".
6. "Kè w pa dwat devan Bondye".
7. "Repanti de mechanste w la".
8. *Tout repons ki anlè yo kòrèk.*

6. Pou kisa Etyopyen an te rann li nan lavil Jerizalèm? (8:27)

1. Pou li te siyen yon kontra ant peyi li avèk Jerizalèm.
2. Pou I te vizite kandas, larenn peyi Etyopi a.
3. Pou I te achte manje ak rad.
4. *Pou I adore.*

7. Kisa Etyopyen an t'ap li lè Filip te rankontre avèk li a? (8:28)

1. Liv Revelasyon an.
2. *Liv pwofèt Ezayi a.*
3. Rapò trezò yo.
4. Liv pwofèt Jeremi an.

8. Kisa Filip te di etyopyen an lè li te mande I de kimoun yo t'ap pale nan liv Ezayi a? (8:34-35)

1. *Filip te anonse li bon nouvèl ki pale sou Jezi ki se Kris la.*
2. Filip te pale li sou lapidasyon Etyèn nan.
3. Filip te di I ke ni li menm li pa konprann sa pwofèt la te vle di.
4. Filip te di li ke se nesesè pou I te batize an premye.

9. Ki kote Filip te twouve li aprè ke li te fin batize etyopyen an? (8 :40)

1. *Nan Azòt.*
2. Nan Samari.
3. Nan peyi Etyopi.
4. Nan lavil Jerizalèm.

10. Daprè Sòm 119:130, kisa ki eklere epi bay entèlijans? (Sòm 119:130)

1. Solèy la.
2. Yon imaj Jezi.
3. *Revelasyon pawòl Bondye yo.*
4. Lalin nan avèk zetwal yo.

Konpetisyon debaz

Pou prepare ti moun yo pou konkou sa, li Travay 9:1-31.

1. Ki moun ki te leve menas kont disip Jezi yo? (9:1)

1. Filip
2. *Sòl*
3. Pyè

2. Kilès ki te di, "Sòl, Sòl, pou kisa w'ap pèsekite m konsa?" (9:4-5)

1. Etyèn
2. Pyè ak Jan
3. *Jezi*

3. Kisa ki te pase lè Sòl te leve atè a? (9:8)

1. Li te kouri ale byen lwen.
2. *Li pat wè anyen ditou.*
3. Li t'ap chèche vwa ki t'ap rele I la.

4. Ak kilès moun Seyè a te pase yon vizyon nan Damas? (9:10)

1. Etyopyen an
2. Jan
3. *Ananyas*

5. Kisa Seyè a te di Ananyas pou I te fè Damas? (9-11)

1. "Ale lakay Jida, nan lari ke yo rele dwat la".
2. "Chèche yon nonm ki rele Sòl moun lavil Tas".
3. *Tout repons ki anlè yo kòrèk.*

6. Kisa ki te pase lè Ananyas te enpoze men sou Sòl? (9:17-18)

1. Je Sòl te vin ouvè epi li te reprann fòs ankò.
2. *Yon bann kal te soti nan je li tonbe atè epi li te vin wè ankò.*
3. Sòl te arete Ananyas epi mete li nan prizon.

7. Kisa ki te pase aprè Pòl te fin wè ankò? (9:18-19)

1. Li te batize.
2. Li te manje.
3. *Tout repons ki anlè yo kòrèk.*

8. Nan ki moman ke Sòl te kòmanse preche di ke Jezi se Pitit Bondye a nan sinagòg yo nan lavil Damas? (9:20)

1. Aprè yon semèn.
2. Aprè li te fin resevwa anpil enfòmasyon.
3. *Touswit aprè.*

9. Kilès moun ki t'ap konfonn jwif ki abite Damas lè li t'ap demontre yo ke Jezi se te Kris la? (9:22)

1. *Sòl*
2. Ananyas
3. Pyè

10. Kilès moun ki te pran Sòl pou mennen I kote apot yo? (9:27)

1. Pyè
2. *Banabas*
3. Ananyas

Konpetisyon avanse

1. Kont kilès ke Sòl t'ap goumen an? (9:1)

1. *Disip Jezi yo.*
2. Souveren sakrifikatè a.
3. Douz apot yo sèlman.
4. Tout repons ki anlè yo kòrèk.

2. Pou kisa Sòl te vle resevwa kèk lèt otorizasyon pou sinagòg Damas yo? (9:1-2)

1. Yon fason pou li te kapab pale yo osijè de nouvo souveren sakrifikatè a.
2. *Yon fason pou li te kapab genyen vwa legal pou mete moun nan prizon.*
3. Yon fason pou li te kapab di yo sa ke y'ap fè ki mal.
4. Yon fason pou ke li te kapab genyen plis pèmisyon pou I te preche la.

3. Kisa ki te pase pandan ke Sòl t'ap pwoche sou wout Damas la? (9:3-4)

1. Menm kote a, yon gwo limyè te sòti nan syèl la te klere tout bò kote li.
2. Li te tonbe atè.
3. Li te tande yon vwa ki di I konsa: "Sòl, Sòl, pou kisa w'ap pèsekite m konsa?"
4. *Tout repons ki anlè yo kòrèk.*

4. Seyè a te di Pòl ke li se yon enstriman ke li chwazi. Kisa Pòl pral fè? (9:15).

1. Li pral kondwi jwif yo nan tè pwomès la.
2. *Li pral pote non Seyè a devan lòt nasyon yo, wa yo, ak devan pitit Izrayèl yo.*
3. Li pral pèsekite jwif avèk grèk yo.
4. Li pral pini moun sa yo ki leve kont disip yo.

5. Pou kisa disip Sòl yo te pran I nan mitan lan nwit epi glise I desann nan yon panye bò miray la? (9:23-25)

1. Paske pòt yo te fèmen.
2. *Paske jwif yo te fè konplo pou yo touye li.*
3. Paske disip Sòl yo te wont li.
4. Paske Sòl te avèg toujou.

6. Kilès ki te pè Sòl lè li te rive nan lavil Jerizalèm? (9:26)

1. Jwif ak grèk yo.
2. Swa zanmi ak fanmi li yo.
3. *Disip yo.*
4. Banabas ak Jan.

7. Kisa Banabas te di apot yo osijè de Sòl? (9:27)

1. Kòman Sòl te wè Seyè a sou wout Damas.
2. Kòman Seyè a te pale avèk li.
3. Kòman ke Sòl te preche avèk anpil kouraj nan nou Jezi nan vil Damas.
4. *Tout repons ki anlè yo kòrèk.*

8. Kisa ki te pase lè frè nan vil yo te pran nouvèl jan jwif yo t'ap bat pou yo te touye Sòl? (9:29-30)

1. *Yo te mennen li nan rejyon Sezare epi fè li pran wout pou mennen lavil Tas.*
2. Yo te arete jwif yo.
3. Yo te pwoteje Sòl avèk plizyè fizi ak lans.
4. Yo te degoute Sòl.

9. Kisa ki te pase nan tout legliz ki te nan Jide, Galile ak Samari menm? (9:31)

1. Li te nan lapè.
2. Li te edifye.
3. Li te ankouraje akoz de asistans Sentespri epi li t'ap grandi anpil.
4. *Tout repons ki anlè yo kòrèk.*

10. Konplete vèsè sa: "Si yon moun nan Kris la, li se yon lòt moun, bagay ke li te konn fè lontan yo pase..." (2 Korentyen 5:17)

1. "...ap toujou bliye".
2. *"...yo vin yon moun nouvo.*
3. "...yo te lave pi blan pase nèj".
4. "... epi kounye a ou genyen lavi ki pap janm fini an".

132

Travay 10:1-23

Konpetisyon debaz

Pou prepare ti moun yo pou konkou sa,
li Travay 10:1-23.

1. Kòman liv Travay la dekri Kònèy ak fanmi li? (10:2)
1. *Kèk moun ki mache dwat epi ki te gen krentif pou Bondye.*
2. Kèk kolektè kontribisyon ak pechè.
3. Kèk moun ki regilye, kèk moun ki nòmal nan fason ke yo t'ap viv.

2. Kilès ki te parèt devan Kònèy nan vizyon li? (10:3)
1. Seyè a.
2. Yon vizaj diferan.
3. *Yon zanj Bondye.*

3. A kilè Pyè t'al priye sou do kay la? (10:9)
1. *Vè sizè konsa.*
2. Vè minwi konsa.
3. Tout repons ki anlè yo kòrèk.

4. Kisa Pyè te wè pandan li t'ap priye konsa? (10:11-12)
1. *Li te wè syèl la ouvè, epi li te wè yon bagay tankou yon gwo dra ki te genyen kat pwent li yo mare nan syèl la desann sou tè a.*
2. Li te wè mesaje Kònèy yo ki t'ap antre nan vil la.
3. Li te wè yon zanj ki te kanpe devan li.

5. Kisa gwo dra a te genyen ladan li? (10:12)
1. Touk kalite bèt kat pye.
2. Kèk zandolit sou latè avèk anpil zwazo nan syèl.
3. *Tout repons ki anlè yo kòrèk.*

6. Pyè te di ke li pat vle manje bagay ki enpi. Kisa vwa a te reponn li aprè konfesyon sa? (10:14-15)
1. *"Sa ke Bondye deklare san tach, piga w janm di li enpi".*
2. "Pyè, ou genyen rezon, piga w manje kalite bèt sa yo".
3. "Seyè a te fè bèt sa yo sen dekwa pou moun kapab manje".

7. Konbyen fwa Pyè te wè vizyon gwo dra a? (10:16)
1. Yon fwa
2. *Twa fwa*
3. Dis fwa

8. Kisa Pyè te mande mesaje Kònèy yo? (10:21)
1. "Kisa nou vle manje menm?"
2. *"Ki rezon ki mennen nou la a?"*
3. "Ki kote nou va pase nwit la?"

9. Ki moun Pyè te envite antre lakay li kòm envite li yo? (10:19, 23).
1. Kònèy
2. Twa mesaje yo.
3. *Tout repons ki anlè yo kòrèk.*

10. Kisa Pyè te fè nan demen maten aprè li te fin fè vizyon an? (10:23)
1. *Li t'al akonpanye mesaje Kònèy yo.*
2. Li te ale Jerzalèm.
3. Li te ale nan sinagòg la pou l priye.

Konpetisyon avanse

1. Kòman liv Travay la dekri Kònèy? (10:1-2)
1. Se te yon nonm dwat ki gen krentif pou Bondye.
2. Li te renmen bay tout moun ki nan bezwen.
3. Li te konn priye Bondye toutan.
4. *Tout repons ki anlè yo kòrèk.*

2. Kijan Kònèy te reyaji fas avèk zanj Bondye a? (10:3-4)
1. Li te tonbe ajenou.
2. *Li te fikse je sou li epi tranble ak lapèrèz.*
3. Li te swete li byen vini lakay li.
4. Tout repons ki anlè yo kòrèk.

3. Kisa ki te rive pandan Pyè t'ap priye konsa? (10:9-11)
1. Li te grangou.
2. Li te tonbe dispozisyon.
3. Li te wè syèl la ouvè, epi li te wè yon bagay tankou yon gwo dra ki te genyen kat pwent li yo mare nan syèl la desann sou tè a.
4. *Tout repons ki anlè yo kòrèk.*

4. Kisa vwa te di Pyè, lè dra ki te genyen pil bèt yo devan li? (10:12-13)

1. *"Leve Pyè, touye epi manje".*
2. "Separe bèt sa yo avèk moun k'ap vini yo".
3. "Sakrifye bèt sa yo nan tanp lan".
4. "Bèt sa yo sen ase pou w manje yo".

5. Kisa Pyè te di ke li pat janm konn manje? (10:14)

1. Tout bèt de tout kalite.
2. Tout kalite fwi ak legim.
3. *Anyen ki enpi oubyen pa sen.*
4. Tout bagay ki genyen grès sou yo.

6. Kisa vwa te deklare aprè ke Pyè te fin di ke li pa manje anyen ki pa sen oubyen enpi? (10:14-15)

1. "Pa deklare enpi sa ke Bondye deja fè sen".
2. "Ou gen rezon Pyè, pa manje bèt sa yo".
3. "Seyè a fè bèt sa yo sen ase pou w manje".
4. *Tout repons ki anlè yo kòrèk.*

7. Kisa Lespri a te di Pyè lè li t'ap panse ak vizyon ke li te fè a? (10:19-20)

1. "Genyen twa moun k'ap chèche ou".
2. "Leve epi desann".
3. "Ou pa bezwen pè ale avèk yo, paske se mwen menm ki voye yo".
4. *Tout repons ki anlè yo kòrèk.*

8. Kilès moun ki te di: "Se menm menm w'ap chèche a. Ki rezon ki mennen nou la a?" (10:21)

1. Simon, kowoyè a.
2. Yon nonm ke Kònèy te voye.
3. *Pyè*
4. Kònèy

9. Pou kisa zanj lan te di Kònèy pou l te mande Pyè pou vini lakay li? (10 :22)

1. *Yon fason pou ke Kònèy te tande pawòl ke Pyè te gen pou di li.*
2. Yon fason pou ke Pyè kapab prepare anpil animal enpi pou Kònèy.
3. Yon fason pou ke Kònèy te kapab genyen plis respè pou pèp jwif la.
4. Tout repons ki anlè yo kòrèk.

10. Kilès moun ki te ale avèk Pyè ak twa lòt mesye yo nan demen? (10:23)

1. Simon kowoyè a ak twa lòt mesye yo.
2. *Kèk frè ki te soti nan lavil Jope.*
3. Tout fanmi Pyè yo.
4. Tout repons ki anlè yo kòrèk.

Konpetisyon debaz

Pou prepare ti moun yo pou konkou sa, li Travay 10:24-28, 34-48; 11:19-26.

1. Kisa Kònèy te fè lè Pyè te antre nan kay la? (10:25)

1. Li te ofri Pyè kèk bagay pou l te manje.
2. *Li te tonbe ajenou nan pye Pyè.*
3. Li te bay Pyè yon ti afeksyon.

2. Kisa Bondye te montre Pyè? (10:28)

1. *Pou li pat konsidere okenn moun kòm enpi.*
2. Adrès pou li te ale lakay Kònèy.
3. Tout sa ke li te bezwen.

3. Kimoun ki pa gade sou figi moun. Li kontan ak tout moun nan tout nasyon ki gen krentif pou li epi ki fè sa ki dwat devan li? (10:34)

1. Jan
2. Pòl
3. *Bondye*

4. Avèk kisa Bondye te mete Jezi apa? (10:38)

1. Avèk lwil ak dlo.
2. *Avèk Sentespri a ak Fòs.*
3. Tout repons ki anlè yo kòrèk.

5. Kisa ki te rive Kònèy, fanmi li, ak zanmi li yo lè Pyè te fin pale avèk yo? (10:44)

1. Jezi te parèt.
2. *Sentespri a te desann sou yo tout.*
3. Tout repons ki anlè yo kòrèk.

6. Kisa Pyè te tande lè don Sentespri a te desann sou payen ki te lakay Kònèy yo? (10:46)

1. Bwi gwo kout loray la.
2. Vwa Bondye.
3. *Payen yo ki t'ap pale an lang epi glorifye non Bondye.*

7. Nan ki non ke Pyè te bay lòd pou payen yo te resevwa batèm? (10:48)

1. *Nan non Jezi ki se Kris la.*
2. Nan non souveren sakrifikatè a.
3. Nan non Kònèy.

8. Kisa Banabas te egzòte moun Antyòch yo pou yo te fè? (11:23)

1. Pou yo sispann pratike mechanste.
2. *Pou yo rete solid nan Seyè a avèk yon kè ki fèm.*
3. Pou yo te preche jwif yo sèlman.

9. Pou kisa Banabas t'al nan lavil Tas? (11:25)

1. Pou pataje bon nouvèl ki pale sou Jezi ki se Kris la avèk lòt yo.
2. Pou pran vakans.
3. *Pou ale chèche Sòl.*

10. Ki non disip yo te pote nan Antyòch? (11:26)

1. Disip
2. *Kretyen*
3. Moun pa Jezi yo.

Konpetisyon avanse

1. Kisa ki te pase lè Pyè te antre lakay Kònèy? (10:25-26)

1. Kònèy ale devan Pyè.
2. Kònèy te tonbe ajenou devan Pyè epi adore li.
3. Pyè te di li konsa: "Leve non, mwen menm tou, mwen se yon nonm".
4. *Tout repons ki anlè yo kòrèk.*

2. Kisa Pyè te di Kònèy osijè de Jezi ak Bondye? (10:40, 43)

1. Bondye te leve Jezi byen vivan nan lanmò epi pèmèt ke li te parèt ankò.
2. Tout pwofèt yo te temwaye osijè de Jezi.
3. Nenpòt moun ki mete konfyans yo nan li resevwa padon pou peche yo nan non li.
4. *Tout repons ki anlè yo kòrèk.*

3. Kilès moun ki te wè Jezi aprè li te fin resisite a? (10:41)

1. Tout moun.
2. *Kèk temwen ke Bondye te gentan chwazi davans.*
3. Tout jwif yo.
4. Fanmi Jezi yo sèlman.

4. Ki lòd Jezi te bay moun sa yo, ki te manje epi bwè ansanm avèk li aprè ke li te fin leve vivan nan lanmò? (10:41-42)

1. *Pou yo preche ak temwaye sou li.*
2. Pou geri ak chase demon yo.
3. Pou chire rad sou yo epi toujou an dèy.
4. Pou selebre ak danse.

5. Kilès moun k'ap resevwa padon pou peche li nan non Jezi? (10:43)

1. Jwif yo sèlman.
2. Tout payen yo.
3. *Moun ki kwè nan li yo.*
4. Sèlman moun sa ki manje epi bwè avèk li aprè li te fin leve soti vivan nan lanmò.

6. Kisa ki te pase lè Pyè te fin pale ak Kònèy? (10:44)

1. Jwif yo te fè kòlè epi yo te vire do yo y'ale.
2. Syèl la te ouvè epi yon pijon te vin poze sou zèpòl Pyè.
3. Yon gwo tanpèt te leve epi tout moun te mouye.
4. *Sentespri a te desann sou tout moun ki te tande Pawòl la.*

7. Pou kisa kwayan ki te akonpanye Pyè yo te sezi anpil? (10:45-46)

1. *Paske kado Sentespri a te desann sou moun lòt nasyon yo tou.*
2. Paske moun lòt nasyon yo pat kapab pale.
3. Paske payen yo te geri de tout maladi yo te genyen.
4. Tout repons ki anlè yo kòrèk.

8. Kòman liv Travay la dekri Banabas? (11:24)

1. Yon granmoun gason avèk yon gran fanmi.
2. *Yon nonm de byen, ranpli ak Lespri avèk la fwa.*
3. Yon nonm egoyis epi jalou.
4. Tout repons ki anlè yo kòrèk.

9. Kisa Banabas te fè, lè li te rankontre ak Sòl nan lavil Tas? (11:25-26)

1. Li te di l tout sa l te wè ak tande.
2. Li te priye l pou l te rete nan lavil Tas avèk li.
3. *Li te mennen li ale nan lavil Antyòch epi yo te anseye anpil moun.*
4. Li te voye li ale lavil Jerizalèm pou preche moun lòt nasyon yo.

10. Ki kote disip yo te premye pote non kretyen? (11:26)

1. Nan Samari.
2. Nan Jerizalèm.
3. Nan lavil Tas.
4. *Nan Antyòch.*

Travay 12:1-13:12

Konpetisyon debaz

Pou prepare ti moun yo pou konkou sa,
li Travay 12:1-19; 13:1-12.

1. Kilès moun wa Ewòd te touye anba kout epe? (12:2)
1. *Jak, frè Jan*
2. Banabas
3. Pyè

2. Kòman legliz la te priye pou Pyè lè li te nan prizon an? (12:5)
1. Dousman.
2. *San poze.*
3. Yon fwa pa semèn.

3. Kisa ki te parèt nan chanm prizon kote Pyè te fèmen an? (12:7)
1. *Yon zanj Seyè a.*
2. Wa Ewòd.
3. Plizyè lòt kretyen.

4. Kisa Pyè te panse ki ta pral pase lè li te swiv zanj lan sòti deyò prizon an? (12:9)
1. Li panse yo te kidnape li.
2. Li te panse ke zanmi l sa t'ap pran pòz yon zanj.
3. *Li te panse se nan yon vizyon ke li te ye.*

5. Kisa anpil moun t'ap fè lakay Mari, manman Jan an? (12:12)
1. Yo te pè pou Pyè.
2. *Yo t'ap priye.*
3. Yo t'ap adore Bondye.

6. Kilès moun ki te apwoche nan pòt kay selil la pou tante lè Pyè t'ap frape a? (12:13)
1. Mari, manman Jan.
2. Youn nan disip yo.
3. *Yon sèvant ki pote non Wod.*

7. Kòman moun yo te santi yo, lè pòt la te ouvè epi se Pyè ke yo te wè? (12:16)
1. Yo te pè.
2. *Yo tout te sezi anpil.*
3. Tout repons ki anlè yo kòrèk.

8. Kilès moun ke Sentespri a te di pou yo te mete apa pou li? (13:2)
1. Banabas
2. Sòl
3. *Tout repons ki anlè yo kòrèk.*

9. Kilès moun Ba-Jezi te ye? (13:6-7)
1. Yon jwif majisyen ak fo pwofèt.
2. Yon attaché ak Sègiyis Polis.
3. *Tout repons ki anlè yo kòrèk.*

10. Kisa ki te pase avèk Elima majisyen an lè li te kanpe kont Banabas ak Sòl? (13:6-11)
1. *Li te tonbe avèg.*
2. Yon zanj te frape li menm kote a epi li tou mouri.
3. Yo te arete li.

Konpetisyon avanse

1. Kisa wa Ewòd te fè lè li te wè jan jwif yo te kontan pou lanmò Jak? (12:2-3)
1. Li te touye frè Jak la tou.
2. Li te touye plizyè lòt moun ankò.
3. *Li te fè arete Pyè tou.*
4. Ewòd te kwè epi batize.

2. Kijan yo te mete Pyè anba gad nan prizon an? (12:4)
1. *Ak kat eskwad ki genyen yo chak kat sòlda.*
2. Ak de sòlda ki te kanpe dèyè pòt la.
3. Ak gwo gwoup sòlda.
4. Ak wa Ewòd menm.

3. Kisa ki te pase pandan ke Pyè t'ap dòmi tou anchennen nan mitan de sòlda yo? (12:6-7)
1. Yon zanj Seyè a te parèt devan li.
2. Yon gwo limyè te klere andedan prizon an.
3. Chenn yo te soti nan men li epi tonbe atè.
4. *Tout repons ki anlè yo kòrèk.*

4. Kisa ki te pase lè zanj lan ak Pyè te rive devan pòt an fè ki devan lavil la? (12:10)
1. *Li te ouvè poukont li san kle.*
2. Zanj lan te ale kite Pyè.
3. Gad prizon yo te mete men sou Pyè ankò.
4. Pyè te rann li kont ke li pat nan yon rèv.

5. Kisa moun yo te panse ki te nan pòt kay Mari a? (12:15)

1. Pyè
2. Yon zanj Seyè a.
3. Yon gad prizon ki sanble ak Pyè.
4. *Zonbi Pyè.*

6. Kisa Pyè te fè lè moun yo te fin ouvè pòt la epi wè se te li menm? (12:16-17)

1. Li te fè yon siy pou yo pat pale.
2. Li te rakonte yo kòman Seyè a te libere li nan prizon an.
3. Li te mande yo pou yo te fè Jak ak lòt frè li yo konnen jan li te jwenn liberasyon li.
4. *Tout repons ki anlè yo kòrèk.*

7. Kisa ki te pase pandan pwofèt ak doktè yo t'ap adore Seyè a epi jene nan Antyòch? (13:1-2)

1. Yo te pran nouvèl Pyè.
2. *Sentespri a te di konsa: "Mete Sòl ak Banabas apa pou mwen".*
3. Yo te ranpli ak tristès akoz de lanmò Jak la.
4. Tout repons ki anlè yo kòrèk.

8. Kilès moun ki te desann Silisi epi anbake pou ale lavil Chip? (13:4)

1. *Banabas ak Sòl*
2. Pyè avèk Jan
3. Apot yo
4. Tout pwofèt yo avèk doktè yo.

9. Kisa Banabas ak Sòl te fè lè yo te rive nan vil Salamin? (13:5)

1. Yo te preche moun lòt nasyon yo.
2. Yo te batize ni jwif ni moun lòt nasyon yo menm jan.
3. *Yo te anonse Pawòl Bondye a nan sinagòg jwif yo.*
4. Yo te geri moun yo epi chase demon yo.

10. Nan ki istwa non Sòl la te vin chanje an Pòl? (13:9)

1. Nan istwa kote yo te lapide Etyèn nan.
2. Nan istwa konvèsyon Sòl la.
3. Nan istwa Lapannkòt la.
4. *Nan istwa Sèjiyis Polis la.*

Konpetisyon debaz

Pou prepare ti moun yo pou konkou sa, li Travay 14:26-28; 15:1-12, 22-41.

1. Konbyen tan Pòl ak Banabas te pase nan lavil Antyòch avèk disip yo? (14:28)

1. Yon mwa.
2. Kèk ane.
3. *Yon bon bout tan.*

2. Kilès moun ke legliz la te voye Jerizalèm pou fè rankont avèk apot yo ansanm avèk ansyen yo? (15:2-3)

1. *Pòl ak Banabas*
2. Mesye nan peyi Jide yo.
3. Moun lòt nasyon yc.

3. Kòman frè legliz yo te santi yo, lè nouvèl fason moun lòt nasyon yo t'ap plede konvèti te rive nan zòrèy yo? (15:3)

1. Yo te vrèman boulvèse.
2. *Yo te nan lajwa.*
3. Yo te tonbe nan lapèrèz.

4. Kisa kèk kwayan ki te farizyen te di pou moun lòt nasyon yo te fè? (15:5)

1. Se pou nou sikonsi.
2. Nou dwe obsève la wa Moyiz la.
3. *Tout repons ki anlè yo kòrèk.*

5. Nan ki fason Bondye te montre li te aksepte moun lòt nasyon yo? (15:8)

1. Lè li te mete yon mak sou tèt yo chak.
2. Lè li te modi gadinay jwif yo.
3. *Lè li te ba yo Sentespri a.*

6. A travè kisa Pyè di nou sove? (15:11)

1. A travè lalwa Moyiz ak pwofèt yo.
2. A travè gras Seyè Jezi a.
3. *Tout repons ki anlè yo kòrèk.*

7. Ki moun ki te rete an silans pandan li t'ap koute Banabas ak Pòl k'ap rakonte mirak avèk pwodij ke Bondye te fè nan mitan moun lòt nasyon yo? (15:12)

1. Pèsòn.
2. *Tout asanble a.*
3. Sèlman apot yo.

8. Apot a ansyen yo, ak tout asanble a yo te deside voye Pòl ak Banabas lavil Antyòch. Kilès ki te chwazi yo? (15:22)
1. *Jid ak Silas*
2. Pyè avèk Jan
3. Mari avèk Mat

9. Kisa Jid avèk Silas te di lè yo te rive nan lavil Antyòch? (15:32)
1. Yo pat di anpil bagay.
2. *Yo te egzòte ak fòtifye manm legliz yo.*
3. Yo te di egzakteman sa lèt la di a.

10. Kisa Pòl avèk Silas te fè nan Lasiri ak Silisi? (15:40-41)
1. *Yo te ankouraje legliz yo.*
2. Yo te konstwi yon legliz tou nèf.
3. Tout repons ki anlè yo kòrèk.

Konpetisyon avanse

1. Pou ki moun Bondye te ouvè pòt lafwa? (14:26-27)
1. Pou jwif yo.
2. Pou Pòl ak Banabas.
3. *Pou nasyon yo.*
4. Pou apot yo.

2. Genyen kèk moun ki te fè yo kwè ke yo te dwe sikonsi pou yo te kapab sove. Pou ki rezon yo te kwè sa? (15:1)
1. *Paske yo anseye selon lalwa Moyiz la.*
2. Paske yo te anseye selon rityèl payen yo.
3. Paske yo te anseye selon rityèl Jezi yo.
4. Paske yo te anseye selon rityèl nan Antyòch.

3. Ki lwa Farizyen yo te mande pou moun lòt nasyon yo te obeyi? (15:5)
1. Lalwa payen yo.
2. Lalwa Pyè a.
3. *Lalwa Moyiz la.*
4. Lalwa Peyi a.

4. Nan ka fason Bondye te montre jan li te aksepte moun lòt nasyon yo? (15:8)
1. Lè li te libere yo nan prizon.
2. Pa mwayen pwisans ke li te bay Pyè.
3. *Lè li te ba yo Sentespri a menm jan avèk jwif yo.*
4. Lè li te ba yo yon vizyon.

5. Kòman lèt yo te voye bay payen nan Antyòch ki te vin tounen kwayan yo te dekri Pòl ak Banabas? (15:26)
1. Kèk zòm ki te fatige epi bezwen repo.
2. Kèk zòm ki te prè pou fè nenpòt sakrifis pou kamarad jwif yo.
3. Kèk zòm ki te nan nesesite pou yo te aprann lalwa Moyiz la.
4. *Kèk zòm ki te ekspoze lavi yo pou non Seyè a Jezi ki se Kris la.*

6. Pou kisa apot yo avèk ansyen yo te voye Jid avèk Silas ale lavil Antyòch? (15:27)
1. Pou yo t'al wè kijan sa ye avèk payen yo.
2. Pou mande yo lajan.
3. *Pou yo te anonse sa ke yo te ekri yo avèk pwòp bouch yo.*
4. Pou pèsekite moun lòt nasyon yo

7. Selon lèt la, kisa payen yo te dwe sispann fè? (15:29)
1. Kèk vyann ki apa pou zidòl, ak san.
2. Kèk bèt ki mouri toufe.
3. Peche.
4. *Tout repons ki alè yo kòrèk.*

8. Pou kisa ke Pòl te jije li pat bon pou yo te pran Jan ki pote ti non Mak ansanm avèk yo? (15:37-38)
1. Paske li te yon payen.
2. Paske li te malad epi pat prepare pou vwayaj la.
3. Paske li te genyen yon fanmi ki te bezwen li.
4. *Paske li te vire do ba yo depi nan Panfili.*

9. Kisa ki te pase akoz de dezakò klè ki te pase ant Pòl ak Banabas? (15:39)
1. Youn te mande lòt eskiz epi padone youn lòt.
2. *Yo te separe.*
3. Yo te sispann preche ak anseye.
4. Yo te pran vakans.

10. Kisa Pòl te fè lè li te vwayaje atravè Lasiri ak Silisi? (15:41)
1. *Li te ankouraje legliz yo.*
2. Li te deside vwayaje nan chemen atè epi aprè sa, sou lanmè.
3. Li te mande Banabas ak Mak pou yo t'al jwenn li.
4. Tout repons ki anlè yo kòrèk.

Konpetisyon debaz

Pou prepare ti moun yo pou konkou sa,
li Travay 16:6-40.

1. Ki kote Sentespri a te anpeche Pòl avèk konpayèl li yo anonse pawòl la? (16:6)
1. Nan peyi Lagrès.
2. *Nan Lazi.*
3. Nan lavil Jerizalèm.

2. Kijan ke Pòl te rann li kont ke Bondye te rele yo pou al anonse levanjil la nan Masedwàn? (16:9-10)
1. *Li te wè yon masedonyen nan vizyon li.*
2. Li te resevwa yon lèt ki soti nan vil Masedwàn.
3. Moun yo te fòse l ale Masedwàn.

3. Kilès moun ke Pòl ak konpayèl li yo te rankontre bò rivyè a nan jou samdi a? (16:13-14)
1. Sadiseyen yo.
2. *Lidi ak kèk lòt medam.*
3. Frè kretyen ki te abite nan Jide yo.

4. Nan ki fason domestik la te konn fè lajan? (16:16)
1. *Nan devine lavni.*
2. Nan vann twal ak fil.
3. Nan travay kòm kiziyè.

5. Pou ki rezon ke mèt domestik la te mete Pòl ak Silas nan prizon? (16:19)
1. Yo te vle fè anpil lajan atravè mizik li yo.
2. *Yo te wè espwa pou yo gen lajan an disparèt.*
3. Yo te jalou akoz de pwisans yo te genyen an.

6. Kisa Pòl ak Silas te fè nan prizon an nan mitan lannwit la? (16:25)
1. Yo te priye.
2. Yo te chante plizyè chan pou fè louwanj Bondye.
3. *Tout repons ki anlè yo kòrèk.*

7. Kisa ki te fè pòt yo ouvè epi chèn tout moun te tonbe? (16:26-27)
1. Se paske gad prizon an te deside libere tout moun.
2. *Akoz de yon gwo tranblann tè.*
3. Te genyen yon gwo tanpèt ki te leve.

8. Majò prizon an te mande Pòl ak Silas: "Mesye, kisa mwen dwe fè pou m kapab sove? Kisa yo te reponn li? (16:31)
1. "Ou dwe lage nou".
2. "Ou dwe bay ladim nan sinagòg la".
3. *"Mete konfyans ou nan Seyè Jezi epi w'ap kapab sove oumenm avèk fanmi ou".*

9. Kisa majò prizon an avèk fanmi li te fè menm kote a? (16:33)
1. Yo te libere Pòl ak Silas.
2. *Yo tout te batize.*
3. Yo te kouri y'ale.

10. Pou ki rezon majò prizon an te nan lajwa? (16:34)
1. Paske li pa't resevwa pinisyon dèske li te kite Pòl ak Silas chape poul yo.
2. Paske li te kite travay li pi bonè.
3. *Paske li te kwè nan Bondye.*

Konpetisyon avanse

1. Kisa ki te rive lè Pòl ak konpayèl li yo te tante antre nan lavil Betani? (16:7)
1. Yo te travèse fwontyè yo byen fasil.
2. Gad fwontyè yo te poze yo anpil gwo kesyon.
3. *Sentespri a pat kite yo antre.*
4. Yo te chanje lide epi repati ankò.

2. Kilès ki te di: "Pase nan vil Masedwàn, vin pote m sekou" (16:9).
1. *Yon Masedonyen ki te parèt devan Pòl nan yon vizyon.*
2. Yon Masedonyen ki t'ap mande sou wout Twoas la.
3. Yon Masedonyen gouvènman an.
4. Legliz nan Masedwàn nan.

3. Kilès Lidi te ye? (16:14)
1. Yon machann dra an koton.
2. Yon fanm nan lavil Tyati.
3. Yon fanm ki te genyen krent pou Bondye.
4. *Tout repons ki anlè yo kòrèk.*

4. Nan lavil Filip, te genyen yon domestik avèk lespri divinò pou devine lavni. Kisa ki te pase pandan ke Pòl te fin byen fatige ak li, li te vire epi di lespri a: "Mwen kòmande w nan non Jezi ki se Kris la, soti anndan li". (16:18-20)
1. Lepri a te soti nan li.
2. Mèt domestik yo te mete men sou Pòl ak Silas.
3. Pòl mak Silas te prezante devan pretè yo.
4. *Tout repons ki anlè yo kòrèk.*

5. Pou ki rezon ke Pòl te rele byen fò: "Ou pa bezwen fè tèt ou mal, men nou tout la" (16:27-28)

1. Pou fè Silas konnen ke li te la.
2. Pou anpeche majò prizon an touye tèt li, paske li te panse ke prizonye yo te chape poul yo.
3. *Pou l te fè lòt prizonye yo sispann goumen ant yo.*
4. Paske pretè a te sou wout pou l te pete batay avèk majò prizon an paske li te kite prizonye yo ale.

6. Kisa majò prizon an te mande Pòl ak Silas? (16:29-30)

1. "Kòman sa fè rive?"
2. "Èske nou se majisyen?"
3. *"Kisa mwen dwe fè pou m kapab sove?"*
4. "Ki kote nou soti".

7. Pou ki rezon ke majò prizon an te nan lajwa? (16:34)

1. *Paske li te kwè nan Bondye avèk tout fanmi li.*
2. Paske prizonye yo te chape poul yo.
3. Paske li pat majò prizon ankò.
4. Tout repons ki anlè yo kòrèk.

8. Nan ki moman pretè yo te voye liktè yo al libere Pòl ak Silas? (16:35)

1. *Lè li te fin jou.*
2. Nan menm sware a.
3. Yon semèn pita.
4. Aprè kenz jou.

9. Kisa Pòl te vle pou pretè yo te fè? (16:37)

1. Pou yo te lage yo an sekrè.
2. *Pou se yo menm menm ki te pou vin libere yo.*
3. Pou yo te mande padon piblikman dèske yo te bat yo.
4. Tout repons ki anlè yo kòrèk.

10. Konplete vèsè sa: "Pyè reponn yo: Tounen vin jwenn Bondye, epi yonn apre lòt vin resevwa batèm nan non Jezikri, pou Bondye padone tout peche nou yo. Apre sa, n'a resevwa ..." (Travay 2:38)

1. "...lavi ki pap janm fini an".
2. *"...kado Sentespri a".*
3. "...anpil richès ki san mezi".
4. "...tout ke Seyè a te pwomèt yo".

Konpetisyon debaz

Pou prepare ti moun yo pou konkou sa, li Travay 17:1-34.

1. Kilès moun ki te di: "Jezi sa a ke m'ap anonse nou an, se li menm ki Kris la"? (17:1-3)

1. Silas
2. *Pòl*
3. Timote

2. Nan ki kay jwif yo t'al chèche Pòl ak Silas? (17:5)

1. *Lakay Jason.*
2. Lakay Mari.
3. Lakay Lidi.

3. Kisa majistra yo te fè Jason yo pat jwenn Pòl ak Silas lakay li? (17:6-9)

1. Yo te bat li.
2. Yo te poze li anpil kesyon.
3. *Yo te fè li peye amann.*

4. Kilès te voye bò lanmè a lè jwif nan lavil Tesalonik yo te vin ajite foul la? (17:13-14)

1. *Pòl*
2. Silas
3. Tout repons ki anlè yo kòrèk.

5. Kisa ki te fè Pòl sezi lè li t'ap tann Silas ak Timote nan Atèn? (17:16)

1. Pou tout tan ke yo te pase avan yo te rive.
2. Paske li pat kapab pale lang pa yo a.
3. *Paske vil la te plen ak zidòl.*

6. Ki enskripsyon ki te sou lotèl la? (17:23)

1. "Pou Seyè a, Jezi ki se Kris la".
2. *"Pou yon Dye ki enkoni".*
3. "Pou moun nan vil Atèn yo".

7. Kisa Bondye bay tout moun? (17:25)

1. *Lavi, respirasyon ak tout bagay.*
2. Tout riches ki nan mond lan.
3. Tout sa ke nou mande.

8. Kilès moun ki pa twò lwen nou chak? (17:27)

1. Pòl
2. *Bondye*
3. Pyè

9. Kisa kèk moun te konn di sou powèt atenyen yo? (17:28)

1. Se pou li nou ye.
2. Nou se eritye wayòm nan.
3. *Nou soti nan ras li.*

10. Kòman Bondye te pwouve ke li genyen yon jou pou l jije mond lan avèk jistis? (17:31)

1. *Lè li te resisite Jezi nan mitan mò yo.*
2. Lè li te bay Pòl anpil pawòl pou l te di.
3. Lè li ofri jijman sou late.

Konpetisyon avanse

1. Kisa jwif yo te fè pliske yo te jalou kont moun Tesalonik yo? (17:5)

1. Yo te repanti epi batize.
2. Yo te bat Pòl ak Silas.
3. *Yo te fè konplo epi pote anpil twoub.*
4. Yo te voye souveren sakrifikatè yo a ale nan prizon.

2. De kisa jwif nan lavil Tesalonik yo te akize Pòl ak Silas? (17:6-7)

1. *Kòm moun ki te aji kont imaj Seza, yo te di ke genyen yon lòt wa ki egziste.*
2. Kòm moun ki te kache lènmi yo nan mitan yo.
3. Kòm moun ki te konn al vizite moun ki pechè latè yo.
4. Kòm moun ki te konn fè mirak nan jou repo a.

3. Kòman moun Bere yo te resevwa mesaj la? (17:11)

1. San angouman.
2. Lantman, aprè konsiltasyon prèt yo.
3. Avèk lespri fèmen.
4. *Avèk anpil ankourajman.*

4. Kisa jwif ki nan Tesalonik yo te fè lè yo te aprann ke Pòl te anonse pawòl la nan lavil Bere? (17:13)

1. Yo te kite lavil Bere.
2. *Yo te twouble foul la nan Bere.*
3. Yo te kalme foul la nan lavil Bere.
4. Tout repons ki anlè yo kòrèk.

5. Pòl te fè yon deba avèk yon gwoup filozòf. Ki remak kèk pami yo te fè? (17:18)

1. "Se boulvès l'ap mache simen".
2. *"Sanble se yon divinite etranje l'ap anonse".*
3. "Nonm sa ap anonse verite a".
4. "Se sèlman yon ansèyman l'ap bay".

6. Kòman Atenyen ak etranje ki t'ap viv la yo te konn pase tan yo? (17:21)

1. *Pou di oubyen pou koute kèk nouvèl.*
2. Pou yo te fè tout sa ki te fè yo plezi.
3. Pou yo te kapab adore fo dye yo.
4. Pou yo te kapab resevwa envite yo.

7. Kòman Pòl te fè konnen ke moun nan vil Atèn yo te relijye anpil? (17:22-23)

1. Paske li te dekouvri yon lotèl ki te ekri "Pou yon Dye enkoni".
2. Paske yo te genyen kèk imaj Jezi sou miray la.
3. *Paske yo te konn obeyi lalwa ak pwofèt yo.*
4. Paske li te bay yon prèv ke Jezi te la.

8. Nan ki fason ke Pòl te dekri Bondye pandan ke li te nan lavil Atèn? (17:24)

1. Kòm yon Bondye ki jalou.
2. Kòm yon Bondye ki pa abòdab.
3. *Kòm mèt syèl la ak latè a.*
4. Kòm yon Bondye ki toujou an kòlè.

9. Kilès moun ki bay tout bagay lavi ak respirasyon? (17:24-25)

1. Pòl
2. *Bondye*
3. Zeyis
4. Atèn

10. Pou ki rezon Bondye fikse yon jou? (17:31)

1. "Pou inonde tout latè antyè".
2. *"Pou jije mond lan selon jistis".*
3. "Pou pwouve pwisans li".
4. "Pou retou li".

Travay 18:1-28

Konpetisyon debaz

Pou prepare ti moun yo pou konkou sa,
li Travay 18:1-11, 18-28.

1. Ki kote Pòl te ale aprè ke li te fin kite Atèn? (18:1)
1. Nan lavil Tesalonik.
2. *Nan lavil Korent.*
3. Nan lavil Antyòch.

2. Pou kisa ke Pòl te rete avèk Prisil ak Akilas? (18:2-3)
1. *Paske li te konn fè tant.*
2. Paske yo te genyen anpil lajan.
3. Paske yo te soti nan peyi Itali.

3. Kisa Pòl te konn fè nan lavil Korent chak jou saba? (18:4)
1. *Pòl te konn bay diskou nan sinagòg yo.*
2. Li te konn travay kòm bòs tant.
3. Li te pati pou lavil Tas.

4. Kilès moun ki te di Pòl konsa: "Ou pa bezwen pè: se pou ou pale, epi pa janm fèmen bouch ou?" (18:9)
1. *Seyè a nan yon vizyon.*
2. Banabas ak Timote.
3. Kwayan nan lavil Korent yo.

5. Pou konbyen tan ke Pòl te rete nan lavil Korent? (18:11)
1. De semèn.
2. *Yon ane ak sis mwa.*
3. Yon ti kras tan.

6. Pou ki rezon Pòl te kale tèt li chòv? (18:18)
1. Paske cheve li yo te twò long.
2. Paske gen kèk moun li pat vle rekonèt li.
3. *Paske li te fè yon pwomès.*

7. Kisa ke Pòl te fè atravè rejyon Galasi ak Friji? (18:23)
1. *Li te ankouraje tout disip yo.*
2. Li te kache nan mitan moun lòt nasyon yo.
3. Tout repons ki anlè yo kòrèk.

8. Ki sèl batèm ke Apolòs te konnen? (18:25)
1. Batèm Pyè a.
2. *Batèm Jan an.*
3. Batèm Jezi a.

9. Kisa Prisil ak Akilas te fè pou Apolòs? (18:26)
1. Envite li lakay yo.
2. Eksplike li chemen Bondye a pi bien.
3. *Tout repons ki anlè yo kòrèk.*

10. Kisa Apolòs te fè lè li te rive nan Akayi? (18:27-28)
1. Li te replike kont jwif yo an plen piblik.
2. Li te demontre pa mwayen sa ki ekri yo ke Jezi se Kris la.
3. *Tout repons ki anlè yo kòrèk.*

Konpetisyon avanse

1. Pou kisa ke akilas ak Prisil te soti peyi Itali pou vini nan lavil Korent? (18:1-2)
1. Paske yo te genyen kèk zanmi ak fanmi la.
2. *Paske Klod te bay lòd pou tout jwif yo kite lavil Wòm.*
3. Paske yo te vin chèche travay nan lavil Korent.
4. Paske Prisil te bezwen pran vakans.

2. Kisa Pòl te konn fè nan sinagòg la chak jou saba? (18:4)
1. *Li te konn fè diskou ak kontrekare jwif yo avèk grèk yo.*
2. Li te konn preche lè chef prèt la pa la.
3. Li te konn fè plan pou li vwayaje.
4. Li te konn kondane pechè yo.

3. Kisa Pòl te di, lè jwif yo te vire kont li epi vin vyolan? (18:6)
1. "Se pou san w retonbe sou tèt ou!"
2. "Mwen trè sen".
3. "Apati de kounye a, mwen prale bò kote payen yo".
4. *"Tout repons ki anlè yo kòrèk".*

4. Kilès ki te akonpanye Pòl ale Lasiri? (18:18)
1. Banabas ak Timote
2. *Prisil ak Akilas*
3. Frè yo
4. Pèsòn

5. Kisa Pòl te fè lè Prisil ak Akilas te mande l pou l te pwolonje sejou li? (18:19-21)

1. Li te aksepte
2. *Li pat fè pwomès, men li te pwomèt ke l'ap retounen si Bondye vle.*
3. Li te di yo ke li ta pral priye pou sijè sa.
4. Li te deide rete pandan de semen.

6. Kòman liv Travay dekri Apolòs? (18:24-25)

1. Nonm sa a te konn pale byen, li te konn tou sa ki te ekri nan Liv yo.
2. Yo te moutre l' chemen Bondye a. Depi lè sa a, li te cho pou l' te anonse pawòl la. San dezanpare li t'ap moutre moun yo tou sa li te konnen sou Jezi yon jan ki konfòm ak verite a.
3. Men, se batèm Jan an ase li te konnen.
4. *Tout repons ki anlè yo kòrèk.*

7. Kisa Prisil ak Akilas te fè lè yo te fin tande Apolòs? (18:26)

1. *Yo pran l' avèk yo epi yo fin moutre li chemen Bondye a yon jan ki pi korèk.*
2. Yo te kondane li.
3. Yo te fè Pòl konnen ke yo t'ap ranvwaye li tou swit.
4. Yo te mande li ale trankilman.

8. Nan Lakayi, kilès ki te yon gran èd, pa la gras de Dye pou moun ki te kwè yo? (18:27)

1. Pòl
2. Banabas
3. *Apolòs*
4. Tout repons ki anlè yo kòrèk

9. Kisa Apolòs te demontre atravè Lekriti yo nan Lakayi? (18:28)

1. Ke Pòl se te Kris la
2. Ke Istwa kreyasyon an se te verite
3. *Ke Jezi se Kris la*
4. Ke Bondye pral jije mond lan

10. Selon Women 8:31, kilès ki pou nou? (Women 8:31)

1. Pèsòn
2. Tout kwayan yo
3. *Bondye*
4. Seyè a Jezi ki se Kris la

Konpetisyon debaz

Pou prepare ti moun yo pou konkou sa, li Travay 19:1-12, 23-41; 20:7-12.

1. Konbyen zòm ki te batize ak resevwa Sentespri a nan lavil Efèz? (19:5-7)

1. San
2. *Douz anviwon*
3. Sèlman yon ti kras

2. Kisa ki te pase aprè ke disip nan lavil Efèz yo fin batize epi aprè ke Pòl te fin enpoze men sou yo? (19:5-6)

1. Sentespri a te desann sou yo.
2. Yo te pale lòt lang epi pwofetize.
3. *Tout repons ki anlè yo kòrèk.*

3. Kimoun ki te fè anpil gwo mirak nan lavil Efèz? (19:11)

1. Disip yo.
2. *Bondye atravè men Pòl.*
3. Tout moun ki te kwè yo.

4. Osijè de kisa yon gwo boulvès te leve nan lavil Efèz? (19:23)

1. *Osijè de chemen Seyè a.*
2. Osijè de pase Pòl.
3. Osijè de zidòl ke lòm te fè avèk pwòp men yo.

5. Kilès Demetriyis te ye? (19:24)

1. Yon predicate nan lavil Efèz.
2. *Yon lòfèb ki te konn fabrike ajan nan tanp Dyàn yo.*
3. Yon majisyen.

6. Kisa ke Pòl te di osijè de zidòl ki te fèt ak men moun yo? (19:26)

1. Se bagay moun fou.
2. Se yon bann bèl imaj.
3. *Se pa Dye ke yo ye.*

7. Aprè ke Pòl te fin di ke zidòl ki fèt ak men zòm yo pat Bondye, kisa ki te pase? (19:26-29)

1. *Tout vil la te tonbe nan konfizyon.*
2. Moun ki te konn acore nan tanp Dyàn yo te byennere.
3. Disip yo te boulvèse.

8. Nan Teyat Efèz la, kilès moun ke jwif yo te pouse devan? (19:33)
1. Pòl
2. *Aleksann*
3. Demetriyis

9. Kisa sekretè a di ke Pòl ak kanmarad li yo pat fè nan lavil Efèz? (19:37)
1. Yo pat fè sakrilèj.
2. Yo pat pale kont fo dye yo.
3. *Tout repons ki anlè yo kòrèk.*

10. Kisa ki te rive Etichis lè li te tonbe nan fenèt la? (20:9-10)
1. Li te tonbe anba epi li te tou mouri.
2. Pòl te pran li nan bra l epi di tout moun ke li te vivan.
3. *Tout repons ki anlè yo kòrèk.*

Konpetisyon avanse

1. Kisa Pòl te mande disip yo lè li te rive Efèz? (19:1-2)
1. "Èske Apolòs te vini isit la?"
2. "Konbyen kretyen ki genyen isit la?"
3. *"Èske nou te resevwa Sentespri a lè nou te kwè a?"*
4. "Èske nou sonje kilès moun ke mwen ye?"

2. Pou ki rezon ke Pòl te separe ak kèk moun nan Efèz? (19:9)
1. Paske kè yo te di anpil.
2. Paske yo pat vle kwè?
3. Paske yo te konn mal anseye chemen Seyè a piblikman.
4. *Tout repons ki anlè yo kòrèk.*

3. Kisa ki te konn pase lè twa ak mouchwa ke Pòl te konn touche yo te aplike sou moun ki malad yo? (19:12)
1. Kondisyon moun ki malad yo te konn vin pi mal epi yo mouri.
2. *Malad yo te konn geri epi demon yo te konn soti sou moun yo.*
3. Twa ak mouchwa yo te konn disparèt majikman.
4. Sentespri a te konn desann sou moun ki malad yo.

4. Ki jan liv Travay la dekri Demetriyis? (19:24)
1. Li te yon òfèv.
2. Li fè ti tanp Dyàn nan.
3. Li te bay atizan yo anpil gwo pwofi.
4. *Tout repons yo kòrèk*

5. Kisa ki t'a pral pèdi gwo non li a daprè Demetriyis? (19:27)
1. *Biznis li a.*
2. Seyè a, Jezi ki se Kris la.
3. Moun ki te konn adore Dyàn yo.
4. Tout repons ki anlè yo kòrèk.

6. Kisa travayè Demetriyis yo te kriye di lè yo te tande pawòl li yo? (19:28)
1. "Se pou Wa a viv pou lontan!".
2. "Nou kwè nan Jezi Kris!".
3. *"Atemis moun Efèz yo, se gwo nègès!"*
4. "Arete Pòl epi pèsekite li!"

7. Kisa ki te gwo gadyen nan lavil Efèz daprè yo menm? (19:35)
1. De plizyè fo dye.
2. *Tanp gwo zidòl Dyàn nan ak vèvè li yo.*
3. De Pawòl Bondye a ki deja ekri.
4. Tout repons ki anlè yo kòrèk.

8. Kisa sekretè a te mande Demetriyis ak travayè li yo pou yo te fè? (19:38)
1. Pou yo te rete tranquil.
2. Pou yo te touye anpil moun nan lari yo menm jan tou.
3. *Pou yo te rele youn lòt nan leta.*
4. Pou yo te fè zidòl yo tounen plizyè dye ki diferan.

9. Kisa ki te rive Etich pandan ke Pòl t'ap preche? (20:9-10)
1. Li te dòmi.
2. Li te tonbe nan fenèt la.
3. Li te mouri.
4. *Tout repons ki anlè yo kòrèk.*

10. Kisa ke Pòl te fè aprè li te fin resisite Etich? (20:10-11)
1. Li te sispann peche epi li te leve l'ale lakay li.
2. Li te kase pen an, li manje epi pale pou anpil tan ankò jouskaske li te fin jou nèt.
3. Li te mande Etich pou l pat kite dòmi pran li.
4. *Tout repons ki anlè yo kòrèk.*

Travay 20:17- 21:19

Konpetisyon debaz

Pou prepare ti moun yo pou konkou sa,
li Travay 20:17-24, 32-38; 21:17-19.

1. Nan ki fason ke Pòl te anseye nan lavil Efèz? (20:20)
1. Piblikman
2. Nan chak kay li te pase.
3. *Tout repons ki anlè yo kòrèk.*

2. Kisa Pòl te anonse jwif avèk Grèk yo? (20:21)
1. Ke yo te dwe tounen vin jwenn Bondye.
2. Ke yo te dwe mete lafwa yo nan Jezi.
3. *Tout repons ki anlè yo kòrèk.*

3. Kilès ki te pran Pòl pou mennen l Jerizalèm? (20:22)
1. *Sentespri a*
2. Yon zanj
3. Banabas

4. Ki valè ke Pòl te bay lavi li? (20:24)
1. Tout
2. *Okenn*
3. Sèlman yon ti kras.

5. De kisa Sentespri a te avèti Pòl de vil an vil? (20:23)
1. Li te genyen kèk kout kòd ki t'ap rete tann li.
2. Ke genyen anpil tribilasyon ki t'ap rete tann li.
3. *Tout repons ki anlè yo kòrèk.*

6. Kisa Pòl pat anvi wè? (20:33)
1. Lajan ak lò
2. Rad yo
3. *Tout repons ki anlè yo kòrèk.*

7. Daprè pawòl Seyè Jezi yo, "Gen plis benediksyon pou moun k'ap bay pase ..." (20:35)
1. "...pran nan men lòt yo".
2. *"...k'ap resevwa".*
3. "...genyen twòp".

8. Kisa ki te sitou fè ansyen yo atriste? (20:38)
1. *Paske Pòl te di, yo pa t'ap janm tounen fas li ankò.*
2. Paske Pòl pa t'ap retounen.
3. Paske yo pat kapab ale avèk Pòl.

9. Kisa kretyen yo fè, lè Pòl te rive nan lavil Jerizalèm? (21:17)
1. *Yo te resevwa li avèk kè kontan.*
2. Yo te mete li nan prizon.
3. Yo te ba li swen nan lopital.

10. Osijè de kisa apot la te pale ak Jak e ansyen yo lè li te rive nan lavil Jerizalèm? (21:19)
1. Osijè de tout pwoblè ke jwif yo t'ap bay.
2. *Osijè de tout sa ke Bondye t'ap fè nan mitan moun lòt nasyon yo.*
3. Tout repons ki anlè yo kòrèk.

Konpetisyon avanse

1. Nan ki fason Pòl te sèvi Seyè a pandan li t'ap viv nan Jerizalèm? (20:17-19)
1. Avèk krent e tranbleman.
2. *Avèk anpil imilite ak dlo nan je.*
3. Avèk konfyans e fòs.
4. Avèk mank de sekirite ak dout.

2. Nan ki fason Pòl te anseye nan lavil Efèz? (20:20)
1. Avèk sezisman.
2. *Piblikman epi de kay an kay.*
3. Debou devan yon gwo plat-fòm.
4. Sèlman pou yon ti gwoup kwayan.

3. Kisa Pòl te anonse jwif yo ansanm avèk grèk yo nan lavil Efèz? (20:21)
1. Ke Dye ki nan vil Efèz yo se yon bann zidòl.
2. Tout sa li te konnen.
3. *Ke yo te dwe tounen vin jwenn Bondye epi mete lafwa yo nan Jezi ki se Kris la.*
4. Sèlman sa ke li te kapab jere.

4. Ki kote Lespri Sen an te bay Pòl temwayaj ke anpil prizon ak tribilasyon t ap tann li? (20-23)
1. Nan Jerizalèm.
2. Nan pwovens Lazi.
3. *Nan tout vil yo.*
4. Nan sinagòg jwif yo

5. Kijan Pòl te rekòmande ansyen nan legliz yo pou yo te fè? (20:32)
1. Youn nan men lòt.
2. *Bondye ak pawòl lagras li a.*
3. Sou direksyon Silas ak Timote.
4. Nan men pèp Efèz la.

6. Ki men ki te lonje pou satisfè bezwen Pòl yo? (20:34)
1. Men kamarad li yo.
2. Men disip yo.
3. Men moun lòt nasyon yo.
4. *Men pa li.*

7. Kisa ki te pase lè Pòl te fin pale avèk ansyen nan Efèz yo? (20:36-37)
1. Li te mete ajenou epi priye.
2. Yo tout te kriye ansanm.
3. Yo te anbrase youn lòt.
4. *Tout repons ki anlè yo kòrèk.*

8. Kilès ke Pòl avèk lòt moun yo te resevwa avèk anpil kè kontan lè li te rive nan lavil Jerizalèm? (21:17)
1. *Frè kretyen yo.*
2. Okenn moun.
3. Tout moun li te wè yo.
4. Sèlman douz apot yo.

9. Sou kisa Pòl te bay rapò, an detay, lè li te rive nan lavil Jerizalèm? (21:19)
1. Osijè de moun Efèz yo ki pat kwè.
2. Osijè de anpil asasina ke li te wè.
3. *Osijè de anpil bagay ke Bondye t'ap fè nan mitan moun lòt nasyon yo atravè ministè li.*
4. Tout repons ki anlè yo kòrèk.

10. Konplete vèsè sa: "Mwen pa pran lavi m' pou anyen, li pa gen okenn valè pou mwen. Men, mwen vle ale jouk nan bout nan sèvis mwen, mwen vle fini nèt ak travay Seyè Jezi ..." (Travay 20:24).
1. "...pou genyen meday lò".
2. *"...pou m' anonse bon nouvèl favè Bondye fè nou an".*
3. "...malgre responsablite a difisil anpil".
4. "...epi pou viv yon lavi ki pap janm fini nan syèl la".

Konpetisyon debaz
Pou prepare ti moun yo pou konkou sa, li Travay 21:27—22:3, 17-29.

1. Kilès jwif yo te kwè ke Pòl t'ap prezante nan tanp lan? (21:29)
1. Pyè
2. Kònèy
3. *Twofim*

2. Kisa ki te pase menm kote jwif yo te fin trennen Pòl deyò tanp lan? (21:30)
1. Yo te touye li.
2. Pòl te reprann fòs.
3. *Tout pòt yo te fèmen.*

3. Kisa pèp la te fè nan Jerizalèm lè yo te wè tribin nan ak plizyè sòlda? (21:32)
1. Yo tout te kouri.
2. *Yo te sispann bay Pòl kou.*
3. Tout repons ki anlè yo kòrèk.

4. Kilès moun ki te bay lòd pou yo te pran Pòl epi anchene li nan de chèn nan lavil Jerizalèm? (21:33)
1. *Tribin nan.*
2. Pèp la.
3. Gwoup ofisye ki nan lavil Jerizalèm yo.

5. Pou ki rezon ke sòlda yo te pote Pòl ale nan fòterès la? (21:35)
1. Paske li pat kapab mache.
2. Paske Jak pat vle kite Pòl ale.
3. *Paske foul moun yo te twò vyolan.*

6. Nan ki lang Pòl te pale ak foul moun nan lavil Jerizalèm nan? (21:40)
1. *Nan lang Ebrayik*
2. Nan lang grèk
3. Nan lang Ebre

7. Kisa moun yo te fè, lè yo te tande Pòl pale nan lang ebrayik la? (22:2)
1. Yo te pwovoke yon asasina
2. *Yo tout te fè silans*
3. Yo te mete konfyans yo nan Jezi ki se Kris la menm kote a.

8. Ki kote Seyè a te di l'ap voye Pòl? (22:21)

1. Kote moun Jerizalèm yo.
2. Nan mitan moun enkoni yo.
3. *Byen lwen nan mitan moun lòt nasyon yo.*

9. Kisa Pòl te reponn lè tribin nan te mande li si li se sitwayen women? (22:27-28)

1. *''Wi, mwen se sitwayen women paske mwen fèt nan lavil Wòm''.*
2. ''Non, se jwe mwen t'ap jwe''.
3. ''Mwen se yon sitwayen wayòm Bondye a''.

10. Konplete vèsè sa: ''Ou mèt ale, mwen va avèk bouch ou epi mwen va...'' (Egzòd 4:12)

1. ''...mwen va pwoteje ou anba tout sa ki mal''.
2. ''...mwen va ba ou yon gwo rekonpans''.
3. *''...mwen va montre w sa pou w di''.*

Konpetisyon avanse

1. Kisa k te rive lè moun yo te vle touye Pòl? (21:31)

1. Grèk yo te anvayi tanp lan.
2. *Bwi a te rive nan jous nan tribin nan.*
3. Pòl te monte nan syèl.
4. Tout jwif yo te mete lapat sou li.

2. Kisa tribin nan te bay lòd fè? (21:33)

1. *Li te bay lòd pou ke yo te anchene Pòl nan de chèn.*
2. Li te bay sòlda li yo lòd pou yo te touye Pòl.
3. Li te bay lòd pou ke yo te fè yon pwosè an favè Pòl.
4. Li te bay sòlda yo lòd pou ke yo te defann pwòp tèt yo.

3. Pou kisa tribin nan te bay lòd pou yo te mennen Pòl ale nan fòterès la? (21:34)

1. Paske Pòl te rebel.
2. Paske foul moun yo te renmen li epi pat vle pou l te rete nan vil yo a.
3. *Paske yo pat kapab aprann anyen klè akoz de gwo boulvès la.*
4. Tout repons ki anlè yo kòrèk.

4. Kòm kilès moun tribin nan te vle konsidere Pòl? (21:38)

1. Yon fo pwofèt.
2. Yon prizonye ki chape poul li.
3. Yon moun ki byen danjere.
4. *Yon ejipsyen ki te nan revolisyon pa twò lontan.*

5. Kisa ki te rive lè foul la te tande Pòl pale avèk yo nan lang ebrayik? (22:2)

1. *Yo tout te fè gwo silans.*
2. Yo te tonbe nan yon gwo tristès.
3. Sentespri a te desann sou yo tout.
4. Tribin nan te anpeche li pale.

6. Kisa ki te pase lè Pòl t'ap priye nan tanp Jerizalèm nan? (22:17-21)

1. Li te rejwi nan yon vizyon.
2. Seyè a te di l pou l te soti kite Jerizalèm paske pèp sa pa t'ap resevwa mesaj li t'ap pote osijè de li a.
3. Seyè a te di li ke li t'ap gen pou l voye li ale nan tout nasyon yo.
4. *Tout repons ki anlè yo kòrèk.*

7. Kisa Pòl te fè, lè san Etyèn te koule a? (22:20)

1. Li te eseye arete tout moun ki t'ap chèche touye l yo.
2. Li te vire tèt li pou l pat gade.
3. *Li te kanpe la pou bay apwobasyon li.*
4. Li pat fè anyen.

8. Kisa Pòl te mande si sa te yon bagay ki legal pou moun te fè? (22:25)

1. *Pou kale yon sitwayen women ki pa menm kondane avèk fwèt.*
2. Arete yon moun san prèv enfraksyon.
3. Touye yon moun san anonse fanmi li sa davans.
4. Fwete avèk fwèt san yon jijman ki klè.

9. Ki repons Pòl te bay, lè tribin nan te mande li: ''Èske w se sitwayen women? (22:27)

1. ''Non, mwen pa sa''.
2. ''Mwen te sa depi nesans mwen, men pou kounye a, mwen pa sa ankò''.
3. *''Wi, se sa mwen ye''.*
4. ''Mwen pap di nou anyen''.

10. Pou kisa tribin nan te nan gwo lapèrèz nan lavil Jerizalèm? (22:29)

1. Paske Pòl te tonbe malad nan prizon an.
2. Paske Pòl te chape poul li nan prizon an.
3. Paske yo pat konnen sa pou yo te fè avèk Pòl.
4. *Paske yo te anchene yon sitwayen women avèk chèn.*

Travay 22:30—23:35

Konpetisyon debaz

Pou prepare ti moun yo pou konkou sa,
li Travay 22:30—23:24, 31-35.

1. Kisa souveren sakrifikatè a Ananyas te mande moun ki te kanpe tou prè Pòl yo fè? (23:2)

1. Pou yo te fwete Pòl nan do.
2. *Pou yo te frape li sou bouch.*
3. Pou yo te touye Pòl.

2. Kisa ke Pòl te di lè li te fin ofanse souveren sakrifikatè a? (23:4-5)

1. ''Mwen pat konnen si se sa ki te souveren sakrifikatè a''.
2. ''Paske men sa ki ekri nan Liv la: Ou pa dwe pale mal kont chèf pèp ou a''.
3. *Tout repons ki anlè yo kòrèk.*

3. Kisa ki te rive, lè Pòl te di ke li nan yon pwosè akoz de esperans li genyen nan rezireksyon mò yo? (23:6-7)

1. Li te jwenn libète.
2. *Yon gwo diskisyon te eklate ant farizyen ak sadiseyen yo.*
3. Pòl te rete nan prizon an pou tout lavi.

4. De kisa tribin nan te vin pè pou Pòl, sou sa ki te kapab rive, pliske dezakò a te vin grandi pi plis toujou nan mitan manm sanedren yo? (23:10)

1. *Moun sa yo ta pral rache Pòl fè plizyè ti mòso.*
2. Pòl ta pral chape poul li.
3. Tout repons ki anlè yo kòrèk.

5. Kilès moun ki te rete tou prè Pòl nan lavil Jerizalèm epi ankouraje li? (23:11)

1. Tribin nan.
2. Disip yo.
3. *Seyè a.*

6. Kilès moun sa yo, ki te monte yon gwo konplo epi fè grèv san manje kont pwòp tèt yo jouskaske yo te touye Pòl? (23:12)

1. Disip yo.
2. *Kèk jwif nan lavil Jerizalèm.*
3. Tout repons ki anlè yo kòrèk.

7. Nan ki moman ke jwif yo te planifye pou yo te touye Pòl nan lavil Jerizalèm? (23:15)

1. Lè yo te mete l nan prizon an
2. *Lè yo te mennen li devan sanedren an*
3. Lè Pòl te pran bato pou ale lavil Wòm.

8. Kilès moun ki te pran nouvèl ke te genyen yon gwo konplo pou yo te touye Pòl? (23:16)

1. Sè Pòl la.
2. Bò frè Pòl la.
3. *Pitit gason sè Pòl la.*

9. Poukisa tribin nan te bay lòd pou te genyen eskòt de 200 sòlda, 70 kavalye ak 200 cha pou ale Sezare? (23:23-24)

1. Pou goumen kont jwif yo.
2. *Pou yo te kapab mennen Pòl bay gouvènè Feliks san pwoblèm.*
3. Pou yo te kapab asiste kijan jwif yo t'ap touye Pòl.

10. Ki kote yo t'ap mete Pòl nan Sezare? (23:35)

1. Nan prizon an.
2. *Nan lakou lakay Ewòd la.*
3. Tout repons ki anlè yo kòrèk.

Konpetisyon avanse

1. Nan demen maten, aprè yo te fin arete Pòl, kisa tribin nan te fè? (22:30)

1. Li te vle konnen byen de kisa jwif yo te akize li.
2. Li te fè yo retire Pòl nan chèn nan.
3. Li te mande pou tout prensipal sakrifikatè yo reyini ak tout gran konsèy sanedren yo.
4. *Tout repons ki anlè yo kòrèk.*

2. Kòm kisa prensipal sakrifikatè yo te trete Ananyas? (23:3)

1. Yon nonm mechan.
2. *Yon miray blanchi.*
3. Yon nonm san tach
4. Yon nonm ki ranpli avèk gras

3. Kisa Pòl te di souveren Sakrifikatè a Ananyas lè li te bay lòd pou frape li? (23:3)

1. Ou komèt yon gwo peche.
2. Ou frape santiman mwen.
3. *Ou vyole lalwa.*
4. Tout repons ki anlè yo kòrèk.

4. kisa yon gwo diskisyon te eklate ant farizyen ak sadiseyen yo? (23:7-8)
1. Sadiseyen yo di pap genyen okenn rezireksyon.
2. Sadiseyen yo di ke zanj avèk espri yo pa egziste.
3. Farizyen yo di wi, ap genyen rezireksyon, epi zanj avèk espri yo egziste.
4. *Tout repons ki anlè yo kòrèk.*

5. Nan yon vizyon, ki kote Bondye te di Pòl li ta genyen pou l'al temwaye? (23:11)
1. *Nan lavil Wòm*
2. Nan Samari
3. Nan Jide
4. Nan Lazi

6. Nan kisa plis pase karant zòm te enplike? (23:12-13)
1. Yon konplo
2. Kèk grèv lafen pou yo pat ni manje ni bwè
3. Yon konplo pou yo te touye Pòl
4. *Tout repons ki anlè yo kòrèk*

7. Kisa pitit sè Pòl la te fè lè li te pran nouvèl ke genyen yon konplo ki te fèt pou yo touye Pòl? (23:16)
1. Li te konsève sa an sekrè.
2. Li te mete yon lame sou pye pou li goumen kont jwif yo.
3. *Li te ale nan fòterès la pou fè Pòl konnen sa.*
4. Li te priye pou mande Bondye pwoteksyon pou li.

8. Kilès tribin nan te mande pou ale Sezare, vè twazè nan mitan nwit la lè li te pran nouvèl konplo a? (23:23)
1. De san sòlda
2. Swasann dis kavalye
3. De san cha lagè
4. *Tout repons ki anlè yo kòrèk*

9. Ki kote yo te mete Pòl pou yo te veye li lè li te rive nan lavil Sezare? (23:35)
1. Andedan kay gouvènè a
2. Nan prizon
3. *Nan lakou kay Ewòd la*
4. Nan lari a

10. Daprè 2 Korentyen 1:10b, kisa Pòl te di ke Bondye ta genyen pou li kontinye fè?
1. Bondye ap kontinye fè apèl ak apot yo pou yo fè sèvis li.
2. Bondye pral sèvi nou.
3. *Bondye ap kontinye delivre nou.*
4. Bondye ap vinn jwenn nou lè nou plis bezwen li.

Konpetisyon debaz
Pou prepare ti moun yo pou konkou sa, li Travay 25:23—26:32.

1. Kilès moun ki te parèt byen vit epi antre nan sal reyinyon an? (25:23)
1. Agripa
2. Berenis
3. *Tout repons ki anlè yo kòrèk.*

2. Pou kisa Festis te fè Pòl parèt devan Agripa? (25:26)
1. Paske Festis te an kòlè kont Pòl epi te vle pou yon lòt moun te pini li.
2. *Paske Festis te bezwen konnen kisa li te dwe ekri Seza sou kont li a.*
3. Paske Festis te vle pou Agripa te mete lafwa li nan Jezi.

3. Pou kisa Pòl te santi li kontan pou l te pale devan wa Agripa? (26:2-3)
1. Paske Agripa pat jwif.
2. *Paske Agripa te konnen koutim jwif yo byen.*
3. Paske Agripa te yon nonm ki rich epi pwisan.

4. Kisa Pòl te mande wa Agripa pou l te fè? (26 :3)
1. Pou l te libere li.
2. Pou l te pini jwif yo.
3. *Pou l te koute li avèk anpil pasyans.*

5. Kilès moun Pòl te di ki te mete l nan prizon? (26:10)
1. Moun sa yo ki pat konn peye kondribisyon yo
2. *Plizyè nan sen yo*
3. Gouvènè lavil Jerizalèm nan.

6. Ki kote Pòl ta prale lè yon gwo limyè te klere li? (26:12-13)
1. Jerizalèm
2. Emayis
3. *Damas*

7. Ki moun ke Kris te anonse ke li ta va fè wè limyè a? (26:23)
1. Pèp li a
2. Nasyon yo
3. *Tout repons ki anlè yo kòrèk*

8. Kilès moun ki te di ke Pòl fou? (26:24)

1. Agripa
2. *Festis*
3. Berenis

9. Kisa Pòl te di Festis pandan moman diskou li? (26:25)

1. "Mwen pa fou non trè ekselan Festis".
2. "Mwen di kèk pawòl ki se verite epi ki genyen bon sans".
3. *Tout repons ki anlè yo kòrèk.*

10. Avèk kisa wa Agripa te enstwi? (26:25-26)

1. Avèk tout lalwa Moyiz la.
2. *Avèk tout sa ke Pòl te di yo.*
3. Tout repons ki anlè yo kòrèk.

Konpetisyon avanse

1. Nan ki fason Agripa avèk Berenis te antre nan plas reyinyon an? (25:23)

1. Yo te antre san pran souf.
2. Yo te antre avèk manm tribin yo.
3. Yo te antre avèk prensipal ki nan vil la yo.
4. *Tout repons ki anlè yo kòrèk.*

2. Pou kisa ke Festis te deside voye Pòl ale lavil Wòm? (25:25)

1. Paske Pòl te merite mouri.
2. *Paske Pòl te mande pou I te wè anperè a.*
3. Paske Feliks te mande pou yo te voye I la.
4. Paske Pòl te ofanse Festis.

3. Kilès moun ki te bay Pòl pèmisyon pou I te defann li avèk pawòl li yo? (26:1)

1. Festis
2. Tribin nan
3. *Agripa*
4. Tout repons ki anlè yo kòrèk.

4. Pou kisa ke Pòl te di ke yo mennen li nan jijman? (26:6)

1. Paske jwif yo te rayi li anpil.
2. *Paske esperans li te akonpli nan pwomès ke Bondye te fè gran zansèt li yo.*
3. Paske li te preche moun lòt nasyon yo.
4. Paske Festis pat kapab deside sò li.

5. Kisa Pòl te wè sou wout Damas la? (26:13)

1. Yon zanj Seyè a.
2. Anyen
3. Yon mandyan ki te tonbe atè a.
4. *Yon limyè ki te soti nan syèl la.*

6. Kisa Pòl te konn fè avan ke li te wè Jezi sou wout Damas la? (26:9-10)

1. *Li te konn aji kont non Jezi a avèk tout fòs li.*
2. Li te konn sipòte legliz la nan tout sa li te konn fè.
3. Li te konn travay kòm kolektè kontribisyon.
4. Li te konn leve pitit li yo.

7. Ki mesaj ke Pòl te preche nan lavil Damas, nan Jerizalèm ak tout peyi Jide a? (26:19-20)

1. Repantans
2. Konvèsyon
3. Ak pratik zèv ki diy de repantans
4. *Tout repons ki anlè yo kòrèk.*

8. Kisa Festis te di ki fè Pòl fou? (26:24)

1. *Gwo konesans li yo*
2. Ansèyman enkwayab li yo
3. Santans prizon li a
4. Gwo lafwa ke li te genyen an

9. Kisa Agripa te di Festis? (26:32)

1. *"Nonm sa kapab jwenn liberasyon li, si l pat gentan rele Seza".*
2. "Li pat dwe preche moun lòt nasyon yo".
3. "Li te vyole lalwa, se poutèt sa, li dwe resevwa pinisyon".
4. "Asireman, li se yon zanj, li pa yon moun konsa konsa".

10. Kisa Pyè avèk Jan te di, lè yo te defann yo pale oubyen anseye pèsòn nan non Jezi? (Travay 4:20)

1. *"Pou nou menm, nou pa kapab pa pale sa nou wè ak sa nou tande" (Travay 4:20)*
2. "Nou pa kapab jije lèzòt yo".
3. "Piga nou vin menase nou!"
4. Tout repons ki anlè yo kòrèk.

Travay 27:1-44

Konpetisyon debaz

Pou prepare ti moun yo pou konkou sa,
li Travay 27:1-44.

1. Nan ki moman ke bato Pòl la te kòmanse navige? (27:9)
1. Aprè Lapannkòt.
2. *Aprè jèn nan.*
3. Nan mwa desanm.

2. Kilès moun ki te fè konnen ke vwayaj la ta pral difisil epi sibi anpil domaj? (27:9-11)
1. Jiliyis
2. Pilòt la avèk patwon kannòt la.
3. *Pòl*

3. Kisa ki te deklannche sou zile a? (27:14)
1. Yon gwo van ki byen move.
2. Anpil twou bonyon.
3. *Tout repons ki anlè yo kòrèk.*

4. Kisa maren yo te fè akoz de krent yo te genyen pou yo pat tonbe sou sit la? (27:17)
1. Yo te desann vwal yo.
2. Yo te kite van gide kannòt la.
3. *Tout repons ki anlè yo kòrèk.*

5. Kisa maren yo te voye abò sou twazyèm jou a? (27:19)
1. Esklav yo
2. *Kòd yo ki te nan kannòt la*
3. Manje yo

6. Ki egzòtasyon ke Pòl te fè moun yo aprè yo te fin pèdi esperans lavi? (27:22)
1. *Pou yo te pran kouraj*
2. Pou yo te retounen lakay yo
3. Pou yo te fè yon apèl pou mande sekou.

7. Pandan vwayaj sa sou kannòt la, nan kisa Pòl te mete lafwa li? (27:25)
1. Tout moun ki te nan kannòt la te gen pou mouri, sof li menm.
2. Moun ki abite nan zile yo ta va atake yo.
3. *Tout bagay te gen pou pase jan Bondye te di li a.*

8. Aprè ke yo te fin manje vant plen, kòman maren yo te fè pou yo te rann batimán pi lejè? (27:38)
1. *Lè yo fin jete ble yo nan lanmè.*
2. Lè yo te fin jete prizonye yo nan lanmè.
3. Lè yo fin koupe epi lage lank yo.

9. Ki lavi santenye a te vle sove? (27:43)
1. Lavi tout maren yo
2. Pwòp lavi li
3. *Lavi Pòl*

10. Kimoun sa yo ki te rive atè san okenn pwoblèm? (27:44)
1. Maren yo sèlman
2. Prezonye yo sèlman
3. *Tout moun yo*

Konpetisyon avanse

1. Kilès moun Jiliyis te ye? (27:1)
1. Sòlda ki te akonpanye Pòl ak plizyè lòt prizonye pou ale nan lavil Wòm.
2. Yon prensipal nan sinagòg la.
3. Yon manm nan kòwòt Ogis la.
4. *Tout repons ki anlè yo kòrèk.*

2. Ki konsèy prensipal la te swiv? (27:11)
1. *Konsèy pilòt la ak patwon kannòt la.*
2. Konsèy madanm prensipal la.
3. Konsèy Pòl la.
4. Pwòk konsèy pa li.

3. Ki non gwo van an te pote? (27:14)
1. Yon tifon.
2. *Erakilon.*
3. Yon kout foud.
4. Yon gwo tanpèt.

4. Kisa maren yo te fè bato a lè li te nan mitan yon tanpèt? (27:17-19)
1. Yo te itilize ranfò pou mare bato a.
2. Yo bese vwal yo epi yo derive.
3. Yo te kòmanse aleje, yo jete tout bagay ki te nan bato a.
4. *Tout repons yo kòrèk.*

5. Kisa zanj Bondye a te di Pòl lè li te nan batiman an? (27:23-24)

1. "Ou pa bezwen pè".
2. "Ou gen pou w konparèt devan Seza".
3. "Bondye ba w tout moun ki nan batiman an avèk ou".
4. *Tout repons ki anlè yo kòrèk.*

6. Kisa Pòl te fè avèk pen an pandan ke li te nan batiman an? (27:35)

1. *Li te di Bondye mèsi, li te kase l epi manje li.*
2. Li te voye l nan lanmè.
3. Li pat grangou.
4. Tout repons ki anlè yo kòrèk.

7. Kisa ki te pase lè yo te mete van nan vwal volan an epi dirije yo nan direksyon rivaj la? (27:40-41)

1. Batiman te rankontre yon ti filang epi li te echwe menm kote a.
2. Pwent lan te koke epi rete san fè mouvman.
3. Dèyè a te kase avèk gwo fòs lanm yo.
4. *Tout repons ki anlè yo kòrèk.*

8. Kisa ki te anpeche sòlda yo egzekite plan pou touye prizonye ki te nan batiman yo? (27:43)

1. Pòl
2. Patwon batiman an.
3. Abitan ki t'ap viv nan zile yo.
4. *Prensipal sinagòg la.*

9. Kisa chèf sinagòg la te mande pou kèk nan prizonye yo te fè? (27:43-44)

1. *Li te bay lòd pou sa ki te konn naje yo lage kò yo pou naje rive atè.*
2. Li te mande pou moun ki te konn naje yo mare kò yo nan poto batiman an.
3. Li te mande pou kèk prizonye pou yo te chape poul yo nan kannòt sovtaj la.
4. Tout repons ki anlè yo kòrèk.

10. Konplete vèsè sa: "Ann kenbe espwa nou genyen an ..." (Ebre 10:23)

1. "...paske lavi a kout".
2. "...paske nou pa kapab mete esperans nou nan moun".
3. *"...paske, nou mèt sèten, Bondye ap kenbe pwomès li".*
4. "...paske nou pa janm konnen sa ki pral pase demen".

Konpetisyon debaz

Pou prepare ti moun yo pou konkou sa, li Travay 28:1-31.

1. Kisa ki te rive lè ke Pòl te ranmase yon ti pakèt fachin mete nan dife? (28:3-5)

1. Yon koulèv te vole epi pran li nan men.
2. Li te souke bèt la nan dife a.
3. *Tout repons ki anlè yo kòrèk.*

2. Kilès moun ki te resevwa Pòl ak konpayèl li yo epi ba yo kote pou yo te fè ladesant pandan twa jou nan zile Malt la? (28:7)

1. Wa Malt la.
2. *Pèsonaj prensipal zile a, Pibliyis.*
3. Plizyè nan vèv ki te abite nan zile Malt la.

3. Ki moun sa yo, ki te vin kote Pòl aprè li te fin geri papa Pibliyis? (28:9)

1. *Tout lòt malad ki te abite nan zile a.*
2. Tout rès fanmi Pibliyis yo.
3. Chèf prensipal Malt yo.

4. Kisa moun nan zile Malt yo te fè pou Pòl ak ekipaj la? (28:10)

1. Yo te ba yo anpil lonè.
2. Yo te ba yo tout bagay ke yo te gen bezwen.
3. *Tout repons ki anlè yo kòrèk.*

5. Kisa ki te pase lè Pòl te wè kretyen nan lavil Wòm yo? (28:15)

1. *Li te di Bondye mèsi epi pran kouraj.*
2. Li te fache sou yo paske yo te mete li nan prizon.
3. Li te mande yo poukisa yo pat vin wè li nan lavil Jerizalèm.

6. Pou kisa chèf jwif nan lavil Wòm yo te vle konprann pwen de vi Pòl la? (28:22)

1. *Paske yo te konnen ke ti gwoup detache sa te rankontre opozisyon tout kote.*
2. Paske yo te kontan pou yo konprann temwayaj Pòl.
3. Paske yo te resevwa yon lèt ki te soti nan lavil Jerizalèm konsènan Pòl.

7. Nan ki moman ke chèf prensipal jwif Wòm yo te kite Pòl? (28:25)

1. *Aprè ke Pòl te fin fè deklarasyon final li a.*
2. A midi anviwon.
3. Menm kote Pòl te kòmanse anseye osijè de Jezi.

8. Kilès moun yo te voye kote moun lòt nasyon yo, selon Pòl? (28:28)

1. Kèk rèv ak kèk vizyon.
2. *Sali Bondye a.*
3. Doulè ak soufrans.

9. Kisa Pòl te di ke moun lòt nasyon yo ta pral fè avèk Sali Bondye a? (28:28)

1. Yo ta pral mete li de kote.
2. Yo pa ta pral koute li.
3. *Yo ta pral koute li avèk anpil atansyon.*

10. Konbyen tan ke Pòl te pase nan lavil Wòm? (28:30)

1. *De zan*
2. De mwa
3. De semèn

Konpetisyon avanse

1. Kisa moun ki te abite nan zile Malt yo te fè pou Pòl ak kamarad li yo? (28:1-3)

1. Yo te temwaye yon byenveyans ki pa tèlman komen.
2. Yo te limen yon gwo dife.
3. Yo te byen resevwa yo.
4. *Tout repons ki anlè yo kòrèk.*

2. Pou kisa moun nan zile Malt yo te di ke Pòl se yon ansasen? (28:4)

1. Paske li te fè anpil mirak.
2. Paske li te sanble koupab epi li te nève.
3. *Paske yon koulèv te mòde li.*
4. Tout repons ki anlè yo kòrèk.

3. Kisa ki te pase Pòl lè koulèv la te mòde l la? (28:5-6)

1. *Li pat santi oken malèz*
2. Men li te anfle
3. Li te tonbe epi mouri menm kote a.
4. Li te vin sanble ak Bondye menm kote a.

4. Kòman papa Pibliyis te fè geri? (28:8)

1. Pòl t'al wè li.
2. Pòl te priye pou li.
3. Pòl te poze men sou li.
4. Tout repons ki anlè yo kòrèk.

5. Kisa Pòl te fè lè li te wè kretyen lavil Wòm yo? (28:14-15)

1. *Li te di Bondye mèsi epi li te pran kouraj.*
2. Li te anbrase yo epi kriye avèk yo.
3. Li te vire tèt li paske li te santi l wont.
4. Li te mande yo manje ak yon kote pou l rete.

6. Pou kisa Pòl te di ke li te anchene? (28:20)

1. Paske li te komèt yon krim ki te merite lanmò.
2. *Paske li te genyen esperans Izrayèl.*
3. Paske pwòp pèp li a te koupab.
4. Tout repons ki anlè yo kòrèk.

7. Nan ki fason ke Pòl te eseye konvenk moun ki te nan vil Wòm yo konsènan Jezi? (28:23)

1. Pa mwayen anpil mirak.
2. *Pa mwayen lalwa Moyiz ak pwofèt yo.*
3. Pa mwayen kèk istwa vwayaj li yo.
4. Lè li te di yo jan li renmen yo.

8. Daprè Pòl, kisa yo te voye bay moun lòt nasyon yo? (28:28)

1. Anpil lajan pou yo bati kèk legliz tou nèf.
2. Sali Bondye a.
3. Doulè avèk soufrans.
4. Pèsekisyon.

9. Kisa Pòl te di ke moun lòt nasyon yo ta pral fè avèk Sali Bondye a? (28:28)

1. Yo ta pral mete li de kote.
2. Yo pa ta pral koute li.
3. *Yo ta pral koute li avèk anpil atansyon.*
4. Yo pa t'ap konprann siyifikasyon li.

10. Kisa Pòl te fè pandan de zan nan lavil Wòm? (28:30-31)

1. Li te rete nan kay ke li te lwe
2. Li te preche wayòm Bondye a avèk tout libète epi san obstak
3. Li te anseye sa ki konsène Seyè a Jezi.
4. *Tout repons ki anlè yo kòrèk.*

Tablo Pwen Yo

Enstriksyon yo: Nan nivo inisyal MEBI yo itilize 15 kesyon, nan nivo avanse a, yo itilize 20 kesyon. Li règ yo epi kenbe yo.

Non yo: Sikilasyon 1	1	2	3	4	5	6	7	8	9	10	11	12	13	14	15	16	17	18	19	20	Total

Pwen adisyonèl ekip la   Pwen total ekip la

Non yo: Sikilasyon 1	1	2	3	4	5	6	7	8	9	10	11	12	13	14	15	16	17	18	19	20	Total

Pwen adisyonèl ekip la   Pwen total ekip la

Non yo: Sikilasyon 1	1	2	3	4	5	6	7	8	9	10	11	12	13	14	15	16	17	18	19	20	Total

Pwen adisyonèl ekip la   Pwen total ekip la

www.ingramcontent.com/pod-product-compliance
Lightning Source LLC
Chambersburg PA
CBHW081330090426

42737CB00017B/3072